Comprendre l'économie sociale

Fondements et enjeux

Jean-François Draperi

DUNOD

ISBN 978-2-10-051485-4

Table des matières

DEUXIÈME PARTIE

S'ASSOCIER, MUTUALISER, COOPÉRER

Introduction

Comprendre et entreprendre

« ENTREPRENDRE ENSEMBLE » clame l'économie sociale. Mais pour quoi faire ? Quel sens donner à cet acte ? Qu'apporte-t-il d'original ? Est-il accessible à tous ? Est-il seulement nécessaire ? L'économie « classique » ne suffit-elle pas à notre société ? « La question n'est pas de savoir si le système de la société par actions fonctionne ; il fonctionne. (...) Le problème consiste plutôt à savoir s'il est bon que ce modèle soit le seul »[1]. Si nous souscrivons à l'idée d'une économie plurielle, nous ne sommes pas certains d'être d'accord avec l'idée que le système de société par actions fonctionne. Que les sociétés par actions forment un système, sans doute ; ce système a fait la preuve de sa capacité à s'adapter. Il s'adapte parce qu'il est ouvert. Pour cette raison, il ne serait pas cohérent de l'évaluer sans prendre en compte sa dynamique et ses effets sur son environnement. Or, l'adaptation de l'économie contemporaine se caractérise par un accroissement des inégalités inimaginable, qui a pour conséquence, entre autres, de plonger une partie importante de l'humanité dans la dépendance et la misère. Elle sert sans doute de mieux en mieux les attentes d'un nombre de plus en plus réduit d'individus et répond probablement de moins en

1. Juvin H., « La coopération, ou l'éloge de la diversité », in *Rapport moral sur l'argent dans le monde, édition 2007*, Association d'économie financière, p. 61.

PARTIE 1

POURQUOI L'ÉCONOMIE SOCIALE ?

Chapitre 1

L'économie sociale

EN PREMIÈRE APPROCHE, l'économie sociale définit l'ensemble des entreprises coopératives, mutualistes et associatives. Ces entreprises partagent des traits communs qui les distinguent à la fois des entreprises individuelles, des entreprises publiques et des sociétés de capitaux : elles émanent de personnes, physiques ou morales, et ont pour finalité de répondre aux besoins et aux attentes collectives de ces personnes. Ces membres établissent entre eux des formes de solidarité : mutualisation des risques, mise en commun des produits de l'activité, constitution d'une épargne commune, échanges réciproques, etc. Groupements de personnes, les entreprises d'économie sociale fonctionnent selon les principes d'engagement volontaire, d'égalité des personnes, de solidarité entre membres et d'indépendance économique[1].

1. Detilleux J.-C., « Coopératives, mutuelles et associations : nos spécificités et nos valeurs », in *Rapport moral sur l'argent dans le monde, édition 2007*, Association d'économie financière. *Cf.* pour des approfondissements : Desroche H., *Pour un projet d'économie sociale*, CIEM, 1981 ; Vienney C., *L'économie sociale*, La Découverte, 1994 ; Demoustier D., *L'économie sociale et solidaire*, Syros, 2001 ; Jeantet T., *Économie sociale : la solidarité au service de l'efficacité*, La documentation française, 2005 ; *Alternatives Économiques, L'économie sociale de A à Z, Guide pratique*, 2006 ; Draperi J.-F., *L'économie sociale*, Presses de l'économie sociale, 2007.

Si ces entreprises sont assez facilement identifiables à partir du statut juridique, l'économie sociale en tant que mouvement économique et social unifié est encore peu visible et largement méconnue. Et elle est peu visible et méconnue sans doute parce que le terme d'économie sociale a longtemps eu un sens sensiblement différent que celui qu'on lui donne aujourd'hui. Jusqu'à la fin du XIXe siècle, l'économie sociale désigne une conception économique intégrant les dimensions volontaires, collectives et solidaires de l'activité économique. En 1900, C. Gide distingue précisément l'économie sociale de l'économie politique et la définit comme « l'étude des rapports volontaires, contractuels, quasi contractuels ou légaux (...). Elle ne se fie point au libre jeu des lois naturelles pour assurer le bonheur des hommes, ni d'ailleurs aux inspirations du dévouement ou d'une vague philanthropie, mais elle croit à la nécessité et à l'efficacité de l'organisation voulue, réfléchie, rationnelle »[1]. Si le terme tombe en désuétude au début du XXe siècle, c'est en référence à cette définition qu'il est repris au cours des années soixante-dix par le Comité national de liaison des activités mutualistes, coopératives et associatives (CNLAMCA). Le CNLAMCA est créé le 11 juin 1970 à l'initiative de fédérations et groupements représentatifs des mouvements coopératifs, mutualistes et associatifs[2]. Les 20 et 21 janvier 1977, ce comité tient un colloque qui reprend explicitement le terme d'économie sociale. Sollicité sur la question de la dénomination du mouvement, H. Desroche propose le terme d'entreprise plutôt que celui d'organisme, afin d'inclure une dimension projective et celui d'économie sociale plutôt qu'« à but non lucratif », ce qui permet, d'une part de ne pas exclure la dimension commerciale de l'entreprise, présente en particulier dans la majorité des coopératives, et, d'autre part, de porter l'accent sur le fonctionnement démocratique plutôt que sur le but lui-même. François Soulage et Marcel Hipszman ont montré l'importance historique de la loi du 20 juillet 1983. Le cabinet de Michel Rocard, et précisément Pierre Roussel, en assure la préparation et la Délégation interministérielle à

1. Gide C., *L'économie sociale*, 1900.

2. Précisément : le Groupement national de la coopération (GNC), la Fédération nationale de la mutualité française (FNMF), le Groupement de sociétés d'assurances à caractère mutuel (GEMA), le Comité de coordination des œuvres mutualistes et coopératives de l'Éducation nationale (Ccomcen), l'Association pour le développement des associations des progrès, relayée en 1981 par la Fondation pour les associations (FONDA), et l'Union nationale inter-fédérale des œuvres et organismes privés sanitaires et sociaux (Uniopss).

l'économie sociale créée le 15 décembre 1981 en est le maître d'œuvre[1]. Elle constitue le fondement juridique de l'économie sociale telle qu'elle est aujourd'hui comprise en Europe. Cette loi, qui comporte quatre volets concerne de nombreuses coopératives et introduit le terme d'économie sociale à travers la nouvelle forme juridique que constitue l'Union d'économie sociale[2].

Complémentairement, la loi du 12 juillet 1985 porte création de l'Union d'économie sociale, seule forme d'entreprise qui reprend le terme économie sociale. L'union d'économie sociale permet de regrouper différentes structures coopératives, mutualistes et associatives.

Au cours des années suivantes, la structuration des entreprises d'économie sociale s'accentue : création du Centre des jeunes dirigeants et acteurs de l'économie sociale (CJDES), transformation du CNLAMCA en Conseil des entreprises et groupements de l'économie sociale (CEGES) qui réunit également les représentants des fondations et des syndicats de l'économie sociale. En région, des Chambres régionales de l'économie sociale (CRES) fédèrent les grandes fédérations d'économie sociale.

Parallèlement, la *Revue des Études Coopératives* (REC, fondée en 1921) se transforma en *Revue des Études Coopératives, Mutualistes et Associatives* (RECMA), puis en *Revue internationale de l'économie sociale*[3].

La question de la place des fondations dans l'économie sociale mérite débat, même si une place leur a été faite à l'échelle européenne. Les fondations d'entreprises sont des organisations dédiées gérant de l'argent dans un esprit philanthropique au bénéfice de tiers. Cependant, le terme d'économie sociale ne s'impose pas d'emblée. Le tiers secteur, l'économie alternative constituent des réalités proches mais néanmoins distinctes.

1. Soulage F., Hipszman M., « La loi du 20 juillet 1983, première loi d'économie sociale », *Recma*, n° 291, 2004.
2. Draperi J.-F., *Les vingt formes juridiques de l'entreprise*, éd. Puits Fleuri, 2002.
3. Chomel A., « Note pour l'histoire de la Revue des études coopératives, REC (1921-1994) : de l'école de Nîmes à l'économie sociale », *Recma*, n° 268, 1998.

LE TIERS SECTEUR

Bien que le terme d'économie sociale soit plus ancien, celui de tiers secteur[1] a été le premier à être utilisé pour désigner l'essor de nouvelles activités économiques ne s'inscrivant ni dans le marché classique, ni dans le secteur public à la fin des années soixante-dix. Il a été forgé par Jacques Delors alors qu'il dirigeait le centre de recherche « Travail et sociétés » de l'université de Paris-Dauphine[2]. J. Delors définit le tiers secteur en écho au tiers-monde, expression utilisée par Alfred Sauvy en 1952 pour désigner les pays ni capitalistes, ni communistes et qui demandaient à exprimer leur voix sans devoir s'aligner sur les discours dominants de l'un ou l'autre des deux pensées dominantes. A. Sauvy réfère le tiers-monde au tiers état de l'ancien régime pour désigner cet ensemble de pays « car enfin, ce tiers-monde ignoré, exploité, méprisé comme le tiers état, veut, lui aussi, être quelque chose[3] ». De même que le tiers état donnait aux anciens serfs une nouvelle légitimité, le terme de tiers-monde introduit une rupture dans la représentation classique du sous-développement, selon laquelle les pays sont en retard dans le parcours du développement[4].

C'est le sens qu'il faut rechercher également dans le terme de tiers secteur. Il apparaît dans le titre d'une recherche menée pour la Communauté européenne en juin 1978 (« La création d'emplois dans le secteur tertiaire : le troisième secteur en France »). L'année suivante un autre sens est attribué par le même Jacques Delors et Jocelyne Gaudin dans leur article paru dans la revue *Échange et Projets* « Pour la création d'un troisième secteur coexistant avec celui de l'économie de marché et celui des administrations ». L'article précise les contours du tiers secteur : « Le tiers secteur doit coexister positivement avec les deux autres secteurs de la vie économique et sociale : celui de l'économie de marché (et produisant des biens et services vendus sur le marché) et celui des administrations (prestations de services non marchands, d'activités sociales entendues au sens large) (...). Le mode d'organisation des activités du tiers secteur (...) est essentiellement le fait d'unités

1. Parodi M., « "Tiers secteur", économie sociale et crise », *Recma*, n° 12, 1984.
2. Delors J., *La création d'emplois dans le secteur tertiaire ; le Troisième Secteur en France*, rapport à la Commission des Communautés européennes, 1978.
3. Sauvy A., *L'Observateur*, 14 août 1952.
4. *Cf.* Rostow W.W., *Les étapes de la croissance économique*, Le Seuil, 1956.

de petite taille » qui pourraient « tester de nouveaux rapports de vie permettant des échanges plus réciproques »[1].

Le mode de financement du troisième secteur pourrait accéder à des sources diversifiées. Des subventions publiques pourraient lui être octroyées (crédit de lancement ou de fonctionnement) mais il pourrait aussi tirer des revenus « de la vente des biens et services sur le marché et/ou de cotisations des membres bénéficiaires de ses prestations ». Pour les auteurs, les coopératives de production et « les associations à services réciproques » seraient les formes juridiques privilégiées du tiers secteur. Bien qu'imparfait, le terme de tiers secteur a connu néanmoins un grand succès : il est commode, large et ouvert, ce qui est l'avantage de son imprécision.

L'ÉCONOMIE SOLIDAIRE

C'est à partir du tiers secteur que Bernard Eme et Jean-Louis Laville ont conçu l'économie solidaire. Ils reprennent les trois sources économiques identifiées par Delors, mais alors que le tiers secteur tend à distinguer les logiques, l'économie solidaire articule l'économie non marchande, l'économie marchande et l'économie non monétaire. L'économie marchande correspond à l'économie dans laquelle la distribution des biens et services est confiée prioritairement au marché. L'économie non marchande définit la distribution des biens et services confiée prioritairement à la redistribution organisée sous la tutelle de l'État social. L'économie non monétaire correspond à une distribution confiée principalement à la réciprocité et l'administration domestique. L'économie solidaire insiste sur le poids du contexte et de l'environnement et sur la dimension socio-politique, donnant à l'État un rôle central. Si cette définition rejoint l'approche politique, c'est parce que l'économie solidaire ouvre un espace public défini « comme un espace intermédiaire de médiation entre la sphère privée et la sphère publique »[2]. Éric Dacheux précise que cette hybridation ne désigne pas qu'un mixage mais qu'elle génère du lien social et a donc des effets sociétaux. Ces effets justifient le soutien de l'État. L'économie solidaire contribue à

1. Delors J., Gaudin J., « Pour la création d'un troisième secteur coexistant avec l'économie de marché et celui des administrations », *Échanges et projets*, janviers-mars 1979.

2. Fraisse L., « Économie solidaire et démocratie économique », in *Économie solidaire et démocratie*, collectif, Hermes, 2003, p. 140.

élargir l'espace public[1]. Cette approche ne s'applique pas à l'ensemble des initiatives solidaires. Ainsi, comme le souligne Louis Favreau, les communautés rurales latino-américaines sont des initiatives de la société civile qui ne s'appuient généralement pas sur l'État et « l'économie solidaire en Amérique du Nord est souvent le produit d'une rencontre de l'association, de la coopération et du développement local »[2]. Bernard Eme admet que cette dépendance n'est pas sans générer un risque d'instrumentalisation[3]. Cette différence du rapport à l'État distingue très nettement cette conception de celle qui dominait les expériences alternatives constitutives d'une large part de l'économie sociale, comme les associations ouvrières de 1848, les coopératives de consommations socialistes de la fin du XIXe et du début du XX siècle, les communautés de travail de l'après-Seconde Guerre, les communautés rurales des années 1972-1975 et les tentatives autogestionnaires. Aline Archimbaud souligne que l'économie alternative entretient des rapports différents non seulement vis-à-vis de l'État, mais également avec le marché, pouvant se situer hors de la sphère marchande, comme les réseaux d'échanges réciproques de savoirs[4] ou les communautés rurales des années soixante-dix[5].

La théorie de l'économie solidaire est directement liée à son objet privilégié : les associations intervenant dans les services de proximité et l'insertion par l'économique à partir de la fin des années soixante-dix et au début des années quatre-vingts. L'essor de la solidarité à partir des années soixante-dix répond aux processus de disqualification sociale, provoquant l'exclusion et accroissant les inégalités[6]. Alors que la pauvreté dans le monde occidental au cours des Trente Glorieuses est reliée à la surexploitation du travail ouvrier – comme dans le secteur agricole, la mine, la confection, les fonderies –, la nouvelle pauvreté qui apparaît à la fin des années soixante-dix provient d'une situation d'exclusion du monde du travail. L'exclusion remplace la surexploitation pour désigner la pauvreté, même si cette nouvelle situation ne réduit pas la précédente. Mais alors que dans une société marquée par la

1. Dacheux E., *Conclusion in Économie solidaire et démocratie*, collectif, Hermes, 2003.
2. Favreau L., « Les enjeux américains », in *Économie solidaire et démocratie*, collectif, Hermes, 2003, p. 39.
3. Eme B., « Quelle démocratie par l'économie solidaire ? », Conférence au Cercle Gramsci, 24 novembre 2004.
4. Archimbaud A., « L'économie alternative, forme radicale de l'économie sociale », *Recma*, n° 256, 1995.
5. Hervieu B., Léger D., *Le retour à la nature*, Le Seuil, 1979.
6. Paugam S., *La Disqualification sociale : essai sur la nouvelle pauvreté*, PUF, 2000.

lutte des classes et par le compromis fordiste, les ouvriers surexploités pouvaient se syndiquer, et utiliser si besoin l'arme de la grève pour se défendre, les nouveaux pauvres n'ont aucun moyen d'action : les corps intermédiaires institués ne les intègrent pas et ils font face à des situations de détresse inédites. Leur désaffiliation, selon le terme de Robert Castel, les rend dépendants d'un tiers solidaire, constitué d'une partie des classes intermédiaires et supérieures. Les pratiques solidaires explosent après le rapport de Bertrand Schwartz au Premier ministre fin 1981, rapport qui met en évidence l'ampleur du problème en particulier chez les jeunes de 16 à 25 ans. Après les premières expérimentations des entreprises intermédiaires, qui deviennent ensuite les entreprises d'insertion, les premières régies de quartiers, les associations intermédiaires, les permanences d'accueil d'information et d'orientation et les missions locales voient le jour grâce à l'investissement de l'État dans une nouvelle politique d'action sociale. C'est cet ensemble de nouvelles pratiques que désigne initialement le terme d'économie solidaire. L'économie solidaire décrit des personnes engagées, des militants et des professionnels, qui s'engagent collectivement dans le champ économique et social en faveur de l'intégration économique et sociale, généralement avec le soutien des pouvoirs publics.

L'ÉCONOMIE ALTERNATIVE

L'économie alternative[1] est à la fois distincte de l'économie sociale et de l'économie solidaire. Elle partage l'utopie alternative de l'économie sociale mais en refuse l'institutionnalisation, elle partage la démarche de projet de l'économie solidaire mais offre une résistance à la reconnaissance et au soutien de l'État et du marché. L'économie alternative s'inscrit en effet dans une tradition de projet alternatif et de rejet institutionnel. Elle trouve son ancrage contemporain dans la démarche des communautés de travail de l'après-guerre et des communautés néo-rurales du début des années soixante-dix. Les travaux sur les communautés ont pu mettre en évidence un ensemble de caractères opposables termes à termes aux normes de la société dominante. L'opposition aux normes est plus forte si le travail de subsistance s'effectue à l'intérieur de l'aire communautaire, si l'argent est réduit et mis en commun, si la communauté refuse toute hiérarchie autoritaire, si la sexualité est libérée, si les enfants sont éduqués par tous. Les communautés recensées ne respectent pas toutes

1. Voir également *Alternatives Économiques*, *L'économie sociale de A à Z*, 2006.

l'ensemble de ces règles, mais c'est vers cet ensemble qu'elles tendent toutes. Si la majorité des communautés postérieures au mouvement de mai 1968 étaient sans doute trop radicalement alternatives pour vivre durablement, elles ont trouvé leur prolongement dans une économie alternative qui se réfère à l'utopie créatrice et revendique la possibilité d'une « autre voie » de développement fondée sur « l'autogestion, la solidarité et l'autonomie » selon les termes de P. Outrequin, A. Potier et P. Sauvage[1]. Cette économie alternative questionne l'ensemble des institutions sociales et économiques : l'entreprise et son organisation, le marché, l'État. Fédérée au sein de l'Agence de liaison pour le développement d'une économie alternative (ALDEA), elle a ouvert la voie en matière d'épargne solidaire avec les clubs d'investissement pour une gestion alternative de l'épargne (Cigales). Préfigurant des formes d'organisations nouvelles, elle unifie le mouvement d'échanges réciproques de savoir, puis le mouvement des systèmes d'échanges locaux (SEL). L'un des pôles majeurs actuels de l'économie alternative française est constitué par le Réseau d'échange de pratiques alternatives et solidaires (Repas) qui réunit plusieurs dizaines d'entreprises, essentiellement associatives et coopératives. Sur le plan des innovations socio-économiques, on affirme volontiers que l'économie sociale est fréquemment l'aiguillon de l'État et du marché. On peut également affirmer que l'économie alternative est fréquemment un aiguillon de l'économie sociale. Si l'on voit bien que l'économie alternative est également solidaire, les approches théoriques de l'économie alternative et de l'économie solidaire sont très différentes, voire opposables dans les relations qu'elles définissent avec l'État. Comme le souligne Aline Archimbaud, l'économie solidaire perd en capacité alternative ce qu'elle gagne en proximité des institutions[2].

Il existe aujourd'hui un ensemble de pratiques sociales, alternatives et solidaires infiniment variées. Ces pratiques s'exercent dans des situations les plus diverses, dans un cadre marchand ou non marchand, dans des formes organisationnelles les plus diverses, bénéficiant ou non d'aides privées ou publiques. Ces pratiques visent une finalité sociale, définissent des alternatives à la société de capitaux et intègrent des formes de solidarité. Mais définissent-elles un ensemble ? Partagent-elles des traits

1. Outrequin P., Potier A., Sauvage P., *Les entreprises alternatives*, Syros, 1986.
2. Archimbaud A., « L'économie alternative, forme radicale de l'économie sociale », *Recma*, n° 256, 1995.

semblables ? Peuvent-elles se donner un projet social et économique commun ?

DEUX ANCRAGES DISTINCTS

Si l'on s'en tient à ce qui constitue sans aucune ambiguïté des pratiques d'économie sociale et solidaire, on peut relever les faits suivants. Alors que l'économie sociale historique trouve son ancrage majeur dans l'entreprise coopérative ou mutualiste, la nouvelle économie sociale trouve son expression dans le mouvement associatif. Ce point est essentiel car les acteurs se définissent en premier lieu en référence à la coopérative ou à l'association et non au tiers secteur, à l'économie sociale ou à l'économie solidaire. Conscient de l'intérêt à se regrouper, ils sont fréquemment prêts à revendiquer l'une ou l'autre des acceptions ou celle d'économie sociale et solidaire, mais en partant de réalités dont il ne faut pas sous-estimer les spécificités. Le mouvement coopératif et les mutuelles interviennent dans des secteurs d'activités très variés : agriculture, crédit, production de biens et services, consommation habitat, etc. Les associations se concentrent essentiellement dans les services sociaux, culturels et sportifs. Les coopératives et les mutuelles interviennent généralement dans l'économie marchande alors que les associations sont dans des situations très variables à l'égard du marché, selon leurs activités. Les mouvements coopératifs et mutualistes se sont tôt constitués comme des mouvements très organisés, leurs fédérations se sont regroupées au niveau national et au niveau international dès 1895. Ils se sont attachés à produire un droit et, au-delà de ce droit, des règles et des principes d'action. Le mouvement associatif gestionnaire prend son essor dans un « creux » juridique, se caractérise par son effervescence et la souplesse de ses règles. S'il répond à des règles juridiques c'est en premier lieu en relation avec ses activités, non en relation avec son statut.

LES LIMITES DE L'ÉCONOMIE SOCIALE

L'inscription des entreprises dans le mouvement de l'économie sociale connaît deux ensembles de limites : limites « externes » que représentent les entreprises adoptant une partie seulement des principes d'économie sociale. Syndicats, sociétés d'économie mixte, associations caritatives, comités d'entreprises constituent des organisations qui sans appartenir à l'économie sociale instituée, peuvent être incluses dans l'économie

Tableau 1.1. Associations et coopératives : deux cadres distincts des pratiques sociales, alternatives et solidaires

Coopératives	Associations
Activités économiques très diverses	Activités tournées vers les services sociaux, culturels et de loisirs
Généralement autonomes sur le plan financier	Fréquemment financées ou soutenues par l'État
Revendication d'une autonomie économique	Revendication d'une reconnaissance publique
Formes très variées d'entreprises dont de très grandes	Formes très variées d'entreprises dont de très grandes
Essentiellement orientées vers ses membres	Essentiellement tournées vers des tiers
Organisée en mouvements structurés et unifiés	Grande variabilité organisationnelle : fédérations, réseaux et associations isolées
Tournée principalement vers l'intérêt collectif de ses membres	Tournée principalement vers l'intérêt général

sociale définie au sens large. Limites « internes » également qu'atteignent les entreprises ayant des statuts d'économie sociale lorsqu'elles prennent des décisions qui les éloignent des principes ou des valeurs fondatrices Le principe le plus exposé aux évolutions actuelles d'une partie des entreprises d'économie sociale est celui de l'a-capitalisme. La rémunération limitée du capital, la filialisation de sociétés anonymes par croissance externe, la cotation en bourse, menacent l'a-capitalisme en particulier dans les secteurs agroalimentaires, assurantiel et bancaires, même si la plus grande diversité de situations existe dans ces secteurs[1]. D'où une question identitaire : si l'on tend vers un continuum de situations entre l'entreprise d'économie sociale et l'entreprise capitaliste, à partir de quand peut-on dire d'une entreprise qu'elle quitte le mouvement de l'économie sociale[2] ? On s'accorde à ce propos pour considérer que le statut juridique ne constitue pas un critère suffisant pour caractériser l'entreprise d'économie sociale, et qu'il faut également se tourner, au-delà des valeurs de références et des règles juridiques, vers *les principes* qui guident l'appropriation des valeurs, vers *le projet* et vers *les pratiques* mises en œuvre. Un modèle d'analyse propre à

1. *Cf.* les analyses de Claude Vienney, Jacques Moreau, François Soulage sur l'économie sociale, René Mauget (agro-alimentaire), Chantal Chomel (coopération agricole) Nadine Richez Battesti (banques coopératives), Jean-Louis Bancel (mutualité), cités plus loin.
2. Levi Y., « Coopératives, entreprises sociales et lucrativité », *Recma*, n° 268, 1998.

l'économie sociale se dégage autour de l'observation conjointe des valeurs de références, des principes, des règles juridiques, du projet et des pratiques réellement mises en œuvre.

VALEURS, PRINCIPES ET RÈGLES DE L'ÉCONOMIE SOCIALE

Il existe[1] un large consensus sur les valeurs fondatrices de l'économie socialc. Plus dc 150 ans d'histoire coopérative et mutualiste attestent en effet d'une continuité en la matière : responsabilité (ou volontariat), égalité, solidarité et autonomie sont les valeurs cardinales de l'économie sociale. Ces valeurs s'expriment dans des principes, se transcrivent dans des règles juridiques, inspirent des pratiques. À la différence des valeurs, les principes et plus encore les règles évoluent dans le temps et varient selon les entreprises. Deux principales questions se posent à propos des valeurs : l'une concerne leur hiérarchie, l'autre l'applicabilité de ces valeurs, c'est-à-dire leur expression pratique et leur transcription dans les règles.

Concernant la hiérarchie des valeurs, il faut souligner la cohérence du système qu'elles constituent. En effet la négation de l'une suffit à rendre caduque les autres. Par exemple, en Russie soviétique, le décret du 2 avril 1918 spécifie que les coopératives doivent se considérer comme des agents du gouvernement et que tout membre d'une commune doit faire partie de la coopérative de son district. Quand les coopératives deviennent obligatoires – c'est-à-dire quand le volontariat (la responsabilité) est nié –, elles ne constituent plus un projet d'économie sociale, mais au contraire un instrument entre les mains de l'État. Le mouvement coopératif paie encore aujourd'hui le passif de la politique soviétique inaugurée en 1918, car le terme de coopérative a dès lors connu un sens différent, qui constitue un obstacle à l'essor de l'économie sociale en Russie et en Europe centrale et orientale. On peut faire les mêmes remarques à propos des autres valeurs : liberté, égalité, solidarité et indépendance constituent ensemble, et seulement ensemble, les conditions de l'émancipation propre à l'économie sociale.

La seconde question réside dans l'articulation entre les valeurs et les pratiques. Cette relation est généralement présentée (et vécue) comme complexe et les entreprises de l'économie sociale doivent en permanence arbitrer pour survivre sans perdre leurs valeurs. Selon les projets de

1. Voir également *Alternatives Économiques*, *L'économie sociale de A à Z*, 2006.

ces entreprises, selon l'activité qu'elles mènent – et le type de marché sur lequel elles interviennent –, selon leur taille, cet équilibre, ou ce compromis, présente des aspects différents, mais l'histoire montre que les entreprises qui sous-estiment la dimension économique disparaissent. Le cas extrême en la matière est sans doute celui des communautés rurales des années soixante-dix, mouvement presque mort-né sur le plan économique. De nombreux rapports présentés lors des congrès de l'Alliance coopérative internationale témoignent qu'à mesure que certains principes ou certaines règles ne peuvent plus être respectés, les mouvements coopératifs et mutualistes réfléchissent collectivement et produisent des reformulations de ces principes, non sans débats internes parfois très rudes[1]. Par exemple, la non-rémunération absolue du capital est un principe sur lequel les positions ont évolué. De fait, l'a-capitalisme total n'est plus d'actualité dans la majorité des coopératives : dans toutes les formes de coopératives, la rémunération – limitée – du capital est aujourd'hui, sinon pratiquée, au moins possible.

Il n'en reste pas moins que les quatre valeurs de l'économie sociale restent des références incontournables et praticables pour les groupes de personnes qui confrontent leurs pratiques aux valeurs dans le cadre d'un véritable projet collectif d'économie sociale. Ceci est vrai parce que les règles dont les entreprises d'économie sociale se dotent ne sont pas une fin en elles-mêmes. Certes, l'économie sociale considère que ses règles juridiques – des coopératives, des mutuelles, des associations, des fondations –, sont indispensables et meilleures que celles qui régulent les entreprises capitalistes pour parvenir à son idéal d'émancipation de la personne et de développement harmonieux des sociétés humaines. Mais ces règles ne sont que des outils, indispensables certes, mais des outils de réalisation du projet. Il est donc normal qu'elles se transforment en relation avec l'évolution des organisations, des contraintes des marchés, des politiques publiques, etc. Cette transformation permanente du droit indique par ailleurs que, pour nécessaires qu'elles soient, les règles ne sont jamais tout à fait ni suffisantes, ni définitives. Elles renvoient toujours à la responsabilité que doivent assumer en permanence les acteurs d'économie sociale. En établissant des formes de régulations – de possibilités et de contraintes collectives – originales, les règles permettent l'expression de meilleures pratiques. C'est pourquoi l'analyse conjointe du projet, des règles et des pratiques de l'entreprise permet de révéler les valeurs qu'elle respecte et finalement, par la confrontation de celles-ci

1. Draperi J.-F., « L'ACI a cent ans : regards sur une histoire mémorable », *Recma*, n° 259, 1996.

aux valeurs historiques de l'économie sociale, de révéler la nature de l'économie qu'elle produit.

LE PRINCIPE DE LA DOUBLE QUALITÉ

L'analyse[1] de cette confrontation des valeurs au projet, aux règles et aux pratiques a produit un cadre de référence qui s'organise autour d'un principe commun d'action largement répandu, la double qualité. Le principe central d'organisation d'une entreprise d'économie sociale qu'est celui de la double qualité apparaît en effet comme le principe central de l'organisation d'une entreprise d'économie sociale. Au sens strict, il désigne le fait que les acteurs sociaux qui constituent les bénéficiaires de l'action entreprise sont également les sociétaires de l'entreprise. Dans une coopérative de production, les salariés sont les sociétaires ; dans une mutuelle, les mutualistes sont à la fois assurés et assureurs ; dans une coopérative de consommation, les consommateurs sont associés. Dans une association, les bénéficiaires sont également les membres.

Le principe de la double qualité trouve son origine dans les travaux de Georges Fauquet. Les associations coopératives, affirme Fauquet, articulent deux éléments conjoints : une association de personnes et une entreprise commune. L'association de personnes est opposée au groupement impersonnel de capitaux, et la règle fondamentale de son fonctionnement est « une personne, une voix ». Chaque association coopérative est une démocratie. *L'entreprise coopérative est créée et gérée pour satisfaire les besoins des associés.* Les entreprises coopératives ont pour but de répondre aux besoins de leurs membres associés, et l'entreprise est le moyen de parvenir à ce but. L'auteur souligne l'existence de formes intermédiaires entre le modèle coopératif et le modèle capitaliste. Il affirme que c'est l'application de la règle d'égalité des personnes dans les assemblées qui constitue le trait distinctif de l'association coopérative.

Ainsi la démocratie est-elle le trait essentiel de l'institution coopérative, mais elle n'est à l'œuvre qu'entre les associés, et non dans l'entreprise elle-même : elle s'applique entre les membres ayant entre eux des rapports d'une « double nature ». Cette double nature définit

1. Voir également *Alternatives Économiques*, *L'économie sociale de A à Z*, 2006.

ainsi des « rapports sociaux entre les sociétaires dans l'association » et des « rapports économiques entre chacun d'entre eux et l'entreprise »[1].

Nous préférons utiliser le terme d'organisation de travail pour désigner ce que Fauquet nomme entreprise, et réserver le terme d'entreprise pour nommer l'ensemble de l'association et l'organisation de travail, considérant que la démarche entrepreneuriale est déjà à l'œuvre dans la création de l'association.

S'adossant aux travaux de C. Vienney, Marc Hérail souligne la place centrale du concept de double qualité dans la construction juridique. Son travail permet de légitimer la réglementation coopérative à partir du droit plutôt que sur la seule base des principes[2]. Cependant, la double qualité telle ainsi définie s'avère extrêmement restrictive : de nombreuses associations ne peuvent s'y retrouver et des formes innovantes d'économie sociale ne s'appuient pas nécessairement sur l'organisation coopérative classique spécifiée par la double qualité [3].

BÉNÉFICIAIRES, PARTICIPANTS, SOCIÉTAIRES

Il faut sans aucun doute revisiter la conception de Georges Fauquet pour qu'elle prenne sens dans l'ensemble des organisations d'économie sociale. Plutôt que d'être considérée comme une règle, l'affirmation de la double qualité comme principe central de l'économie sociale doit être compris comme un moyen de la finalité éducative et émancipatrice de l'entreprise d'économie sociale. C'est là son intérêt majeur : l'expérience du sociétaire est spécifique des entreprises coopératives, mutualistes et associatives et elle fonde un processus d'émancipation économique et social unique. Que ce soit dans le domaine de la production de biens, dans l'action sociale, culturelle, sanitaire, dans le secteur médical, la considération du bénéficiaire de l'action comme acteur participant ou comme sociétaire, est un outil majeur d'émancipation. C'est d'ailleurs dans ce sens qu'est adoptée la loi de 1901 : dans l'esprit de la loi, l'action des associations concerne spécifiquement leurs membres, qui sont donc à la fois bénéficiaires et sociétaires de l'action associative. Il est toutefois très fréquent aujourd'hui de ne pas trouver d'identité entre usagers et sociétaires dans les associations. Deux cas bien différents se présentent : les associations qui exercent une activité commerciale et

1. Fauquet G., *Le secteur coopératif*, 1935, p. 40.
2. Hérail M., *Le lien coopératif au sein des sociétés coopératives*, *Recma*, n° 278, 2000.
3. *Cf. Recma*, n° 275-276, 2000, p. 124-135 et 168-182.

celles qui s'adressent à des populations spécifiques. Par l'instruction du 15 septembre 1998 et par la nouvelle instruction récapitulative publiée le 18 décembre 2006, la fiscalisation des associations a évolué dans le sens d'une facilitation du développement de leurs activités vis-à-vis de tiers non-membres dans le cadre marchand, en leur donnant un cadre identique aux sociétés commerciales. Pour les secondes, le projet et la raison d'être de nombreuses associations du secteur sanitaire et social, ou à vocation culturelle, est précisément de rendre des services à des tiers. Que ce soit dans l'éducation populaire, dans l'action culturelle ou dans l'action sociale la responsabilisation des bénéficiaires fait partie de la professionnalité des animateurs[1], des éducateurs et des assistants sociaux[2]. Ces champs de pratiques ont été le lieu de démarches participatives innovantes depuis plus de 30 ans[3]. Cette problématique de la participation, qui fait l'objet d'une littérature ancienne et abondante[4], reste néanmoins d'une grande complexité, dont l'approche conceptuelle de l'économie solidaire n'a pas pris toute la mesure, précisément parce qu'elle n'a pas posé comme centrale la question du sociétariat des bénéficiaires de l'économie redistributive réalisée dans le cadre associatif. Cette participation passe parfois par des voies presque invisibles. Patrick Bourgne et Christine Lambey ont analysé les liens interpersonnels au sein d'un atelier protégé en identifiant les liens faibles et les liens forts, dans l'inspiration des travaux de Granovetter[5] : ils notent l'importance de liens faibles entre un grand nombre d'acteurs et spécialement entre les familles et les salariés. En revanche les liens forts s'établissent entre les administrateurs et les professionnels[6]. Cette étude, qui n'est pas sans rappeler la sociométrie, qu'avait utilisée Albert Meister dans l'analyse des relations au sein des communautés de travail a le mérite d'identifier la nature des relations au-delà des règles.

La situation est ainsi inverse dans les associations d'une part et dans les coopératives d'autre part : la double qualité fait partie du droit coopératif et mutualiste mais les champs d'activités des entreprises

1. Lebon F. (en collaboration avec Lescure E de), *Les animateurs socioculturels et de loisirs, morphologie d'un groupe professionnel (1982-2005)*, INJEP, 2007, p. 25.

2. Bouquet B., *Éthique et travail social*, Dunod, 2004.

3. Douard O., *Dire son métier : les écrits des animateurs*, L'Harmattan, 2006.

4. Récapitulatif in Jaeger M., *Guide du secteur social et médico-social*, Dunod, (6e éd.) 2007.

5. Granovetter M.S., « La force des liens faibles », in *Le marché autrement*, Desclée de Brouwer, 2000.

6. Bourgne P., Lambey C., « Gouvernance et liens interpersonnels au sein des entreprises du tiers secteur », *Recma*, n° 288, 2003.

coopératives rendent souvent difficile sa mise en pratique. Inversement, la participation des bénéficiaires est fréquemment à l'œuvre dans les pratiques professionnelles du champ social et culturel, mais non inscrite dans le droit associatif qui constitue le cadre le plus répandu de ces pratiques. Albert Meister avait perçu cette inversion en distinguant, dès 1969, la participation de fait, la participation volontaire et la participation suscitée[1]. La participation volontaire, typique des associations se définit par la création de nouveaux comportements à l'initiative du groupe qui se constitue, et s'oppose à la fois à la participation de fait qui caractérise les coopératives et les mutuelles, et à la participation suscitée où le groupe est soumis à une action extérieure déterminante. La participation provoquée se rencontre fréquemment dans les programmes de développement, en particulier de développement participatif. A. Meister montre les rôles sociaux centraux qu'ont joués les associations en France, un rôle de refuge pour les militants tant que le droit syndical ne fut pas reconnu, mais aussi un moyen d'ascension sociale.

Si la participation suscitée est toujours difficile en mettre en action, il lui arrive de réussir le pari de la participation ; il arrive que la participation de fait ne soit plus effective... ni volontaire, ni provoquée, parce que toujours supposée en droit. Parce qu'elle a demandé un travail spécifique, faisant partie de la professionnalité des salariés, la participation dans le développement, dans laquelle se situe l'action sociale et culturelle, constitue une mine d'enseignements pour le mouvement coopératif et l'économie sociale. Les différences entre ces situations tendent à se réduire : la double qualité est réactivée de façon nette au sein des coopératives et des mutuelles depuis quelques années ; le cœur de métier des permanents des coopératives d'activités et d'emploi est l'accompagnement participatif ; simultanément, la participation des bénéficiaires est rendue obligatoire pour de nombreuses associations : quelle que soit leur inspiration, les lois 2002-2 de rénovation de l'action sociale et médico-sociale relatives à la participation des enfants et familles en difficulté, des personnes handicapées, des personnes âgées et des personnes en situation de précarité ou d'exclusion[2], et la loi du 4 mars 2002 relative à la qualité du système de santé et aux droits des patients, vont dans le sens d'une responsabilisation des bénéficiaires de l'action sanitaire et sociale qui, sans équivaloir au principe de double qualité difficile ou impossible à respecter à la lettre, constituent pour les secteurs concernés, une évolution allant dans le sens du droit

1. Meister A., *Participation, animation et développement*, Paris, Anthropos, 1969.
2. Jaeger M., *Guide du secteur social et médico-social*, Dunod, 7e édition, 2007.

coopératif et mutualiste. Les coopératives et les mutuelles réapprennent la sensibilisation à la participation et les associations tendent à revenir sur la double qualité qui inspira la loi de 1901.

L'ÉCONOMIE SOCIALE ET LES PRATIQUES SOLIDAIRES

Au sein de l'économie sociale, c'est le mouvement de pratiques – et non les universitaires comme c'est le cas dans l'essentiel des champs de pratiques – qui oriente le cadre théorique de référence. Si les théorisations se font bien entendu avec le soutien de chercheurs, ce sont les acteurs qui définissent et orientent le mouvement.

Au cours de la seconde moitié du XXe siècle, ce sont les conceptions de Georges Fauquet et de Claude Vienney qui ont dominé la pensée coopérative et d'économie sociale. Or, ce qui spécifie le mieux l'apport de Georges Fauquet est la définition de la coopération – étendue par Claude Vienney à l'économie sociale – comme un secteur et non comme un mouvement alternatif. Cette pensée s'est imposée dans le contexte de la croissance des Trente Glorieuses. L'heure était à la modernisation, la professionnalisation, l'efficacité, ce qui supposait une limitation du champ d'expression des valeurs fondatrices au seul sociétariat. Claude Vienney légitime ainsi le fait que l'économie sociale sert l'intérêt de ses membres et non l'intérêt général. Les responsables d'entreprises ont pu se centrer sur le fonctionnement interne de l'organisation sans considérer qu'ils s'éloignaient des valeurs coopératives ou mutualistes.

Cette représentation n'a certes pas disparu, mais elle est en recul par rapport à une vision qui se réapproprie la question de l'intérêt général. Il s'agit de s'adresser à nouveau à la société et de répondre à ses nouvelles attentes. Les raisons de ce retournement sont variées : elles tiennent à la crainte de grandes entreprises d'économie sociale d'être totalement banalisées, voire de disparaître en tant que coopérative ou mutuelle, crainte nourrie par des adaptations successives auxquelles elles ont procédé et qui questionnent toujours plus leurs principes ; les pratiques solidaires nées à l'extérieur de l'économie sociale exercent par ailleurs une pression, rappelant les entreprises historiques à leurs valeurs fondatrices. Cette pression se fait d'autant plus sentir aujourd'hui que de nouvelles formes coopératives ont vu le jour : les coopératives d'activités et d'emploi, les sociétés coopératives d'intérêt collectif, des associations de commerces équitables valorisant les coopératives agricoles, des coopératives de consommateurs bio, ont sans aucun doute alerté les grandes entreprises d'économie sociale et les mouvements institutionnels. Les relations entre l'économie sociale « historique » et les nouvelles pratiques solidaires se sont très largement développées au cours des dernières années : de l'accueil de la Nouvelle économie fraternelle ou de la Banque solidaire du Nord-Pas-de-Calais par le Crédit coopératif à l'essor remarquable des Chambres régionales de l'économie sociale (CRES) en passant par les soutiens des mutuelles de santé, des assurances mutuelles, des banques mutualistes et coopératives aux initiatives solidaires dans les domaines économiques, culturels, sociaux ou environnementaux, on ne compte plus les partenariats aux échelles locale, régionale ou nationale. Ce constat est encourageant : il témoigne de la possibilité de travailler ensemble dans des contextes les plus variés.

LA SOLIDARITÉ : UNE CONTRAINTE CHOISIE

L'économie sociale ne prétend pas réunir des hommes et des femmes qui seraient moralement meilleures que les autres : elle tente d'organiser l'action collective dans le domaine économique et social en respectant des règles différentes de celles de l'entreprise capitaliste. Le premier fondement de cette proposition est que toute action a un fondement normatif. Mais le second est qu'on ne peut opposer termes à termes un fondement altruiste et un fondement égoïste de l'action : « La solidarité est inséparable du calcul »[1]. Elle en est inséparable parce que l'action collective ne se fonde pas uniquement sur le partage d'intérêts communs, mais également sur l'existence de contraintes de réciprocité. Parce que normative, l'interaction définit toujours une offre d'engagement et de réciprocité. On ne peut définir des règles *a priori* à partir de valeurs ou de principes généraux. C'est l'action collective elle-même qui constitue les acteurs et c'est leur façon d'échanger, de négocier, de coopérer qui définit les règles. La relation entre principe et pratique doit en effet être abordée sous l'angle de sa genèse. La solidarité est un lien réciproque certes, mais quelle est son origine ? Elle peut résulter de la contrainte d'un tiers, comme l'État agissant comme garant de l'intérêt général à travers l'acte de redistribution, ou elle peut être consentie de façon volontaire par deux acteurs sociaux (individuels ou collectifs). C'est lorsqu'elle est volontaire qu'elle peut être définie comme une économie solidaire dans la mesure où c'est seulement dans ce cas que la solidarité peut être revendiquée comme valeur fondant l'action.

1. Reynaud J.-D., préface, *Les règles du jeu*, 1999, Paris, A. Colin, p. III.

TOUT MARCHÉ N'EST PAS CAPITALISTE

Tout échange monétaire renvoie-t-il à une identité marchande ? Cela semble évident. Mais le marché existe-t-il ? C'est ce que laissent entendre les termes habituellement utilisés pour désigner l'empire quasi hégémonique de l'économie capitaliste comme le règne du marché, la domination des marchés ou la société marchandisée, etc. Nous pensons que ces expressions, utilisées aussi bien par l'économie libérale que par l'économie solidaire, ne correspondent à aucune réalité. En effet, il existe une multitude de marchés qui sont trop différents pour qu'on les englobe dans un ensemble unique. Certains marchés intègrent largement la solidarité et la réciprocité, comme ceux du commerce équitable par exemple, d'autres s'appuient principalement sur la concurrence entre petits marchands ou producteurs, comme un marché alimentaire de village, d'autres encore se fondent sur des régulations mondiales, telles les bourses ou le cours de la majorité des produits industriels. Parmi ceux-ci, certains sont ouverts à la concurrence alors que d'autres fonctionnent dans un cadre oligopolistique, qui rend impossible la création d'entreprises dans les secteurs concernés. Derrière chaque marché, il y a ainsi des constructions sociales et ce sont ces constructions sociales qui définissent la nature des marchés et leur relation avec la société. Sous cet angle, il existe deux types de marchés qui fonctionnent de façons très distinctes. Dans son œuvre *Civilisation matérielle et capitalisme* Fernand Braudel établit une distinction essentielle entre économie matérielle, économie marchande et économie capitaliste. Jusqu'au XVIIIe siècle, l'autoconsommation est largement dominante dans le monde, y compris en Europe. L'autoconsommation définit une économie non marchande que Braudel nomme économie matérielle. Au XVIIIe siècle, l'échange marchand existe également depuis longtemps. Par l'échange marchand se créent de nouveaux métiers autour d'une activité économique détachée de la vie matérielle et sociale. On produit non pour soi, mais pour vendre aux autres ou au marchand, c'est-à-dire à un acheteur qui revend à des consommateurs. C'est l'essor de la petite entreprise, personnelle ou encore privée, qui est par excellence celle de l'économie de marché ou marchande, celle des « échanges quotidiens » ou « à faible distance », et même « à plus large rayon » lorsqu'ils sont « réguliers, prévisibles » et « ouverts aux petits comme aux grands marchands »[1]. Ce marché est dit « transparent », parce que les acheteurs connaissent les producteurs ou

1. Braudel F., *La dynamique du capitalisme*, Artaud-Flammarion, 1985, p. 55. *Cf.* également du même auteur, *Civilisation matérielle et capitalisme,* Armand Colin, 1988.

connaissent la marge que prend le marchand entre l'achat et la revente. Les artisans itinérants, les colporteurs, puis les marchés et les foires, enfin le commerçant tenant boutique réalisent cette activité d'échange et font naître et prospérer l'économie de marché, siècle après siècle, de l'âge antique à l'âge moderne.

C'est une autre étape qui est franchie quand apparaît le commerce opéré sur de grandes distances, qui définit ce que les historiens anglais ont appelé le *private market.* Il est signalé dès avant le XVe siècle et s'affranchit des règles du marché local. « Le *Fernhandel* opère sur des distances qui mettent le commerçant à l'abri des surveillances ordinaires ou lui permettent de les tourner (...). De ces gros bénéfices dérivent des accumulations de capitaux considérables, d'autant plus que le "commerce au loin" se partage entre quelques mains seulement ». Ainsi se détache de la masse des marchands un groupe de gros négociants capitalistes, qui rompt la relation directe entre le producteur et le consommateur final. Ces négociants capitalistes changent d'activités en rapport avec le profit réalisable. Leur activité s'oriente en fonction de la rémunération des capitaux qu'ils placent. Fernand Braudel oppose l'ancien échange marchand – concurrentiel et transparent – au capitalisme – sophistiqué et dominant – qui naît du détournement des règles marchandes.

La tendance au monopole (c'est-à-dire à la mainmise d'un acteur unique sur l'ensemble du marché) est ainsi au fondement du capitalisme : alors que l'économie de marché est compréhensible aussi bien par le producteur que par le consommateur et qu'elle est ouverte à de nouveaux marchands potentiels – parce que fondée sur l'échange –, l'économie capitaliste est opaque – ni le producteur, ni le consommateur ne connaissent l'autre bout de la chaîne d'échange –, et elle est fermée à la concurrence – parce qu'elle se fonde sur l'accumulation de capitaux considérables que les autres ne peuvent réunir. Elle n'est pas "transparente".

LES CONSTRUCTIONS SOCIALES DES MARCHÉS ET LA QUESTION DE L'ENCASTREMENT

Selon Braudel, l'échange marchand renvoie donc essentiellement à une économie du travail et l'échange capitaliste à une économie de rente. De ce fait, la confusion entre sphère marchande et sphère capitaliste a des effets catastrophiques et culpabilisants sur les constructions idéologiques des acteurs : elle renvoie les coopératives, les mutuelles, mais aussi les grandes associations gestionnaires intervenant dans la sphère marchande à l'idée qu'elles participent au fonctionnement du capitalisme dès lors qu'elles visent leur intérêt propre dans l'établissement d'un marché. Plus largement, chaque artisan, chaque agriculteur, chaque commerçant propriétaire de son outil de production est renvoyé à une identité capitaliste, alors que la grande majorité de ces acteurs ont une activité et une identité marchandes non capitaliste. La propriété privée du capital dans les petites entreprises, de même que la propriété collective du capital dans l'économie sociale, ne remet pas en question l'appartenance de ces entreprises à une économie du travail, dans laquelle le capital est un outil. C'est tout autre chose dans les sociétés de capitaux qui visent à rémunérer au mieux le capital placé et qui nourrissent une économie de rente.

Les critiques les plus fréquentes portées à l'économie capitaliste postulent du « désencastrement » de l'économie capitaliste et insistent sur la nécessité de « ré-encastrer l'économie » dans la société. Cette représentation nous semble tout à fait inexacte : l'économie capitaliste est bien encastrée dans la société, mais, bien entendu, différemment de l'économie sociale ou solidaire. Son encastrement passe par une organisation qui n'a rien d'« économique » : elle est très organisée, au sein de l'OMC, à l'échelon européen, elle est appuyée par des partis, des gouvernements, des lobbies, elle dispose des meilleurs instituts de recherche du monde, elle lance les plus importants appels d'offres de recherche, elle valorise les théories qui la confortent, elle institue ses règles, s'adapte aux attentes sociales – celle du développement durable par exemple à travers la responsabilité sociale des entreprises, etc. Les sociétés de capitaux multinationales savent sceller des alliances avec des groupes sociaux aux intérêts différents ; elles savent aussi s'affranchir de leurs propres règles : loin d'être désencastrées, elles doivent leur réussite à leur capacité à établir des rapports de forces économiques, sociaux et politiques. Les conséquences de leur fonctionnement sont également précisément identifiables au niveau de la production de richesses, de l'élévation du niveau de vie, de l'emploi, mais aussi par des mesures non économiques, au niveau des inégalités, de l'exclusion, de la destruction des ressources, des pollutions. L'économie capitaliste est encastrée dans la société à partir d'un ensemble de valeurs qui sont globalement opposables à celles de l'économie sociale, et plus largement, opposables aux valeurs universelles des droits de l'homme. En ce sens, elle est contre productive. Le rapport de force, et non l'association, est sa relation principielle au monde. Les marchés régulés par les grandes sociétés de capitaux visent essentiellement à rémunérer le capital. C'est pourquoi il est extrêmement difficile pour les coopératives, les mutuelles et les associations intervenant sur ces marchés de résister à la banalisation. Non pas impossible, mais exigeant de leur part une capacité d'innovation permanente. Dans le secteur bancaire, dans certaines productions agricoles, dans l'assurance, dans la distribution, les pressions des règles capitalistes du marché sont très fortes. Elles le sont moins dans l'essentiel des productions agricoles encadrées par la certification d'appellation d'origine contrôlée (AOC) ou par d'autres labels maîtrisés au moins partiellement localement. Elles le sont moins dans de nombreuses coopératives de production. C'est pourquoi il nous paraît essentiel que les entreprises et les fédérations d'économie sociale travaillent sur la régulation des marchés[1]. Nous avons de nombreux exemples : les systèmes productifs locaux[2], les AOC, les labels, les associations pour le maintien d'une agriculture paysanne ou, à une autre échelle, le commerce équitable. En définissant des règles marchandes s'inspirant de valeurs proches de celles de l'économie sociale, le commerce équitable suscite un renforcement des entreprises d'économie sociale.

Si l'on peut affirmer que l'économie sociale s'inscrit généralement dans l'économie de marché, il faut donc ajouter qu'elle fonde aussi des régulations marchandes a-capitalistes.

LE RAPPORT À L'ÉTAT

Selon l'activité menée, les entreprises d'économie sociale se situent de façons très différentes dans leur rapport à l'État. Il n'est donc pas surprenant que l'économie sociale et l'économie solidaire abordent la question différemment. L'économie sociale revendique l'indépendance économique de ses entreprises, condition nécessaire au respect des valeurs d'engagement, d'égalité et de solidarité. La théorie de l'économie solidaire rend nécessaire l'intervention de l'État dans la réalisation des pratiques solidaires. Les deux approches semblent inconciliables. Le rôle de l'État dans la structuration de l'économie sociale a toujours été l'objet de nombreux débats. Selon que l'on se situe dans la sphère associative, dans celle des mutuelles ou celle des coopératives, le rapport à l'État est différent. D'après André Gueslin, l'économie sociale se présente généralement comme issue de l'initiative et du droit privés et,

1. Il y aurait un ensemble d'études à mener sur le lien entre la construction des marchés et l'exposition à la banalisation.

2. *Cf.* pour une synthèse de la question : Parodi M., « Économie sociale et solidaire et développement local », *Recma*, n° 296, 2005.

simultanément, il est difficile de la comprendre sans la situer relativement à l'État. Constatant l'importance de ce lien, il remarque : « Il s'agit d'une alliance temporaire conçue comme telle à la fois par les pouvoirs publics et par les bénéficiaires »[1].

Nous pensons utile de distinguer deux réalités différentes qu'on peut appréhender selon un axe comportant deux situations types de besoins à satisfaire : d'une part les personnes qui disposent de l'essentiel de leurs droits fondamentaux et sont en capacité d'agir sur leur propre situation sociale et professionnelle et d'autre part des personnes qui, pour des raisons diverses, n'accèdent pas à ces droits et n'ont pas la capacité de les obtenir par eux-mêmes.

L'économie sociale fonctionnant de façon indépendante concernerait essentiellement les premiers et l'économie solidaire s'appuyant sur la solidarité privée et publique s'adresserait aux seconds. Les deux approches sont conciliables dans la perspective d'émancipation qu'elles partagent : elles s'articulent dans le parcours qui fait passer les personnes bénéficiaires de la solidarité privée et/ou publique au statut de participant et de sociétaires actifs. C'est sans doute l'un des enjeux majeurs des pratiques sociales et solidaires de passer d'une logique de solidarité sociale, que rend nécessaire la dérégulation capitaliste, à une logique de solidarité économique. Ce passage d'une économie du social à une économie sociale se traduit par une conquête de l'indépendance économique dans la mesure où les activités de productions de biens, d'exploitation agricole, de banque, d'assurance, de consommation, d'habitat, de transport, etc., ne peuvent pas justifier de bénéficier d'aides publiques exceptionnelles.

Le rôle de l'État pendant la période d'émergence

L'un des traits marquants des entreprises sociales réside dans le fait que, s'adressant à des populations défavorisées, elles rendent un service qui dépasse les besoins stricts de ses membres. Ce service peut être rapproché ainsi du service d'intérêt général, ce qui, en retour justifie l'accompagnement à la fois économique et juridique de la puissance publique[2].

Il faut cependant immédiatement préciser que ce soutien de la puissance publique est quasi spécifique de l'Europe occidentale. Vérifiant la poursuite de l'essor de l'emploi associatif en Europe en particulier

1. Gueslin A., *L'invention de l'économie sociale*, Economica, 1998, p. 411.

2. Davister C., Defourny J., Grégoire O., « Les entreprises sociales d'insertion dans l'Union Européenne : un aperçu général », *Recma*, n° 293, 2004.

dans les secteurs de l'éducation, de la santé, et plus encore des services sociaux, Édith Archambault constate qu'au-delà d'un bénévolat puissant, qu'on observe également aux États-Unis, le modèle européen se caractérise par l'importance du financement public, qu'on ne trouve ni aux EU, ni dans les pays d'Europe centrale et orientale (PECO)[1].

Philippe Callé note à ce propos une évolution de l'approche de l'intérêt général en particulier en France. En instituant la liberté associative, la loi de 1901 inscrit aussi l'action des associations dans l'espace public, où se pose la question de leur légitimité face à la notion d'intérêt général. Longtemps dévolu à l'État et aux institutions publiques, l'intérêt général est devenu moins perceptible. Le sens imprimé à l'action résulte davantage aujourd'hui d'une négociation entre différentes parties, et les repères traditionnels entre public et privé tendent à s'estomper. Comment, dans ce contexte, situer l'utilité sociale des associations ? Vient-elle en remplacement de l'intérêt général, n'en est-elle qu'une subdivision à l'heure où la reconnaissance d'utilité sociale définie par l'État emprunte la voie du marché[2] ?

Par ailleurs, ce soutien public n'est pas sans effets. Martine d'Amours a analysé les effets du soutien de la puissance publique à l'économie sociale québécoise depuis 1995. Ces effets tendent à appauvrir, en les séparant, chacune des deux dimensions – mouvement et entreprise – qui fondent l'identité de l'économie sociale[3]. Nadine Richez-Battesti et Patrick Gianfaldoni étudient le sens du soutien économique de l'État. Les auteurs se penchent sur les dispositifs associatifs d'appui à la création de très petites entreprises soutenus par les pouvoirs publics, et mettent en évidence une forme d'industrialisation des services qui se réalise sous la tutelle des pouvoirs publics[4]. De son côté, Siméon Karafolas étudie l'aide financière apportée par l'État et la Communauté européenne aux coopératives de crédit grecques. Il montre que ce soutien, qu'on pourrait lire en terme d'instrumentalisation au service d'une politique de soutien

1. Archambault E., « Y a-t-il un modèle européen du secteur sans but lucratif ? », *Recma*, n° 282, 2001.

2. Callé P., « Les associations entre intérêt général et utilité sociale », *Recma*, n° 283, 2002.

3. D'Amour M., « Économie sociale au Québec, vers un clivage entre économie collective et action communautaire », *Recma*, n° 284, 2002.

4. Richez-Battesti N. et Patrick Gianfaldoni P., « Les associations d'accompagnement à la création d'activités », *Recma*, n° 293, 2004.

aux PME, représente également une opportunité pour les coopératives qui savent s'en saisir[1].

Les situations d'exception

Lorsque des personnes sont victimes de l'exclusion ou des inégalités que produit l'économie capitaliste ou lorsque des personnes, des sociétés, des villages sont menacées par un événement naturel ou humain exceptionnel, telle une famine ou une guerre, la solidarité est le principal moteur de l'action qui permet à ces personnes de retrouver un minimum de droits fondamentaux. C'est le rôle irremplaçable tenu par de nombreuses fondations et associations.

Les activités mises en œuvre pour cette raison humanitaire ne peuvent pas éviter de changer de nature à mesure que la situation se normalise. Dès que les personnes concernées sont à nouveau en capacité de définir des projets de développement à moyen et à long terme, cette capacité devient le principal support du développement, et non la solidarité publique ou privée. À terme, une économie n'a d'autre choix que de se situer sur des marchés, quelle que soit leur nature. Le rôle de l'État change dès lors : la nouvelle économie n'attend plus des subsides de l'État mais une reconnaissance juridique. Ainsi Enzo Pezzini montre, à partir de l'expérience italienne des coopératives sociales, combien l'action des acteurs coopératifs peut influer sur la transformation du droit, y compris, ajoute-t-il, et peut-être surtout dans un contexte défavorable[2].

Au-delà des spécificités associatives, coopératives et mutualistes, ces diverses formes d'interpénétrations entre l'économie sociale et l'État témoignent plutôt de la légitimité et de la capacité de l'économie sociale à définir et représenter les différents besoins et les intérêts économiques multiples de la nation face à un État qui, en fonction de son intérêt face à cette économie sociale, tantôt la combat, tantôt l'ignore et tantôt la reconnaît et la soutient.

La solidarité sans l'égalité : la philanthropie

Cette partie sur la philanthropie et les fondations permet de définir une limite de l'économie sociale. L'économie sociale inclut les fondations

1. Karafolas S., « Le cautionnement mutuel en Grèce : contexte d'émergence, cadre législatif et structure », *Recma*, n° 271, 2001.
2. Pezzini E., « La réforme du droit coopératif en Italie », *Recma*, n° 290, 2003.

dans ses fédérations européennes. L'activité des fondations est devenue incontournable en Europe, comme elle l'est depuis longtemps aux États-Unis. Les fondations sont en passe de devenir un partenaire obligé des États européens, avec lesquels les relations s'établissent généralement sur la base de la négociation, même si la France accuse un retard important. Édith Archambault attribue cette faiblesse du nombre de fondations en France à des causes essentiellement sociologiques et juridiques Au cœur de ces deux types de causes, se trouve le rapport ambigu entre l'État français et les fondations. L'action des fondations est de plus en plus souvent décisive pour subvenir aux besoins de populations en détresse, sur les plans alimentaire, sanitaire, éducatif, social et culturel. En France, une fondation est « l'acte par lequel une ou plusieurs personnes physiques ou morales décident l'affectation irrévocable de biens, droits ou ressources à la réalisation d'une œuvre d'intérêt général et à but non lucratif » (loi du 23 juillet 1987). E. Archambault note que « cette définition insiste sur le fait qu'une fondation est un ensemble d'actifs alors qu'une association, une mutuelle ou une coopérative est une société de personne »[1]. Il nous semble que cette distinction suffit à considérer que, pour être comprises, les fondations ne peuvent être disjointes de leur origine. Capital dédié, la fondation n'est autonome que statutairement, dépendant totalement de la personne morale ou physique qui la nourrit.

L'État français a encouragé la création de fondations à partir de 1969, date de création de la fondation de France, dotée initialement de 16 millions apportés par la Caisse des dépôts et consignations et 17 banques publiques ou privées. La fondation de France a deux missions initiales : encourager la philanthropie et abriter des fondations individuelles ou d'entreprises. Dans les années quatre-vingts, le ministre de la Culture Jack Lang propose des incitations aux entreprises afin qu'elles financent la création et la diffusion culturelle. Cette impulsion explique l'orientation importante de l'activité des fondations vers la culture. Cependant, explique E. Archambault, la relation entre l'État et les fondations est ambivalente, celui-ci voyant en elles une forme de concurrence dans l'action d'intérêt général. Cette relation rend plus difficile que dans les autres pays, et en premier lieu qu'aux États-Unis, le mixage de ressources privées et publiques. En raison de leur souplesse d'intervention, les fondations s'avèrent en effet être un lieu d'innovation dans la réponse à des besoins d'intérêt général. Or, à la différence des associations, les fondations ne sont pas instrumentalisables.

1. Archambault E., « Pourquoi la France a-t-elle si peu de fondations ? », *Recma*, n° 287, 2003, p. 72.

Nous sommes donc face à une question délicate. Les fondations jouent un rôle irremplaçable pour servir l'intérêt général dans les domaines très variés. La réponse à l'intérêt général peut-elle venir de volontés privées ou d'organisations dont les plus importantes sont liées à des sociétés de capitaux et sur lesquelles les pouvoirs publics n'ont pas de pouvoir ? Comment analyser le fait que la santé ou l'éducation d'un pays dépendent des politiques de fondations d'entreprises multinationales ou de fondations des milliardaires qui les détiennent ? Il paraît donc utile d'étudier quelques ressorts du développement de la philanthropie. Qu'est-ce qui provoque la dynamique de la philanthropie et partant, des fondations ? La citation qui suit résume très clairement la dynamique de la philanthropie contemporaine analysée par l'un de ses meilleurs spécialistes[1].

« Dès lors la question qui est posée à notre société de plus en plus inégalitaire est plus que jamais celle de l'extrême pauvreté, dans un monde globalisé où plus rien ne peut être caché : de l'hyper-luxe à la plus grande misère. Car une telle accumulation appelle des destructions d'énergies en compensation toutes aussi vertigineuses. Elles peuvent se faire par la guerre, on peut penser qu'elles se feront par la philanthropie. (...) Mais il ne peut exister de philanthropie si on ne peut constituer de fortune. Faut-il encore permettre cet enrichissement, car la philanthropie est co-substantielle de l'inégalité[2]. »

L'essor de la philanthropie nécessite des inégalités remarquables : « Si le nombre des riches et encore plus des très riches s'est ainsi considérablement accru, cela constitue donc autant de philanthropes en devenir »[3]. C'est donc une « chance » que le nombre des milliardaires augmente et particulièrement, note l'auteur, dans les pays émergents : le Brésil compte 19 milliardaires et la Russie 53, contre 15 en France, dont le produit intérieur brut est d'environ dix fois supérieur à ces pays. Non seulement, la philanthropie a « un avenir radieux » avec l'augmentation des inégalités, mais elle contribue de façon décisive à constituer un marché de l'aide : « L'irruption de ces partenariats dans le domaine de l'aide ne va pas sans difficultés collatérales. Les coûts de transaction subis par les pays qui reçoivent l'aide, et qui sont

1. Antoine Vaccaro est président du Centre d'études et de recherche sur la philanthropie.

2. Vaccaro A., « Aspects anthropologiques et états des lieux de la philanthropie et du mécénat en France », in *Rapport moral sur l'argent dans le monde, édition 2007*, Association d'économie financière, p. 433.

3. Chevalier B., « Fondations philanthropiques et mondialisation : quels défis pour ce siècle ? », in *Rapport moral sur l'argent dans le monde, édition 2007*, Association d'économie financière, p. 417.

engagés à s'aligner sur une multiplicité de procédures, augmentent. La concurrence s'accroît entre les bailleurs pour s'assurer sur place la coopération des meilleures ressources humaines au risque de les détourner d'autres enjeux locaux »[1]. L'auteur, directeur général du trésor et de la politique économique, considère néanmoins que « le bilan coûts/avantages demeure très positif ». Ces plaidoyers en faveur de la philanthropie mettent en évidence, « en creux » et sans s'y référer bien sûr, l'importance des principes de double qualité et de l'égalité dans l'économie sociale. L'économie sociale considère que la solution au « problème social » n'est pas que les riches aident les pauvres, mais qu'il n'y ait plus – ou moins – de pauvres. Quand, pour permettre aux pauvres de bénéficier de la générosité des milliardaires, ou pour permettre à des milliardaires d'exprimer leur solidarité, on en vient à se féliciter de la multiplication des milliardaires, on ne se situe assurément pas dans un projet d'économie sociale. Cela va sans dire sans doute. Mais l'économie sociale est encore fréquemment mêlée à la générosité, à la solidarité, à l'altruisme, et ces valeurs suffisent souvent à la désigner. Bien entendu, ces analyses ne mettent pas en doute la générosité des philanthropes, ni l'utilité sociale des pratiques que cette générosité permet de mettre en œuvre. Mais elles montrent qu'à l'inverse de l'économie sociale, la philanthropie et les fondations se conjuguent avec l'économie la plus capitaliste et la plus inégalitaire : les fondations ont besoin de riches, ou plutôt de très riches, et de pauvres, voire de très pauvres. Comme le précise A. Vaccaro, entre la guerre ou la philanthropie, on ne peut que préférer la philanthropie. Mais celle-ci doit-elle être socialement nécessaire ? Le projet de l'économie sociale, qui vise à produire une économie plus égalitaire par des voies non-violentes, s'est précisément bâti à la fin du XIXe siècle en partie contre la dépendance que provoquait, déjà, la philanthropie[2].

L'appartenance des fondations à l'économie sociale pose donc un réel problème. Si les fondations sont sans but lucratif et visent l'intérêt général, elles ne suivent dans leur fonctionnement ni les valeurs d'engagement volontaire, ni les valeurs d'égalité propres à l'économie sociale. Le fonctionnement démocratique lui-même n'est pas assuré : « *A contrario* de l'association, la fondation découle de la volonté univoque du ou des fondateurs et ne "s'encombre" pas *(sic)* des nécessités démocratiques de

---

1. Musca X., « Fondations et aide publique au développement : quels espaces de rencontre ? », in *Rapport moral sur l'argent dans le monde, édition 2007*, Association d'économie financière, p. 412.

2. Draperi J.-F., *Godin J.-B.-A. Inventeur de l'économie sociale*, Éd. REPAS, à paraître, 2007.

l'association »[1]. Quand l'aide aux personnes en difficultés se transforme en possibilité pour les riches d'aider les pauvres selon l'expression de Charles Gide, la solidarité tourne tout à fait le dos à l'économie sociale. Les fondations constituent de l'argent dédié (« des ensembles d'actifs » dit E. Archambault) et ne peuvent donc au niveau du projet, être détachées de leur origine : leur activité est dépendante de celle des organisations qui leur donnent leur capacité financière. C'est pourquoi nous pensons que seules les fondations en provenance d'entreprises de l'économie sociale appartiennent formellement à l'économie sociale au sens strict[2]. Ce qui revient à dire également l'économie sociale n'a pas le monopole de la solidarité... et que la solidarité ne peut constituer seule le fondement d'un projet d'économie sociale.

De l'unité du système de valeurs

Les pratiques solidaires remplissent une mission complémentaire de l'économie sociale historique. Elles rappellent à celle-ci que ses valeurs sont universelles et non réservées à ses membres. Elles constituent une base importante de son élargissement et peuvent être l'un des lieux de son renouveau. Par ailleurs, les pratiques solidaires sont très largement engagées dans la responsabilisation volontaire des bénéficiaires : on sait que dans le secteur sanitaire, dans le secteur social, dans les nouvelles formes d'action sociale – s'appuyant sur la culture, sur l'économie, sur le travail collectif –, la question de la participation est centrale, elle conditionne largement la réussite. La participation et la double qualité visent tous deux l'émancipation de la personne.

Si la finalité des pratiques solidaires est de permettre l'émancipation des personnes bénéficiant de la solidarité, alors il est nécessaire de poser simultanément la question de l'exercice des solidarités et celle de l'abolition de l'inégalité qui les rend nécessaires. Si l'on ne pose pas simultanément ces deux questions, l'économie solidaire prend le risque d'institutionnaliser les inégalités qui la justifient. La solidarité ne

1. Vaccaro A., « Aspects anthropologiques et états des lieux de la philanthropie et du mécénat en France », in *Rapport moral sur l'argent dans le monde, édition 2007*, Association d'économie financière, p. 431.

2. Plusieurs des fondations d'économie sociale se sont d'ailleurs réunies à l'échelle française et à l'échelle européenne au sein de l'Association des fondations d'économie sociale (Asfondes).

remplace pas l'égalité mutualiste qui à la fin du XIXe siècle valorise la prévoyance contre la dépendance que faisait naître la charité[1].

L'émancipation nécessite donc de penser simultanément la solidarité avec toutes les personnes subissant l'exclusion ou les inégalités, l'engagement volontaire de ces personnes et leur accession à l'égalité politique au sein des entreprises.

Sans l'articulation du volontariat, de l'égalité et de la solidarité, les pratiques sociales peinent à s'affirmer comme émancipatrices : elles s'inscrivent dans des processus totalitaires lorsque le volontariat n'est pas respecté, dans des processus inégalitaires, lorsque l'égalité n'est pas acquise, dans des processus individualistes lorsque la solidarité n'est pas à l'œuvre. Cette unité des valeurs s'exprime dans une forme spécifique d'entrepreneuriat. Comment la définir ?

QU'EST-CE QU'ENTREPRENDRE ?

On réduit généralement l'acte d'entreprendre à la création d'entreprise individuelle. Cette réduction est double.

- D'une part, les termes entreprendre et entreprise s'appliquent dans la vie courante à d'autres objets que celui de la création d'une activité économique. L'usage du terme entreprendre dans le sens de la création d'entreprise naît au début du XVIIIe siècle, au moment où ces termes deviennent des concepts d'économie politique. Mais bien entendu, on l'utilise auparavant, et on continue de l'utiliser ensuite, dans un sens plus large.
- D'autre part, lorsqu'on parle de la création d'une activité économique, celle-ci est implicitement comprise comme un acte individuel, ou en duo. Or, de très nombreuses entreprises dépassent l'entrepreneuriat individuel, qu'il s'agisse de sociétés de capitaux comme dans le cadre de l'économie capitaliste ou de groupements de personnes dans le cadre de l'économie sociale.

Ces deux réductions nous obligent à revenir sur le sens du mot entreprendre. La conceptualisation moderne qui définit l'entrepreneur comme agent économique procède d'une sous-évaluation des valeurs sociales, culturelles, religieuses. Elle contribue simultanément à reproduire une nouvelle représentation dont la société contemporaine est prisonnière. Cette représentation se spécifie par la distinction entre le manager

1. Gueslin A., *L'invention de l'économie sociale*, Economica, 1998.

et le propriétaire détenteur des capitaux. Cette distinction fait éclater l'unité qui caractérise l'entrepreneur, qui, à la fois, a les compétences du manager et prend les risques du propriétaire.

Selon le *Französisches Etymologisches Wörterbuch (FEW)*, aux XIIe et XIIIe siècles entreprendre signifie « faire un accord avec quelqu'un ». Ce sens fonde le sens moderne, puisqu'il inclut l'idée qu'« il n'y a entreprise que s'il y a évaluation préalable de l'affaire à réaliser. La décision d'agir ne prend corps que du fait du contrat préalable »[1]. Le terme d'entreprise recouvre ainsi les deux étapes de conclusion d'un projet négocié et de réalisation de ce projet. H. Varin note que l'un des équivalents arabes d'entreprises réunit ces deux valeurs : *al-muqawala (qawala :* discuter*)* associe le sens de s'engager pour un but assigné à l'avance et la discussion et la négociation.

Au XIIe siècle, l'entreprise a le sens d'accord réciproque : c'est « l'accord pour mener une action à terme, un projet élaboré en commun ». De là l'importance de l'idée de conception : l'entreprise est le « dessein de faire quelque chose » en plus d'être « l'exécution de la chose »[2]. L'ajout de la rationalité signe la naissance de l'individu et des philosophies subjectivistes qui vont influencer les premiers penseurs de la société et de l'économie moderne.

Jusque-là fin du XVIIIe siècle, l'entreprise définit donc à la fois le projet et sa réalisation sans qu'on mentionne que l'entrepreneur agit seul : au contraire, avant de se lancer, l'entrepreneur négocie, s'accorde et fixe un objectif à atteindre.

L'ENTREPRENEUR MODERNE

Ce n'est qu'au début du XXe siècle que l'économiste Joseph Schumpeter fait ressortir la figure de l'entrepreneur individuel, acteur central de l'innovation économique dans le cadre de la croissance capitaliste[3]. Mais l'identification de l'entrepreneur individuel à l'innovation est historiquement et limitée. L'essor des grandes entreprises déplace le lieu majeur de production des innovations, qui deviennent le fruit de l'action collective, comme le souligneront les théoriciens de la sociologie des organisations dans les années soixante. Il s'en suit pour l'entrepreneur une plus grande incertitude, une moins grande capacité à répondre aux

1. Vérin H., *Entrepreneurs, entreprises, histoire d'une idée*, PUF, 1982, p. 20.
2. *Dictionnaire de Savary des Bruslons* (1741), dictionnaire spécialisé du commerce.
3. Schumpeter J., *Capitalisme, Socialisme et démocratie*, Paris, Payot, 1951.

diverses exigences nécessaires à la réussite de l'entreprise provoquant une augmentation des risques. C'est sans doute l'une des raisons qui font à nouveau considérer l'intérêt de l'entrepreneuriat collectif. De fait la mutualité a pour objet premier la prévention et la réduction des risques. Ce but est obtenu par la mutualisation des risques entre plusieurs mutualistes... qui sont donc au sens formel des entrepreneurs associés. De même, la coopérative de production réunit des travailleurs qui s'associent pour travailler ensemble. Sont-ils salariés ou entrepreneurs ? La doctrine de la Confédération des Scop a évolué au cours des années : aujourd'hui les associés de la coopérative de travail sont considérés avant tout comme des entrepreneurs. Les agriculteurs qui créent ensemble une coopérative d'utilisation de matériel agricole – qui peut aller plus loin que le seul achat et mise à disposition de matériel et, en particulier, jusqu'à salarier du personnel – définissent-ils un acte d'entrepreneur ? On pourrait multiplier les exemples témoignant que les entreprises collectives engagent bien leurs fondateurs dans une démarche d'entrepreneuriat, y compris lorsque l'entreprise en question n'a pas pour objet de les rémunérer.

Mais si un mutualiste, un sociétaire de Scop, un adhérent de Cuma sont des entrepreneurs, le membre d'une association gestionnaire ne l'est-il pas ? Le président d'une association gestionnaire prend un risque important puisqu'il est responsable civilement et pénalement de l'action de l'association (loi de 1994 et loi Perben II). Il prend donc un risque supérieur à celui du gérant d'une coopérative, dont la mission s'inscrit dans le droit commercial, voire dans le droit du travail. Si l'ensemble des membres des associations ne peuvent être considérés comme des entrepreneurs, les présidents des associations, mais également les trésoriers, répondent à la définition à laquelle nous nous référons.

On voit bien cependant qu'il n'est pas aisé de trancher. Il faut admettre que l'on puisse être plus ou moins entrepreneur selon la négociation, l'engagement et le risque qu'on accepte de prendre. Avoir un compte bancaire dans une banque mutualiste, être membre d'une mutuelle, être bénévole dans une association, c'est déjà être co-entrepreneur d'une entreprise d'économie sociale.

ENTREPRENEUR OU/ET MILITANT ?

Mais qu'est-ce qui différencie en économie sociale l'entrepreneur du bénévole et du militant ?

Le bénévolat se définit à partir de trois critères : l'absence de rémunération, la liberté de faire ou de ne pas faire et le choix délibéré d'une absence de rémunération. La nature de l'engagement bénévole est variable : on distingue généralement au sein des entreprises d'économie sociale un bénévolat de base et un bénévolat assurant des fonctions d'administration et de gestion[1]. Le militant sert une cause en tentant s'y associer autrui. Longtemps abordé à partir de l'engagement politique ou syndical[2], le militant a également ensuite été défini à partir de l'engagement associatif. C'est surtout à propos de causes humaines, sanitaires et écologiques que l'on voit se développer ce nouveau militantisme[3]. L'objet même de nombreuses associations, et particulièrement celles qui sont intégrées dans l'économie sociale, supposent l'engagement dans l'action économique et la prise de risques. L'entrepreneuriat associatif croise donc ici très nettement l'engagement bénévole et souvent militant. F. Rousseau décrypte à ce propos la double mission de gestion et de militantisme que sont dans l'obligation de réaliser les responsables d'associations éducatives reconnues par les pouvoirs publics[4].

On peut donc spécifier l'entrepreneur en économie sociale de façon plus précise que nous ne l'avons fait jusqu'ici : l'entrepreneur en économie sociale associe autrui dans sa démarche ; il milite pour sa cause, qui est son entreprise et son projet. L'entrepreneur de l'économie sociale peut être précisément défini par le terme d'entrepreneur militant[5] ou au moins d'entrepreneur engagé.

L'entrepreneur militant s'engage de façon volontaire et avec d'autres, dans un projet partagé dont il partage solidairement les risques. Il peut être bénévole ou non, salarié ou non. Sans être nécessairement désintéressé, cet engagement a un autre mobile que le profit. Il répond à des besoins économiques et sociaux non ou mal satisfaits. Qu'il réponde aux besoins de tiers ou à ceux des entrepreneurs associés, ce projet comprend une dimension économique qui engage ceux-ci dans une responsabilité partagée vis-à-vis des partenaires et de la société dans son ensemble. L'entreprise d'économie sociale est ainsi le groupement de ces entrepreneurs militants. Elle comprend toujours une dimension

1. Alfandari E., « Le bénévole associatif en quête de son identité », *Recma*, n° 283, 2002.

2. Mothé D., *Le métier de militant*, Le Seuil, 1973.

3. Ion J., Péroni M., (dir.), *Engagement public et exposition de la personne*, Aube-CNRS, 1997.

4. Rousseau F., « Gérer et militer : une autre façon d'entreprendre pour les associations éducatives », *Recma*, n° 286, 2002.

5. Ce qui le distingue bien entendu des militants professionnels définis par Isabelle Sommier dans Sommier I., *Le renouveau des mouvements contestataires à l'heure de la mondialisation*, Flammarion, 2003.

associative qui porte le projet et dont l'assemblée générale des membres est le principal organe et une dimension organisationnelle, contrôlée par l'association et chargée par elle de réaliser le projet. Les entrepreneurs militants reflètent la double qualité spécifique aux entreprises d'économie sociale : ils assument une fonction politique et une fonction d'activité, qu'elle que soit la nature de celle-ci (gestion, production, consommation, épargne, assurance etc.).

Cette définition décrit une certaine réalité et en même temps, donne la possibilité de préciser une orientation politique. Tous les sociétaires des coopératives, tous les mutualistes et tous les membres des associations ne sont pas, loin s'en faut, des entrepreneurs militants. Le terme d'entrepreneur militant peut sans doute constituer un idéal type, outil d'analyse permettant de dégager la logique démocratique de l'entreprise d'économie sociale.

QUATRE TYPES D'ENTREPRISES

On oppose souvent l'entreprise d'économie sociale à l'entreprise capitaliste en oubliant qu'elles ne constituent ni l'une ni l'autre la forme la plus classique de l'entrepreneuriat, qui est celle de l'entreprise individuelle.

Quatre types d'entreprises fournissent en effet des biens et services marchands :

- *L'entreprise privée* : L'entreprise est personnelle : elle appartient à une personne ou à quelques personnes réunissant un capital pour créer une activité économique. Ce sont des petites entreprises, réunissant généralement moins de 10 salariés. L'entreprise privée est de loin la plus répandue en France : on en compte plus de 2 millions. L'entreprise en nom propre et l'entreprise unipersonnelle à responsabilité limitée (EURL) sont des entreprises privées ;
- *L'entreprise d'économie sociale* : L'entreprise est un groupement de personnes associées autour d'un projet. Ces personnes associées acquièrent des moyens économiques et financiers pour réaliser un projet commun. Ce sont des coopératives, des mutuelles ou des associations. On compte environ un million d'entreprises d'économie sociale ;
- *L'entreprise publique* : L'entreprise d'État est détenue par la collectivité nationale qui l'organise et la gère en fonction de l'intérêt général ;

- *L'entreprise capitaliste* : L'entreprise capitaliste est une société de capitaux : elle réunit des capitaux privés en vue de les faire fructifier. Le type même de la société de capitaux est la Société Anonyme.

Ces quatre types correspondent à quatre façons de concevoir et de faire de l'économie, chacune ayant sa propre finalité et ses propres modes de fonctionnement.

- Dans l'entreprise privée, le responsable est souvent « à son compte ». C'est le cas de la majorité des artisans et des exploitants agricoles.
- Dans l'entreprise d'économie sociale, la finalité n'est pas de gagner le maximum d'argent, mais de répondre à des aspirations partagées par plusieurs personnes. Même salariés, les membres d'une entreprise d'économie sociale ont fréquemment des attentes particulières à l'égard du travail : ils souhaitent faire un travail qui a du sens et qui leur plaît. Ces entreprises sont les outils privilégiés du développement social, local et durable. Elles sont dirigées par les personnes associées, c'est-à-dire qui se déclarent en accord avec le projet et l'activité de l'entreprise, dans le cadre d'une assemblée générale.
- L'entreprise publique vise à satisfaire l'intérêt général. Le pouvoir est lié au politique. Comme dans l'administration publique, ses membres salariés sont très attachés à la qualité du service rendu. Ce qui différencie l'entreprise publique de l'administration publique est le caractère marchand de la production.
- Dans l'entreprise capitaliste, c'est le résultat financier qui prime, aussi y est-on très attentif à l'efficacité économique, et généralement à court terme, de l'entreprise. Le pouvoir est détenu par ceux qui détiennent le capital. Lorsque ces entreprises sont cotées en bourse, le pouvoir revient aux actionnaires majoritaires, c'est-à-dire aux plus fortunés. La majorité des grandes entreprises sont de type capitaliste et cotées en bourse.

Tableau 1.2. Types et finalités des types d'entreprise

Type d'entreprise	Finalité
Entreprise privée	Produire et travailler à son compte
Entreprise d'économie sociale	Réaliser un projet en commun
Entreprise publique	Servir l'intérêt général de la nation
Entreprise capitaliste	Faire fructifier les capitaux placés dans l'entreprise

Dans la réalité, il existe des statuts juridiques d'entreprises qui sont au croisement de ces quatre types et qui répondent à des finalités multiples (voir tableau 1.3).

Tableau 1.3. Exemples de statuts types et de statuts mixtes

ENTREPRISE PRIVÉE		**ENTREPRISE CAPITALISTE**
Entreprise individuelle	*Société à responsabilité limitée (SARL)*	**Société Anonyme (SA)**
Société en nom collectif (SNC)		*Société d'économie mixte (SEM)*
Société coopérative	*Régie*	**Établissement public à caractère industriel et commercial**
ENTREPRISE D'ÉCONOMIE SOCIALE		**ENTREPRISE PUBLIQUE**

EN MAJUSCULE : types d'entreprises.
En gras : statuts juridiques des entreprises qui caractérisent chaque type.
En italique : quelques statuts mixtes.

Entreprendre en économie sociale n'est pas équivalent à créer une entreprise. Entreprendre en économie sociale signifie adhérer et s'engager dans un projet partagé. Être membre d'une association, avoir un compte dans une banque mutualiste ou coopérative, adhérer à une mutuelle de prévoyance ou d'assurance pour sa voiture ou son logement, c'est déjà entreprendre en économie sociale. Ces adhésions donnent en effet des droits et des devoirs vis-à-vis de l'entreprise collective, dont le premier est la participation à l'assemblée générale annuelle et l'élection du conseil d'administration. Or, si la grande majorité des Français adhère à une entreprise d'économie sociale au moins, la même majorité l'ignore, ou si elle ne l'ignore pas, ne se considère ni ne comporte comme co-entrepreneur. Or, la participation à ce co-entrepreneuriat est également une voix d'éducation démocratique unique, la seule qui permette d'exercer la démocratie dans la sphère économique. Cet apprentissage est permanent : les voies s'offrent à chacun pour contribuer à des groupements de personnes, en tant que consommateur, de travailleurs, « d'aidant social », d'épargnant, de mutualiste, d'habitant, etc. C'est par le développement de ce co-entrepreneuriat que nous sommes le mieux à même de répondre aux problèmes économiques et sociaux contemporains. Détaché de la finalité lucrative l'acte d'entreprendre en économie sociale est un acte d'engagement sociétal.

Chapitre 2

Un cadre théorique de réference

Henri Desroche et Claude Vienney, deux bornes pour nos recherches

On ne trouvera[1] pas une seule voix parmi les spécialistes de l'économie sociale et de la coopération pour démentir le rôle central, pivot même, du travail de Claude Vienney, mais au-delà de ce cercle restreint, cette œuvre est largement inconnue. Elle partage ce destin avec bien d'autres, en particulier celle de son maître ès coopération, Georges Fauquet. Mais celle d'Henri Desroche – je ne parle pas du Desroche sociologue des religions, mais du sociologue de la coopération et du développement – n'est pas mieux lotie. Une anecdote permet de résumer le niveau de reconnaissance de la recherche coopérative à la fin du XXe siècle : Pierre Bourdieu m'avait dit en 2000 n'avoir pas lu une seule ligne d'Henri Desroche, et ne connaissait pas le nom même de Claude Vienney. Au moment où les pratiques coopératives et d'économie sociale retrouvent

1. Une version abrégée de ce chapitre est parue dans Chomel A. (dir.), *Coopération et économie sociale au second XXe siècle*, L'Harmattan/IES, 2002.

une nouvelle faveur, on espère que les lecteurs d'Henri Desroche et de Claude Vienney sont encore largement à venir.

Il est difficile en tout cas d'évoquer l'un sans évoquer l'autre, même si leurs relations, tôt établies, furent relativement limitées. La socio-économie coopérative française de la seconde moitié du XXe siècle est en effet dominée par ces deux grandes œuvres, qui se juxtaposent plus qu'elles ne s'opposent, et qui constituent deux grandes bornes pour les recherches du XXIe siècle.

Elles résument en effet presque l'ensemble de l'histoire de la pensée coopérative française. Elles partagent ce trait commun de ne s'être que très peu penché sur les théories anglo-saxonnes, à la différence d'Albert Meister par exemple, ce qui limite sans doute aujourd'hui quelque peu leur portée. Mais c'est sans doute la seule limite d'importance qu'on peut formuler.

Chacun des deux auteurs s'inscrit dans un courant qui les précède et trouve son inspiration majeure dans un maître : Charles Gide pour Henri Desroche et Georges Fauquet pour Claude Vienney. Même s'ils ouvrent l'un et l'autre des voix inexplorées et en partie en opposition avec leur prédécesseur respectif, ils prolongent leur pensée, et simultanément leur différenciation théorique. Quelle est cette différenciation ?

CLAUDE VIENNEY CONTINUATEUR DE GEORGES FAUQUET

C. Vienney présente Fauquet comme le premier théoricien de la coopération[1]. Le point essentiel réside dans le fait que la « morale coopérative » n'existe pas en dehors « des membres et de leurs rapports avec l'entreprise ». Cette morale est mesurable à travers des indicateurs, les principes coopératifs, qui sont les suivants :

- double rapport d'association et d'activité entre un groupement de personnes et une entreprise ;
- répartition des excédents/déficits de gestion proportionnelle aux activités et limitation des intérêts sur les parts sociales ;
- égalité des voix dans les organes sociaux de compétence générale ;
- propriété durablement collective des excédents réinvestis.

1. Vienney C., *Socio-économie des organisations coopératives*, tome 2, CIEM, 1982, p. 171-208.

Vienney ajoute : « Mais pour autant, ces principes ne s'actualisent qu'au niveau de l'expression de règles qui ne sont plus celles de *la coopérative en général* mais de coopératives bien déterminées, une nouvelle fois principalement sous deux contraintes »[1]. Ces contraintes sont « l'identification des acteurs membres par leurs caractéristiques personnelles et leur position par rapport aux activités de l'entreprise » (...) et « l'insertion de ces règles dans les catégories juridiques de leur environnement institutionnel, le droit coopératif ne pouvant être (...) que le produit d'interactions complexes avec l'ensemble des activités, des acteurs et des règles des systèmes socio-économiques dans lesquelles fonctionnent les coopératives ».

Même si la thèse de Claude Vienney bouscula le monde de la coopération, l'auteur s'inscrivait dans un courant plus large qui s'enracine dans l'œuvre de Fauquet lui-même. Ainsi, Paul Ramadier affirmait en 1947 : « Sans doute bien des hommes de bonne volonté se passionnent encore à la lecture de Charles Gide... Mais une ère est close : la coopération n'est plus un impératif catégorique valable pour tous les hommes et sous toutes les latitudes ; c'est un phénomène contingent, toujours secondaire, dont la forme varie suivant les milieux, dont l'existence même est conditionnée par une certaine conjoncture économique, morale et politique »[2]. De même, plusieurs auteurs notent que Fauquet analyse le premier la coopération sans préjuger de l'existence d'une morale coopérative. Maurice Colombain a ainsi comparé Fauquet à Durkheim par son apport méthodologique[3].

RETOUR SUR GEORGES FAUQUET : LA THÈSE DU SECTEUR COOPÉRATIF

Dans *Le secteur coopératif* publié en 1935, G. Fauquet théorise en effet une double rupture dans la tradition coopérative : tout d'abord, il relativise la place de la coopération de consommation : « Ni la coopération de consommation seule, ni même l'ensemble des formes de la coopération, ne peuvent envahir toute l'économie. Elles peuvent

1. Vienney C., « Propositions pour une lecture critique », *Recma*, n° 24, 1987, p. 55-56.
2. Ramadier P., *Poisson E.*, FNCC, 1947, p. 62.
3. Colombain M., Préface à l'éd. des œuvres de G. Fauquet, IDEC, p. 14 cité par Prévot R., *Un coopérateur réaliste : Georges Fauquet*, Centre d'études coopératives de la Haute-Savoie, 1969, p. 23.

seulement viser à en occuper un secteur »[1]. Quelles organisations composent ce secteur coopératif ?

Les institutions coopératives « sont apparentées à toutes les formes d'associations populaires ». Leur spécificité en leur sein est de bâtir une activité économique organisée au moyen d'une entreprise. Ainsi, les associations coopératives articulent deux éléments conjoints : une association de personnes et une entreprise commune. L'association de personnes est opposée au groupement impersonnel de capitaux, et sa règle fondamentale est « un homme, une voix ». Chaque association coopérative est une démocratie.

La seconde rupture concerne la finalité de la coopérative : « L'entreprise coopérative est créée et gérée pour satisfaire les besoins des associés ». Bien que reconnaissant que le fonctionnement concret des organisations coopératives ne permet pas de considérer l'entreprise uniquement comme un ensemble « de moyens », G. Fauquet, et C. Vienney après lui, fondent leurs approches sur cette définition. Les entreprises coopératives ont pour but de répondre aux besoins de leurs membres associés, et l'entreprise est le moyen de parvenir à ce but. Fauquet souligne l'existence de formes intermédiaires entre le modèle coopératif et le modèle capitaliste. Il affirme que c'est l'application de la règle d'égalité des personnes dans les assemblées qui constitue le trait distinctif de l'association coopérative (*idem*, p. 40).

Ainsi la démocratie coopérative est-elle le trait essentiel de l'institution coopérative, mais elle n'est à l'œuvre qu'entre les associés, et non dans l'entreprise elle-même, à l'exception des coopératives ouvrières de production parce que, et dans la seule mesure où, leurs salariés y sont également sociétaires. Cette double nature définit ainsi des « rapports sociaux entre les sociétaires dans l'association » et des « rapports économiques entre chacun d'entre eux et l'entreprise ».

CLAUDE VIENNEY : UNE THÉORIE DE L'ORGANISATION COOPÉRATIVE

Le point de départ de Claude Vienney est de montrer que les coopératives constituent une forme spécifique d'organisation, parce qu'elles présentent des caractéristiques communes quelle que soit leur genèse et quelle que soit la situation socio-économique dans laquelle elles évoluent. Cette forme est « la combinaison d'un groupement de personnes et d'une

1. Fauquet G., *Le secteur coopératif*, 1935, p. 15.

entreprise réciproquement liés par un rapport d'activité et un rapport de sociétariat »[1].

Tableau 2.1. Le double rapport fonde la double qualité

Rapport de sociétariat	
Administrateurs	Directeurs
Sociétaires	Personnels
	Rapport d'activité

Source : C. Vienney, *Socio-économie des organisations coopératives*, tome 1, CIEM, 1980, p. 134.

Ce double rapport n'est pas spécifique aux coopératives mais à toutes les entreprises coopératives, mutualistes et associatives : C. Vienney prolonge et renouvelle, en l'élargissant aux entreprises associatives, la théorie de G. Fauquet du « secteur coopératif », définissant ainsi un secteur d'économie sociale. Les organisations d'économie sociale sont celles qui réalisent une aide mutuelle entre des personnes dans le cadre de l'activité d'une entreprise. Cette activité est ensuite reconnue par l'État, ce qui permet de les considérer comme un « compromis institutionnalisé » entre gestion privée et crédits publics. L'économie sociale se distingue de l'économie pure parce qu'elle donne ainsi la priorité à l'utilité sur la rentabilité. Mais l'adaptation des entreprises d'économie sociale est parfois telle qu'il en devient « difficile de vérifier si les règles qui différenciaient ces organisations sont toujours présentes »[2] (p. 116). Vienney parle alors de mutation. Cette transformation est directement liée à des variables contextuelles : changement du mode d'intervention de l'État, libéralisation des échanges et évolution de la place des organisations d'économie sociale dans l'économie générale. Après avoir répondu à des besoins non satisfaits à leur origine, ces organisations sont aujourd'hui, en règle générale, en concurrence avec les entreprises capitalistes. Le poids de ces variables se manifeste par une transformation des contraintes financières qui provoque, au niveau des règles, une renégociation des statuts juridiques spécifiques. Au niveau des acteurs, il se produit « une sorte de retournement des rapports entre les personnes et l'entreprise »[3]. L'appartenance des personnes à une collectivité solidaire était un préalable à la formation des entreprises d'économie sociale. Mais

1. Vienney C., *Socio-économie des organisations coopératives*, CIEM, 1980, p. 93.
2. Vienney C., *L'économie sociale*, La Découverte, 1994, p. 116.
3. *Ibidem*, p. 114.

l'entreprise, en fonctionnant, a ensuite requalifié les personnes associées, « par les fonctions qui les relient à son activité propre ».

Cette forme spécifique n'est donc pas acquise une fois pour toutes : l'un des apports essentiels de Claude Vienney concerne la transformation des organisations : « la formation et les transformations des organisations coopératives (...) ne sont pas explicables indépendamment des transformations de l'ensemble socio-économique dont elles font partie »[1].

Ce souci de concevoir à la fois la spécificité et les transformations de l'organisation coopérative incite C. Vienney à croiser deux grandes théories socio-économiques. En effet, son travail s'appuie sur une lecture critique des théories néoclassique et marxiste. Selon Vienney, l'intérêt essentiel de la théorie néoclassique est « de mettre en évidence l'adaptation fonctionnelle de leur (les coopératives) formes et de leurs règles aux règles du système capitaliste marchand »[2]. Elle n'explique cependant pas les transformations socio-économiques dont elles sont issues, comment et pourquoi elles sont utilisables et utilisées dans d'autres contextes institutionnels que celui qui leur a donné naissance, les rapports contradictoires et complémentaires avec les entreprises capitalistes[3]. À l'inverse, l'approche marxiste répond à cette dernière préoccupation mais ne permet pas de comprendre l'adaptation fonctionnelle de l'entreprise. C. Vienney en conclut à la nécessité de « combiner les modèles fonctionnalistes et transformationnistes » (*idem*, p. 58).

ACTUALITÉ DE CLAUDE VIENNEY

La théorie coopérative initiée par Fauquet et développée par Vienney permet de problématiser l'essentiel des questions auxquelles sont actuellement confrontées les entreprises de l'économie sociale. Trois apports méritent une attention particulière :

1. La double qualité comme trait distinctif de la coopérative, est sans doute le socle solide sur lequel peuvent s'appuyer les entreprises d'économie sociale pour affirmer face à l'actionnariat ouvrier ou toute autre forme de participation qui pourrait se développer au sein de

1. Vienney C., *Socio-économie des organisations coopératives*, tome 1, CIEM, 1980, p. 391.
2. Vienney C., *Socio-économie des organisations coopératives*, tome 1, CIEM, 1980, chapitre 1.
3. *Ibidem*, p. 43 44.

l'entreprise classique, une finalité de service aux membres plutôt que de rémunération du capital ;

2. La subordination de la revendication de principes de références à l'examen de leur réalité à travers des règles, est un enjeu majeur... et un défi. Un discours sans rapport avec des pratiques est parfaitement récupérable et d'ailleurs parfaitement récupéré ;
3. Le service aux membres partageant un intérêt commun est peut-être ce qui constitue la principale limite à la réalisation du projet coopératif.

En effet, le service aux seuls membres associés à la notion de besoins communs de ces membres, semble limiter l'expression coopérative. On voit aujourd'hui des coopératives ou des associations revendiquer le service à des tiers non membres et vouloir satisfaire des besoins multiples. Qui plus est, cette double demande est exprimée aussi bien par des associations, des coopératives et des mutuelles. Avec le nouveau Code de la mutualité, l'adoption du statut de société coopérative d'intérêt collectif et les réflexions sur l'utilité sociale des associations, les évolutions juridiques vont dans le même sens : ouvrir l'économie sociale aussi bien à l'économie de marché qu'au partenariat public.

Il nous faut donc renouveler le questionnement de Claude Vienney : comment les entreprises d'économie sociale vont-elles se transformer en rapport avec un nouveau contexte économique et institutionnel ?

HENRI DESROCHE : UNE THÉORIE DU PROJET COOPÉRATIF

Cette question n'épuise cependant pas le champ qu'a exploré, au cours de son histoire, le mouvement coopératif. Elle laisse de côté le problème de la place de la coopération dans la société. Claude Vienney n'aimait pas le terme « alternatif » concernant la coopération. C'est un terme qu'affectionnait au contraire Henri Desroche, qui s'est longtemps attaché à comprendre l'utopie coopérative définie comme la conception de sociétés alternatives.

Henri Desroche (1914-1994) suit une formation dominicaine, puis rejoint Louis Joseph Lebret à *Économie et Humanisme* en 1942, où il découvre la communauté de travail Boimondau, expérience qui marquera son entrée dans le monde de la coopération. La parution de son ouvrage « Signification du marxisme » (1950) l'oblige à quitter l'ordre dominicain. À partir de cette date, son œuvre écrite intégrera simultanément trois dimensions : sociologie religieuse, sociologie de la coopération et du développement et sociologie éducative. Il intègre le CNRS en 1951 et fonde le Collège coopératif ainsi que la revue *Archives Internationales de Sociologie de la Coopération et du Développement (ASSCOD)* en 1957. Cette revue se spécialise durant cette période sur la coopération et le développement pendant que la *Revue des Études Coopératives* (devenue *Recma*), à laquelle il collabora également étroitement avec André Chomel et Claude Vienney, poursuivait ses publications essentiellement sur les coopératives du vieux continent. Tout en accompagnant la création du Réseau des Hautes études des pratiques sociales (RHEPS), il crée en 1977 l'Université coopérative internationale, qui réunira quatre fois par an pendant une dizaine d'années, des militants et chercheurs coopératifs d'Afrique, d'Amérique Latine et du Nord et d'Europe.

L'œuvre de Desroche est considérable et nous avons centré cette partie sur ce qui nous paraît le plus essentiel de ses apports à la sociologie de l'économie sociale. Il avait fait ses premières armes sur la coopération par des analyses organisationnelles. En effet, après son premier contact avec la communauté Boismondau en 1943, H. Desroche étudie durant deux années le mouvement des communautés de travail. Le travail sur les communautés est poursuivi au CNRS, où Desroche est nommé de 1951 à 1956. *Économie et Humanisme* devient alors l'organe de la Fédération des communautés de travail. Les articles et les ouvrages sur les communautés de travail s'échelonnent entre 1944[1] et 1956[2], qui définissent une première sociologie française de la coopération. Entre ces deux dates s'élaborent les fondements théoriques de la recherche-action sur lesquels nous reviendrons plus loin.

L'INSCRIPTION DE LA COOPÉRATION DANS LE DÉVELOPPEMENT

Dans l'analyse des développements coopératifs, H. Desroche porte son attention sur la nécessité de l'existence d'une utopie créatrice. H. Desroche s'intéresse ainsi en premier lieu aux projets coopératifs et à l'économie sociale instituante, qu'il oppose à l'économie sociale instituée. Cet intérêt l'amène à poursuivre ses travaux dans deux grandes directions. D'une part l'exploration inlassable de l'histoire des idées

1. Desroche H., Lebret J.-J., *La communauté Boismondau*, Économie et Humanisme, 1944.

2. Desroche H., Meister A., *Nature et évolution des Communautés de travail en France, Une communauté de travail de la banlieue parisienne*, Paris, Minuit, 1956.

coopératives. D'autre part, l'exploration tout aussi inlassable de l'extension mondiale des projets coopératifs.

L'horizon de cette démarche est indissociable d'un développement plus large des collectivités. Le développement selon Desroche est idéalement endogène, coopératif et villageois. « La villagisation semble être un point de jonction de deux lignes de force, une force de décentralisation à base de micro-régionalisation, une force de recentration à partir d'une dissémination d'agrégats (...) Au total : la recherche d'un optimum d'économie d'échelle pour une "cellule de développement" à optimum de participation sociale »[1]. L'utopie de Desroche n'est cependant en aucune façon « une fixation ou un retour à la terre. Elle vise comme partout la diminution de la population active attachée au travail agricole. Mais la population ainsi dégagée n'est pas mobilisée pour autant dans une mobilité et un exode géographique. Ce sont, au contraire « les technologies secondaires et tertiaires qui sont convoquées de l'espace urbain à l'espace villageois pour y dispenser les emplois correspondant à la demande nouvelle, l'idéal étant que ces implantations d'industries, d'équipement, de services soient le fruit d'un autodéveloppement dans une intercoopération »[2]. Bien que non revendiquée par son auteur, cette utopie nous paraît plus proche de celle de P. Proudhon – locale, communautaire, fédérative et préférentiellement rurale –, que de celle de Marx – internationale, coopérative, centralisée et industrielle. Après l'essor du développement coopératif au nord et particulièrement dans l'Europe industrielle de la seconde moitié du XIXe siècle et de la première moitié du XXe, H. Desroche estime que la seconde moitié du XXe siècle se caractérise par l'essor de la coopération dans les sociétés rurales du sud.

LE QUADRILATÈRE COOPÉRATIF

Selon H. Desroche, la démocratie coopérative met généralement en jeu quatre populations. « Les sociétaires sont les membres ayant acquitté leur part sociale et participant à des transactions régulières entre leur ménage ou leur firme et la centralité de l'établissement coopératif. » L'assemblée générale des sociétaires est souveraine. Les administrateurs sont élus par les sociétaires qui leur délèguent leurs pouvoirs. Ces administrateurs, « la

1. Desroche H., « Sociétés villageoises. Autodéveloppement et intercoopération », Colloque international de Haïfa, AISCD, 34, 1973, p. 7-8
2. *Ibidem*, p. 13.

plupart du temps mobilisés par leur ménage ou/et firme, nomment des managers (qui peuvent également être des sociétaires) ». Les managers forment « la technostructure ». Enfin, « le dispositif de conception ne peut manquer de s'assortir de dispositifs d'exécution[1] », que représentent les employés.

Tableau 2.2. Le quadrilatère coopératif d'H. Desroche

Administrateurs	Managers
Sociétaires	Employés

H. Desroche affirme que « le pont aux ânes de la démocratie coopérative est d'obtenir des communications, voire des convergences entre ces quatre pôles » (p. 338). En effet le quadrilatère est « tendu » et ne va pas sans clivages multiples. L'auteur trouve une solution à ces clivages dans l'animation coopérative : l'animation se définit comme un système de communication entre des appareils et des réseaux et comprend un code d'émission et un code de réception : « Le problème final de cette animation dans une démocratie coopérative se réduit à sa capacité de doter ou non appareils ou/et réseaux en présence d'un équipement émetteur et d'un équipement récepteur »[2]. La thèse du quadrilatère présente l'intérêt particulier de ne pas définir la coopérative à partir de l'intérêt collectif des sociétaires. On peut ainsi la lire comme une intrusion participationniste dans le modèle coopératif : la distinction entre sociétaires et salariés désigne bien toute forme coopérative et non la seule coopération de production, dans laquelle il y a – idéalement – identité entre sociétaires et salariés. Simultanément l'absence d'une construction de principe reliant les associés entre eux et excluant les membres de « l'entreprise » de travail, comme on la trouve dans Fauquet signifie que l'auteur ne postule pas que la coopération ne sert que l'intérêt collectif des sociétaires[3]. Tout est possible et dépend de l'utilisation que l'on fait du quadrilatère. On peut même rencontrer des organisations à trois, deux – voire un – pôles, celui des sociétaires. Le corollaire de cette représentation est une attention à toutes formes de coopération ou d'association et non seulement ou non préférentiellement à celle qui met en œuvre le double rapport de sociétariat et d'activité.

1. Desroche H., *Le projet coopératif*, Les Éditions Ouvrières, 1976, p. 335.
2. Desroche, H., *Le projet coopératif*, Les Éditions Ouvrières, 1976, p. 352.
3. Koulytchizky S., « Le quadrilatère d'Henri Desroche revisité », *Recma*, n° 272, 1999.

Ce point de vue permet de distinguer une économie sociale instituante, au sein de laquelle l'animation constitue effectivement le moteur du fonctionnement de l'entreprise, et une économie sociale instituée, dominée par l'organisation. Pour l'auteur, tout se passe comme si l'organisation était un obstacle aux créativités sociales fondant l'association volontaire.

LES CRÉATIVITÉS COOPÉRATIVES

La sociologie d'H. Desroche porte sur les créativités coopératives (ou le projet coopératif) plus que sur les organisations coopératives et s'inscrit ainsi dans une double perspective de sociologie du développement et de sociologie de l'éducation. Au sein de la tradition coopérative, les travaux d'H. Desroche s'inscrivent à la fois dans les traditions fouriériste et gidienne de la coopération. Si l'on ne peut que constater l'influence très nette de C. Gide, H. Desroche s'inscrit pleinement dans la tradition de la coopération de production. Il va de ce fait beaucoup plus loin que C. Gide dans l'interprétation de Fourier et du fouriérisme. De ce point de vue, l'œuvre d'H. Desroche trouverait sa source précise à la croisée du mouvement des *Christian Socialists* issue de l'owénisme et de la composante fouriériste du mouvement de la coopération de production. Sous cet angle, il a mis en évidence une constante dans le processus de la création coopérative : il existe un hiatus entre le projet des fondateurs et sa réalisation. En tant que pratique sociale projetée, l'économie sociale existe comme objet de pensée avant d'être une organisation. Même si elle se construit en relation avec les transformations socio-économiques, cette pensée projective a sa propre dynamique. Elle est donc constitutive de l'économie sociale. C'est précisément ce qu'avaient ressenti de nombreux militants coopérateurs en lisant *Le secteur coopératif* de Georges Fauquet après 1935 : Fauquet met l'accent sur la dimension organisationnelle des entreprises coopératives et sur leur situation socio-économique et démystifie l'utopie coopérative en affirmant son caractère irréaliste. Cette avancée scientifique s'effectue-t-elle au détriment de la dimension imaginaire que comporte le mouvement coopératif ? Et son irréalisme n'est-il pas fonctionnel ? C'est ce que pensait Henri Desroche, qui avait fait dit de façon aussi laconique que lumineuse : « Fauquet a raison, mais faut-il le croire[1] ? »

1. Entretien personnel avec H. Desroche, 1992.

Bref, à côté et complémentairement à l'analyse organisationnelle, il faut également se pencher sur l'analyse de la pensée et de l'utopie qui participe au ressourcement de l'économie sociale.

En résumé, l'apport d'H. Desroche peut être résumé en trois points essentiels :

1. En se centrant sur l'intercoopération, H. Desroche définit une utopie de moyenne portée qui ne présente certes pas la splendeur du phalanstère de Fourier ou la majesté de l'Icarie de Cabet, mais qui semble réalisable sans que leur inspirateur ne doive en refuser la paternité. Cette relation entre utopie et pratique sociale est nouvelle, et mérite à elle seule une analyse approfondie. Elle constitue en effet le cœur du métier de l'entrepreneur engagé ou militant ;
2. H. Desroche approche la coopérative dans son contexte et comme un moyen. Elle est *un outil ou une dimension* du développement d'une société locale. H. Desroche a défini la place particulière de la coopérative dans le développement local (ou endogène ou autocentré) ;
3. L'association coopérative ne se définit ni à partir d'un statut juridique, ni à partir d'une mesure économique, ni même à partir de principes fondateurs, mais à partir de l'animation de groupes sociaux définis. L'importance de cette animation coopérative permet de distinguer une économie sociale instituante et une économie sociale instituée.

DEUX ŒUVRES COMPLÉMENTAIRES

En résumé, ces deux œuvres nous laissent un double ancrage que nous pourrions schématiser comme suit :

Ces deux théories coopératives et de l'économie sociale sont sans doute opposables. Nous proposons plutôt de les articuler. Dans son essence même, l'entreprise est à la fois objet sociologique et économique ; elle ne peut se priver ni de projet, ni d'organisation. Pour durer, elle doit s'instituer, mais garder vivant le mouvement instituant ; elle se développe simultanément au sein d'un secteur, qu'elle tente d'unifier et d'étendre, sans jamais cesser de définir des voies alternatives, que ce soit dans les services à la personne ou dans des domaines d'adoption, comme le placement de l'argent ou la croissance externe.

L'hypothèse principale que nous suivrons est d'ordre épistémologique : c'est dans le rapport entre la théorie scientifique et les pratiques sociales que se joue cette économie. Il s'agit de définir une posture centrée sur la cohérence théorie/pratique ou discours/parcours, qui dépasse

Tableau 2.3. Deux œuvres en parallèle

	Claude Vienney	Henri Desroche
Discipline de référence	Économie	Sociologie
Objet privilégié	Organisation coopérative Économie sociale instituée	Projet coopératif Économie sociale instituante
Dynamique de l'objet	Développement d'un secteur par l'extension des organisations	Développement d'une alternative par l'intercoopération
Période observée	Seconde moitié du XXe siècle	XIXe-XXe siècles européens
Société observée	Surtout la France	Surtout l'Europe avec ouvertures sur le monde
Contexte	L'essor puis la crise de la société salariale des pays européens	L'accession à l'indépendance et développement des pays du Sud

les habituels clivages de pensée ou jugement des pratiques. Il existe une multitude de façons de penser l'économie sociale et solidaire et une multitude de façons de faire l'économie sociale : proche de l'association ou de la coopération de production, ou de la mutualité ; chrétienne, marxiste, libertaire ; étatique, anti-étatique ; localiste, altermondialiste, etc. Ces pensées partagent un socle commun de valeurs : volontariat, égalité, solidarité. Au-delà, ce n'est pas à partir d'une discussion de ces pensées que nous proposons de rechercher une forme d'unité mais dans un trait qu'elles partagent : tenter de mettre en cohérence ses pratiques sociales avec sa pensée. Cette cohérence est ce qui garantit à la fois l'assurance d'œuvrer pour le changement et la propre transformation de soi.

Chapitre 3

La pratique sociale, cœur de métier de l'entrepreneur en économie sociale

L'ÉCONOMIE SOCIALE[1], à la fois projet et réalisation d'une entreprise collective provoque un processus de formation par la recherche-action. Elle articule une pensée de l'action et une action pensée, qui entretiennent entre elles une relation originale. Comment préciser le mode de production de l'économie sociale ? La pratique sociale apparaît ici comme le cœur de métier de l'entrepreneur en économie sociale.

1. Une première version de ce chapitre est parue dans Chartier D., Lerbet G., (dir.), *La formation par production de savoirs*, L'Harmattan, 2000.

LA RECHERCHE-ACTION, RÉPONSE ORIGINALE À UNE QUESTION INCONTOURNABLE

La recherche-action constitue une réponse différente à la question fondatrice des sciences sociales : comment assurer le caractère scientifique d'une science de l'homme ? On sait que la sociologie réflexive, s'inspirant de l'œuvre de M. Weber, remet en question l'idée d'un statut du chercheur qui mettrait ce dernier à l'abri de toute contamination de son objet d'étude. En effet, on considère aujourd'hui qu'il est impossible pour le chercheur de ne pas interférer sur les réponses ou les comportements des populations étudiées[1]. Cette difficulté peut être abordée tant du point de vue du chercheur que de celui de l'acteur : Lévi-Strauss précise en commentant l'œuvre de Mauss que le fait social doit être appréhendé comme une chose qui contient l'appréhension subjective que nous prendrions si « nous vivions le fait comme l'indigène au lieu de l'observer comme l'ethnographe »[2]. Favret Saada rappelant le point de vue d'Evans Pritchard, établit qu'il est impossible d'étudier la magie sans être soit même située dans le champ comme acteur participant à la magie[3]. La production de savoir scientifique par l'acteur sur sa propre expérience constitue ainsi une réponse différente de celle apportée par les travaux classiques de l'université à une question qui se pose inéluctablement, celle du traitement des relations entre le chercheur et son objet. Cette réponse se situe sur le plan épistémologique et n'interfère pas, *a priori*, sur la définition du cadre logique de la recherche. On peut en effet considérer avec Piaget que toute recherche implique un sujet (a), un objet (b) et des structures (c) (ou formes) qui sont « inhérentes à *toutes* les relations de connaissances unissant les sujets à des objets »[4]. Si la logique est « l'étude des conditions formelles de vérité », c'est-à-dire l'étude des seules structures, l'épistémologie s'interroge sur les relations entre ces structures et les sujets et objets auxquels elles s'appliquent, et constitue « l'étude de la constitution des connaissances valables ». Dans ses principes la recherche-action ne remet en question ni la rigueur du raisonnement scientifique, ni les outils de ce raisonnement (inclusion, structure, déduction, dialectique, causalité, etc.). Par contre, elle constitue

1. Blanchet A., Ghiglione R., Massonnat J., Trognon A., *Les techniques d'enquêtes en sciences sociales.* Dunod, 1987. *Cf.* en particulier l'effet Rosenthal en expérimentation.

2. Lévi-Strauss C., *Introduction à Anthropologie et Sociologie de M. Mauss*, PUF, 1950, p. XXVIII.

3. Favret-Saada J., *Les mots, la mort, les sorts*, Gallimard, 1977, p. 27.

4. Piaget J., « Nature et méthodes de l'épistémologie », in *Logique et connaissance scientifique*, Gallimard La Pléiade, 1986, p. 3-132.

une réponse originale sur le plan de la théorie générale de la connaissance. Il est bien entendu impossible de faire l'état des lieux d'une question que tous les grands sociologues et anthropologues ont étudié. Il s'agit ici de présenter la démarche originale et peu connue formalisée par Henri Desroche, dont nous pensons qu'elle spécifie la démarche de l'économie sociale dans son ensemble.

LA PRATIQUE SOCIALE, PRODUIT DE LA RECHERCHE-ACTION

Dans le n° 48 des *Archives des Sciences Sociales de la Coopération et du Développement*, Henri Desroche distingue nettement pratique sociale et expérience socioprofessionnelle. La pratique sociale est présentée comme se situant « entre la recherche et l'action ». Elle est « antécédente, concomitante et subséquente » à la recherche-action, qui vise à une « formation de praticiens et d'entrepreneurs sociaux »[1]. La pratique sociale n'est pas l'expérience de l'acteur en tant que telle. La pratique sociale serait donc une expérience « sociologisée ». Dans une perspective subjectiviste, la pratique sociale est toujours celle d'un acteur qui réalise une recherche-action. Définir la pratique sociale revient alors à expliciter comment procède la recherche-action. La recherche-action associe deux logiques : une logique théorique, qui est celle de toute recherche scientifique, et une logique « d'action ». On peut trouver dans la conclusion de l'ouvrage d'Henri Desroche *Apprentissage I* une confirmation de l'irréductibilité de ces deux logiques : « Si science et action demandent à être reines chacune dans leur royaume, je suppose que la meilleure manière pour cette double souveraineté de ne pas se muer en double tyrannie, c'est encore de les camper – science et action – deux majestés l'une vis-à-vis de l'autre, en des termes tels que chacune soit pour l'autre "l'opposition de Sa Majesté" »[2].

Comment concevoir à la fois la double souveraineté non tyrannique et l'opposition réciproque des majestés ?

En elle-même, cette question n'est pas nouvelle. Les plus grands sociologues ont affirmé à la fois l'autonomie de la recherche scientifique par rapport à l'action, et la nécessité de l'articulation entre recherche et

1. Desroche H., « Memento pour un RHEPS », Introduction au n° 48 des *ASSCOD* Avril-juin 1979.
2. Desroche H., *Apprentissage I*, Éd. Ouvrières, 1971, 200 p., p. 171.

action. On connaît la rupture épistémologique exigée par E. Durkheim[1], qui affirme également : « Nos recherches ne méritent pas une heure de peine si elles ne devaient avoir qu'un intérêt spéculatif »[2]. On connaît la neutralité axiologique du savant prônée par M. Weber, dont la vie, ainsi que ses essais *Le métier et la vocation de savant* et *Le métier et la vocation d'homme politique*[3] témoignent de son « souci passionné », comme dit R. Aron, pour l'action.

M. Mauss affirme par ailleurs : « Tout en refusant de sacrifier à une recherche du bien un instant qui ne serait pas exclusivement consacré à la recherche du vrai, il faut évidemment que les sociologues remplissent leur devoir social (...). Il y a en effet tout un domaine à mi-chemin de l'action et de la science, dans la région de la pratique rationnelle où le sociologue doit et peut s'aventurer »[4]. Cette position de M. Mauss représente sans aucun doute une inspiration et une caution essentielles pour H. Desroche qui a tenté d'articuler les deux logiques de la recherche et de l'action à travers une posture d'éducateur. Celle-ci se caractérise par l'utilisation combinée des méthodes et des théories des sciences sociales et d'une relation pédagogique qui vise à la fois à la formation du « s'éduquant », adulte en auto-formation assistée, et à servir la recherche de l'enseignant-chercheur, « personne ressource » qui assiste cet adulte en formation. La recherche de cet enseignant-chercheur est donc simultanément une recherche en sciences de l'éducation, et une recherche en l'une au moins des disciplines constitutives des sciences humaines dans laquelle il est spécialiste, recherche inévitablement ouverte d'ailleurs sur d'autres disciplines. On peut ainsi distinguer dans l'œuvre de H. Desroche, d'une part les ouvrages de sociologie, et plus spécifiquement de sociologie des religions[5], qui s'ouvrent sur des questions d'histoire des religions, et d'autre part des ouvrages de sciences de l'éducation[6]. Il nous paraît nécessaire de repartir de cette perspective éducative pour définir les pratiques sociales.

---

1. Durkheim E., *Les règles de la méthode sociologique*, Paris, PUF.
2. Durkheim E., *De la division du travail social*, PUF, 1967, XXXVIII, XXXIX.
3. Weber M., *Le savant et le politique*, Paris, Plon, 1959.
4. Mauss M., *Place de la sociologie appliquée*, in *Œuvres*, tome 3, Paris, Minuit, p. 241. Passage fréquemment cité par Desroche.
5. *Cf.* par exemple : *Sociologies religieuses*, Paris, PUF, 1968 ; *L'homme et ses religions*, Paris, Cerf, 1972 ; *Les religions de contrebande*, Paris, Mame, 1974.
6. *Cf.* en particulier : *Apprentissages en sciences sociales et éducation permanente*, tome 1 (1971), tome 2 (1978), tome 3 (1990), Éd. Ouvrières.

La pratique sociale est une action volontaire et réfléchie

La pratique sociale est une *action volontaire* de transformation du champ social, d'abord *imaginée* et *projetée*, puis *réalisée* et généralement *instituée*, et enfin *réfléchie*. Imaginée, elle est à l'état de ce que Desroche appelle « l'utopie chimère », qui est le « rêve d'harmonie sociale en pays fabuleux » de Fourier[1]. Projetée, elle prend la forme d'une utopie programme, « rêve d'une fin désirable par moyens praticables ». Réalisée, elle se valide par l'épreuve de sa faisabilité. Instituée, elle se stabilise sous l'effet des pesanteurs, soient externes soient internes, sécrétées par son propre développement. Réfléchie, elle est mentalement reconstruite et objectivée jusqu'à se transférer dans d'autres pratiques qu'elle aura inspirées. Ces cinq phases appartiennent chacune à l'un ou à l'autre des ordres du « discours » (les phases 1, 2 et 5), et du « parcours » (3 et 4). C'est l'unité de ces deux ordres qui fonde la pratique sociale. Du point de vue de l'acteur, l'unité de la pratique sociale n'est constituée qu'au terme de la phase réflexive, qui actualise l'action passée. Il existe bien entendu de multiples manières de réfléchir sur les actions passées. La réflexion qui nous intéresse est bien entendu d'ordre scientifique, c'est-à-dire qu'elle procède par l'élaboration conceptuelle et l'abstraction théorique. L'usage de cette production scientifique est de permettre à l'acteur de porter un regard nouveau sur son expérience sociale. La recherche-action est l'exercice qui permet de rompre avec la représentation « commune » ou « naïve » et d'atteindre une représentation distanciée de ses propres expériences. De ce point de vue, les cinq étapes se succèdent de la façon suivante : Réflexion, imagination, projection, réalisation, institutionnalisation. L'ensemble des cinq étapes peut donc être considéré soit du point de vue de la logique de la pratique sociale, soit du point de vue de la logique de la recherche.

Une telle définition englobe l'activité sociale au sens où la définit Weber[2] en reprenant l'idée du « sens subjectif » qui caractérise l'action humaine. Elle rappelle également la définition des conditions de l'action collective de J.-D. Reynaud, qui renvoie à la participation à des convictions et à des valeurs communes. Les règles qui définissent la

1. Charles Fourier cité par Desroche H., in *La Société festive*, p. 132.

2. « Nous entendons par activité un comportement humain (...) en tant et pour autant que l'agent ou les agents lui communiquent un sens subjectif. Par activité sociale, nous entendons celle que d'après le sens visé, l'agent ou les agents rapportent au comportement d'autrui pour y orienter en conséquence son comportement » (Max Weber, *Économie et société*, Plon, p. 1).

culture d'un ensemble social « n'ont de sens que rapportées aux fins d'une action commune (...), à un projet »[1]. En définissant de la sorte la pratique sociale, on entend inclure d'une part les conditions de création subjective de l'action (qui correspondent aux phases d'imagination et de projection), d'autre part le devenir, toujours subjectif, de l'action une fois celle-ci « terminée » c'est-à-dire réalisée et instituée (et qui correspond à la phase réflexive).

LES DEUX MÉTIERS CONSTITUTIFS DE LA PRATIQUE SOCIALE

Le « praticien social » allie donc une expérience et une réflexion sur cette expérience. L'utilisation de deux termes distincts ne doit pas nous cacher le fait que nous avons, en tout cas potentiellement, un seul objet, comme en médecine ou en pédagogie par exemple. La pédagogie est à la fois l'art ou le métier du maître *et* la connaissance du métier. Le praticien social est simultanément « praxéologue ». Mais l'on voit bien que la connaissance pédagogique ne suffit pas à assurer une pratique pédagogique, et nous devons de la même façon distinguer les deux logiques qui animent les deux activités, de recherche d'une part, et de pratique d'autre part. E. Durkheim définit les réflexions sur les procédés d'action en vue « d'apprécier ce qu'ils valent, s'ils sont ce qu'ils doivent être, s'il n'est pas utile de les modifier et de quelle manière (...) des “théories pratiques”. Ces réflexions prennent la forme de théories ; ce sont des combinaisons d'idées, non des combinaisons d'actes, et, par là, elles se rapprochent de la science. Mais les idées ainsi combinées ont pour objet, non d'exprimer la nature des choses données, mais de diriger l'action »[2]. Selon Durkheim, les théories pratiques ne dérogent pas aux lois qui régissent la recherche scientifique en ce qui concerne les règles de leur élaboration. Quels types d'action ces théories pratiques ont pour objet de diriger ?

Si la logique de la recherche répond avant tout au souci d'éclairer les pratiques par l'élaboration de connaissances nouvelles, la logique de la pratique sociale poursuit l'ambition de la créativité. Créativité mesurée

1. Reynaud J.-D., *Les règles du jeu*, A. Colin, 1989, p. 75. ; *Sociologie des conflits du travail*, PUF, 1982, p. 96-97.

2. Durkheim E., *Éducation et sociologie*, Paris, PUF, 1922, 5e éd. 1985, p. 79.

par rapport à l'acteur lui-même et non par rapport à l'environnement[1]. Un « praticien social » est celui ou celle qui mène une action créative et tire de cette créativité des connaissances nouvelles. Quel que soit le domaine exploré, ces deux activités correspondent à deux métiers distincts. Le second s'apparente au métier de chercheur[2], et il comporte comme tout métier ses règles et ses exceptions, sa science et son « bricolage », sa théorie et sa pratique... le premier est l'un des métiers, en nombre indéfini, dont l'objet est la transformation du réel. L'apprentissage du métier de chercheur peut tout aussi bien conduire à l'enrichissement de ce métier qu'à son abandon. Il existe comme nous le savons un « risque » de se « détacher » des pratiques qui sont l'objet de la recherche-action, par transfert des investissements sur un autre champ. Mais à l'inverse, la pratique scientifique est susceptible d'être modifiée lorsqu'elle est mise en œuvre dans le cadre d'une recherche-action.

CRÉATIVITÉ SOCIALE ET PRODUCTION DE CONNAISSANCES

La proposition éducative de H. Desroche transcende, à notre sens, la dualité des métiers notée ci-dessus[3]. Dans son processus, cette éducation est à la fois *action* dont les principes essentiels sont la créativité et la solidarité, et *réflexion* qui porte sur les antécédences et les corrélations de l'action. Elle est également créative dans son objet : son but est l'épanouissement de la créativité des personnes – et vise à la production de connaissances nouvelles à partir d'une double expression d'unicité et d'universalité de l'expérience de chacun, pris comme « un univers débordant l'univers »[4]. Cet univers ne se dissout pas dans l'abstraction historique ou sociologique, au contraire, il contient « un trésor infini de possibilités qui faute d'avoir obtenu la réalisation, se sont trouvées refoulées, accumulées quelque part, et qui devront quelque part ailleurs

1. *Cf.* le débat entre Henri Desroche et Georges Lerbet en 1978-1979 : « Lettre 6 », in *Apprentissage II*, et *ASSCOD*, n° 43.

2. Bourdieu P., Chamboredon J.-C., Passeron J.-C., *Le métier de sociologue*, Paris, Mouton, 1968.

3. Voir en particulier : Desroche, H., *Apprentissage en sciences sociales et éducation permanente*, « Éd. Ouvrières », 1971 ; *Éducation permanente et créativités solidaires*, Éd. Ouvrières, 1978 ; *Théorie et pratique de l'autobiographie raisonnée*, Doc. UCI n° 1, Québec, Ottawa, 1984 ; *Opération UCI. Itinérante et saisonnière : une université coopérative internationale*, Cahier UCI n° 1, Paris, 1984.

4. Desroche H., *Signification du marxisme*, Éd. Ouvrières, Économie et Humanisme, 1950, p. 69.

re-sourdre, comme un fleuve qu'on forcerait à remonter jusqu'à sa source, à se réinfiltrer sous terre et qui, après un cheminement souterrain, alimentera dans d'autres pays, d'autres sources » (p. 70). Les principes éducatifs de Desroche trouvent leurs racines dans cet humanisme, qui permet de comprendre logique scientifique et logique pratique dans un même mouvement. Ceci n'est pas sans rappeler M. Weber, qui, après avoir distingué et opposé éthique de conviction (qui désigne l'action effectuée en relation avec des valeurs) et éthique de responsabilité (qui désigne l'action rationnelle), conclut : « L'éthique de la conviction et l'éthique de la responsabilité ne sont pas contradictoires, mais elles se complètent l'une l'autre et constituent ensemble l'homme authentique, c'est-à-dire un homme qui peut prétendre à la "vocation politique" »[1]. Il faudrait préciser ce point : notons pour l'instant qu'il permet de ne pas opposer démarche scientifique et valeurs morales, mais au contraire de les combiner dans une action « totale » qui n'exclut pas la finalité pratique. La définition de la *praxis* par Castoriadis intègre à notre sens cette combinaison : « Nous appelons *praxis* ce faire dans lequel l'autre ou les autres sont visés comme êtres autonomes considérés comme l'agent essentiel du développement de leur propre autonomie : la vraie politique, la vraie médecine, la vraie pédagogie pour autant qu'elles aient jamais existé appartiennent à la *praxis* »[2].

Ainsi, la phase du discours ou réflexive n'équivaut pas à la logique de la recherche, même si l'on réduit souvent la recherche à une activité de réflexion, pas plus que la phase du parcours ou réalisatrice ne correspond à la logique de la pratique sociale, même si l'on assimile souvent action sociale et pratique sociale. Chaque étape peut être appréhendée à partir de l'une ou l'autre des deux logiques qui ont des visées différentes qui se complètent et s'interprètent mutuellement : pas de production de connaissances sans créativités sociales, ni de créativités sociales sans production de connaissances. L'une et l'autre prennent sens dans l'acte éducatif.

ASPECTS D'UNE PÉDAGOGIE DE LA CRÉATIVITÉ

L'action passée et l'action à venir prennent l'une et l'autre un sens au cours d'un travail réflexif dont l'exercice autobiographique est un outil, voire l'outil privilégié. H. Desroche évoque lui-même les genèses

---

1. Weber M., *Le savant et le politique*, Plon, 1959, p. 183.
2. Castoriadis C., *La production imaginaire de la société*, Le Seuil, 1975.

de l'autobiographie raisonnée : « Disons en vrac : l'inévitable usage du "curriculum" (...), les suggestions Unesco et J. Guiton sur le double versant – curriculaire et extra-curriculaire – d'un livret de parcours ; l'hypothèse "olympique" d'une certaine université – universalité – universitarité, blottie et débuscable au cœur de toute destinée partielle et particulière ; la stimulation fourièriste et comme disait Engels son "œuf de colomb" sur ce qu'il y a de passionnel en toute destinée ; une pratique, *per trial and error*, mais réitérée, pour accoucher la forme – formulation et formalisation – d'un projet conçu à partir des matérialités d'une expérience vécue et bien sûr, mais plutôt après coup, le précédent socratique et le renfort de sa caution comme fil directeur à travers l'interminable corpus sociologique dédié aux histoires de vie »[1].

L'utilisation de l'autobiographie raisonnée en recherche-action comporte un échange oral qui est incontournable. Il s'agit, pour reprendre les termes d'Habermas, d'un acte « d'intercompréhension » entendu « comme négociation coopérative en vue de définitions communes de situations »[2]. Il nous faut distinguer ici l'action passée (*Handlung*) qui est objet de la réflexion, l'action à venir qui est produit de l'imagination et de la projection, et l'action en train de se faire ou « agir » (*Händeln*). Selon Habermas, l'expérience biographique « doit se mouvoir dans le milieu de la compréhension mutuelle avec d'autres sujets »[3]. H. Desroche précise qu'« aucun CV, aussi raffiné soit-il ne saurait tenir lieu de cette séquence d'oralité ».

En effet, réinterprétée au cours de l'échange, l'action passée se structure en relation avec un présent dans lequel elle prend un sens nouveau. Inversement, c'est seulement en s'enracinant dans les actions passées « historicisées », que l'action présente est créative[4]. Ainsi, l'exercice autobiographique est constitutif de sens non seulement parce que le sujet reconstruit une unité dans son parcours, mais aussi parce que ce parcours est simultanément reconnu par un ou plusieurs interprète(s) comme pratique sociale, c'est-à-dire comme expérience sociale dont la connaissance est transférable. L'autobiographie raisonnée est de ce point

1. Desroche H., *Théorie et pratique de l'autobiographie raisonnée*, Ottawa-Québec, Document UCI n° 1, 1984, p. 50.
2. Habermas J., *L'agir communicationnel*, tome 1, Fayard, 1987, p. 85-86 et 153-154.
3. Habermas J., *Connaissance et intérêt*, Gallimard, 1976, p. 190.
4. Ceci rappelle la création de soi chez Bergson, qui s'effectue par l'inscription de « l'expérience immédiate » dans « le temps qualitatif qui est durée où rien ne se répète » (*cf.* Bergson H., *L'évolution créatrice*, PUF, 2001).

de vue l'acte par lequel l'action passée échappe au temps cosmique et s'inscrit dans la durée vécue pour participer au temps présent[1].

ASPECTS D'UNE SOCIOLOGIE DE LA CRÉATIVITÉ

Dans l'introduction de *Sociologie de l'espérance*, Desroche affirme que cet ouvrage est « une contribution à la sociologie des représentations imaginaires »[2]. Lorsqu'il explore l'histoire coopérative, H. Desroche donne pour titre à sa recherche « Le projet coopératif »[3], terme qui marque non la réalisation, l'institution, l'économie, ni même le mouvement coopératif, mais la coopération projetée ou réfléchie par ou dans l'imaginaire. Au centre de la sociologie de la coopération de Desroche se trouve ainsi la relation entre l'idée de ce que sera la coopérative ou la communauté de l'avenir et la réalisation – la création – de la coopérative. Dès lors, tout se passe comme si, à mesure qu'elle se développe, l'action collective définissait des normes qui, contribuant à déterminer les comportements des acteurs, limiteraient leur liberté. Ainsi apparaît le risque que se creuse toujours plus largement un fossé entre les objectifs des acteurs fondateurs et une logique organisationnelle de moins en moins maîtrisable. Ce projet de l'acteur est constitutif de la pratique sociale dans sa phase réflexive, alors qu'il est très souvent sinon occulté du moins sous-évalué dans la sociologie de l'action et dans la sociologie des organisations. En mettant l'accent sur la dimension stratégique, celle-ci sous-estime le projet des acteurs qui ne peut être appréhendé à partir des seules stratégies mises en œuvre ou des logiques organisationnelles, mais à partir des environnements de l'acteur, de son passé, du rapport qu'il entretient avec ce passé, etc. Ainsi, la réflexion, l'imagination, la projection doivent à nouveau permettre l'émergence ou la réactivation de la production créative, soit dans le cadre d'une pratique antérieure encore instituante, soit à travers la définition d'une nouvelle pratique. L'imaginaire est le moyen par lequel l'acteur échappe à l'emprise des déterminations matérielles ou plus précisément se dé-détermine.

1. Schutz A., *Le chercheur et le quotidien*, Méridiens-Klincksieck, 1987, p. 113.
2. Desroche H., *Sociologie de l'espérance*, Paris, Calmann Lévy, p. 9.
3. Desroche H., *Le projet coopératif*, Éd. Ouvrières, Économie et Humanisme, 1976.

LA PRISE EN COMPTE DE L'IMAGINAIRE ET LE TRAVAIL DE L'ÉCRITURE

Le statut particulier de l'imaginaire dans l'approche de la créativité pèse-t-il sur l'activité de recherche ?

La théorisation est l'outil indispensable de l'exercice de la recherche. Cette théorisation, on le sait, passe par une conceptualisation qui permet d'inscrire le questionnement de l'acteur dans une tradition scientifique, et par la validation d'un modèle d'analyse théorique. Les phases de réalisation et d'institutionnalisation qui sont des productions créatives, peuvent dans ce processus être également des expérimentations. Nous ne définissons cependant pas une phase spécifiquement théorique parce que nous avons pris le parti de considérer la démarche de recherche-action du point de vue de la logique pratique et non de celui de la logique théorique. L'exercice théorique apparaît donc comme un outil et non comme un état ou un moment de la pratique sociale. La phase de réflexion de l'acteur qui suit cette logique devant déboucher sur une production créative, elle est de ce point de vue, avant tout un lieu de production d'imaginaire.

Le projet, « conception imaginaire de l'acte situé dans le futur », apparaît ici comme une « forme particulière de la conscience réflexive »[1]. Une telle démarche n'est pas sans rappeler celle de G. Durand qui affirme que « l'imagination est le contrepoint axiologique de l'action »[2]. Considérant que les sciences occidentales procèdent d'une dévaluation de l'imaginaire, il en appelle à une « pédagogie de l'imagination ». Cette pédagogie, dit-il, doit d'abord réhabiliter l'étude de la rhétorique, « moyen terme indispensable à l'accès plénier de l'imaginaire »[3]. Il s'agit également d'enseigner à côté des sciences et des philosophies de la logique qui sont réflexions sur l'objet et l'objectivité, les réflexions sur la « vocation de la subjectivité (...) l'archétypologie, la mythologie, la stylistique, (...) les beaux-arts ». C'est également la voie empruntée par Maffesoli lorsqu'il propose une « sociologie du dedans »[4], qui tente de donner une place originale à une recherche sur l'imaginaire utilisant la métaphore, l'analogie, l'allégorie... Il serait abusif d'inscrire les travaux

1. Isambert F.A., « Alfred Schütz entre Weber et Husserl », *Revue Française de Sociologie*, 1989, 299-319, p. 304.
2. Durand G., *La structure anthropologique de l'imaginaire*, Dunod, 1984, p. 500.
3. *Ibidem*, p. 498.
4. Maffesoli M., *La connaissance ordinaire, précis de sociologie compréhensive*, Méridiens Klincksieck, 1985, p. 19.

d'H. Desroche dans cette perspective sociologique. Le fait que la production écrite soit simultanément pratique éducative – le texte apparaît tout autant comme un lieu de communication que comme le produit d'une recherche –, n'est toutefois pas sans remettre en question le statut du concept et de la logique scientifique. Par ailleurs, Desroche définit une sociologie de l'espérance plutôt qu'une sociologie de l'imaginaire ou de l'utopie car l'imaginaire et l'utopie ne suffisent pas en elles-mêmes à fortifier l'action : encore faut-il leur « donner des ailes ». Le *faber* humain est le produit de la sapience et de la démence. L'espérance de Desroche remplit une fonction dans les pratiques sociales, mais se trouve en permanence opposée à une conscience désespérée qui nous interdit de l'apparenter à une croyance aveugle ou naïve.

UNE APPROCHE QUI QUESTIONNE LE DÉCOUPAGE DISCIPLINAIRE

Desroche approche les pratiques sociales comme des phénomènes globaux, invitant à établir une continuité entre la psychologie, la sociologie, l'histoire et la philosophie. Une hypothèse traverse toute l'œuvre : la manière dont les hommes agissent individuellement et collectivement se laisse lire par un modèle d'analyse construit indépendamment du découpage disciplinaire : on y trouve une psychologie de la personne, inspirée du personnalisme, mais redevable également à des philosophes aussi différents que Nieztsche ou Bergson ; l'homme est un être total, dont l'action ne peut être saisie sans inclure l'étude de sa mémoire (Bergson), de ses rêves (Bastide) de ses passions (Nieztsche, Fourier), de son imaginaire (Blondel) ; cette psychologie, qui ne se présente pas comme telle, inspire une hypothèse historique de type cyclique : les projets sociaux ou sociaux économiques sont nécessaires à la réalisation de l'action collective, mais celle-ci diffère dans sa nature comme dans ses résultats de ce qu'elle prétendait être. Si Desroche identifie un processus proprement social dans cette rupture, ce dernier n'est pas au centre de ses préoccupations. Comme chercheur, il s'interroge sur l'efficacité de la réflexion antécédente à l'action et sur la relation entre les deux domaines. Cette quasi-absence de repérage disciplinaire est problématique, et elle l'est probablement de plus en plus en raison de la complexification croissante des domaines scientifiques. Mais simultanément, elle annonce les rapprochements plus récents qu'on a observés entre sociologie et économie et entre sciences sociales et philosophie. Inévitablement ce double mouvement de complexification et d'interdisciplinarité pose de questions épistémologiques nouvelles qu'Henri Desroche et plus largement l'économie sociale dans l'ensemble de son expérience, a d'ores et déjà posées.

Science et art de la pratique sociale

1. La pratique sociale est une action qui participe à la transformation du champ social, imaginée et projetée, puis réalisée et généralement instituée, enfin réfléchie. Elle articule une phase « discours » – la réflexion, l'imagination et la projection – et une phase « parcours » – la réalisation et l'institutionnalisation.
2. Ainsi définie la pratique sociale est l'approche suivant la logique de la créativité de la recherche-action. Elle attribue au discours un rôle pratique qui est, pour dire vite, celui d'inspirer des réalisations. Mais le modèle écrit ne peut pas être réalisé, qui suit une logique théorique irréductiblement différente de la logique pratique. La phase discursive est donc et le résultat d'une recherche théorique, et le lieu de communication et d'inspiration de réalisations. Le parcours est la réalisation du projet mais également, du point de vue de la recherche, une expérimentation qui valide une hypothèse d'action.
3. L'autobiographie raisonnée est un outil qui permet la socialisation de l'expérience des acteurs et la réflexion constructive du sujet sur son expérience, préalable à l'élaboration de projets de productions créatives. Elle est un élément constitutif essentiel de la pratique sociale.

Enfin, H. Desroche ne fonde pas la recherche-action coopérative : il la formalise et la nomme. Ce mouvement alternant pratiques et recherche est aussi ancien que l'économie sociale, dont il est constitutif. Nous allons le vérifier en observant la démarche de recherche-action coopérative dans les dynamiques coopératives, mutualistes et associatives.

PARTIE 2

S'ASSOCIER, MUTUALISER, COOPÉRER

Chapitre 4

S'affronter ou coopérer ?

UNE UTOPIE NON-VIOLENTE DE CHANGEMENT SOCIAL

L'économie sociale se réfère à des auteurs dits utopistes, qui définissent une tradition de recherche expérimentale en sciences sociales antérieure et différente de la conception académique universitaire, tradition expérimentale dans laquelle on retrouve les principaux auteurs associationnistes, mutualistes ou coopérativistes. En nous référant à une tradition de recherche utopiste nous distinguons sa réalité d'une part, c'est-à-dire l'existence d'une lignée d'auteurs et acteurs s'inspirant les uns les autres et débattant entre eux de problèmes qu'ils partagent, et la lecture qu'Engels en a donnée d'autre part. Engels opposa en effet le « socialisme utopique » au socialisme scientifique, celui-là représentant l'un des fondements, vite dépassé, de celui-ci. Les relations réciproques entre traditions utopiques et marxistes ont été largement étudiées. Les travaux de G. Duveau, d'E. Bloch et d'H. Desroche présentent le double intérêt de provenir d'horizons différents et de balayer le champ des possibles dans les différentes relations entre utopie et marxisme : utopisme non marxiste (G. Duveau), marxisme intégrant l'utopie (E. Bloch), utopisme intégrant le marxisme (H. Desroche).

Autour de Marx, Georges Duveau, Ernst Bloch et Henri Desroche

Dès 1954, G. Duveau écrit : « L'évolution des sociétés contraint (...) à repenser en termes neufs le vieux débat dont les utopistes et les champions d'un socialisme dit *scientifique* furent les protagonistes[1]. Après avoir repris la critique de « l'Esprit transcendant qui mène l'histoire et s'accomplit par elle » développée par Marx, l'auteur montre que Marx trouve « le sésame » « dans les rapports de production, dans le processus économique » (p. 27). Le prolétariat rédempteur fait de Marx un utopiste, mais sa dialectique l'enferme dans une philosophie moniste. Cette philosophie est, dit Duveau, « appelée à être battue en brèche par un monde qui prend un caractère pluraliste » (p. 50). Le dépassement des utopistes se concevait chez Marx par l'analyse et la compréhension de la grande industrialisation. Saint-Simon, Fourier, Owen n'en avaient connu et décrit que le stade infantile, et leurs utopies se mouvaient dans des mondes pré-capitalistes, et, partant, moins rationnels. Mais l'utopie ressuscite dans la société moderne : dans l'essor des planifications, dans les ouvertures qu'offrent les découvertes techniques, dans le besoin d'anticipation. Par ailleurs, le règne de l'homme voulu par Marx, cette utopie totale, n'est pas advenue : l'évolution technique et les grandes options économiques lui échappent. « L'histoire n'est plus la grande pédagogue, il faut créer une pédagogie qui permette à l'homme de faire face à l'histoire. Devant l'innovation dont nous savons l'importance croissante dans les mécanismes de l'économie moderne, celui qui a l'habitude des schèmes de l'utopie garde plus de fraîcheur imaginative et plus de sens concret que l'homme écrasé par les avalanches de l'histoire » conclut G. Duveau (p. 60).

À l'opposé de la thèse de G. Duveau, E. Bloch réinsère l'utopie au sein du socialisme marxiste, dont l'essor témoigne du passage de l'utopie abstraite à l'utopie concrète. L'apport scientifique de Marx ne détruit pas la pensée utopique mais au contraire il la complète, en l'inscrivant dans le concret. Ainsi « le marxisme ne signifie pas renoncement à l'anticipation (fonction utopique) ; il est le novum d'une anticipation concrète s'attachant au processus »[2]. Marx constitue selon Bloch « l'unité de l'espérance et de la connaissance du processus ». L'utopie appartient au monde réel dans sa dimension d'inachèvement,

1. Duveau G., *Utopie et planification*, Cahiers internationaux de sociologie, 1954, vol. XVII, p. 75-92.

2. Bloch E., *Le principe espérance*, tome 2, Gallimard, « Nrf » Gallimard, 1982 (éd. Allemande 1959), p. 214.

« d'une réalité non menée à terme » : E. Bloch fonde une « ontologie du ne pas encore » ; le monde recèle des « possibles », qui suscitent une science de l'espérance. Cette perspective permet d'éviter au marxisme la réduction dans l'économisme associé à la revendication matérialiste de sa philosophie. Le marxisme dépasse ainsi les utopies fouriéristes et owenites en ce qu'il les double d'une analyse scientifique du réel. Après lui, les utopies abstraites n'ont plus cours.

Bien qu'assez proche d'E. Bloch sur le plan théorique, H. Desroche suit une démarche inverse pour relier utopie et socialisme marxiste. Il lit dans *Le Manifeste* un plan en trois actes :

1. la société des origines,
2. les sociétés de transit avec leurs classes et leurs luttes de classes,
3. enfin, « derechef, une société sans classe, “point Omega de l'évolution sociale” »[1].

Rappelant que « tous ces ingrédients se trouvent déjà ici ou là dans les socialismes utopiques français », H. Desroche montre cependant la permanence de l'actualité de Fourier en soulignant l'intérêt d'une utopie abstraite, ou « rêvée ». Selon ses termes, l'utopie est un mirage qui fait démarrer la caravane, mais elle n'est qu'un mirage, elle ne peut qu'être déçue. La qualité scientifique de l'utopie n'est plus centrale : la science qui couperait les ailes de l'espérance ne constitue pas une force pour l'action, mais, comme l'excès de clairvoyance, une raison de désespérer. L'utopie abstraite pré-marxiste constitue une force pour l'action. On peut ajouter qu'elle constitue une force moins dangereuse que l'utopie marxiste dans la mesure où elle refuse la guerre civile comme moyen d'action. Pour que le principe de l'utopie fonctionne, encore faut-il, dit H. Desroche, que les « volontés voulantes » soient aussi des « volontés voulues ». En effet, les « régimes de désespoir peuvent tout aussi bien conduire – et ont conduit – à des euthanasies collectives, à des génocides silencieux, etc.[2] » L'utopie coopérative est praticable précisément parce qu'elle est non-violente. Excluant toute coercition, elle se fonde sur le volontariat et la coopération et n'existe pas en dehors d'eux.

1. Desroche H., *Les utopismes sociaux*, Sédès, 1981, p. 275.
2. Desroche H., *Sociologie de l'espérance*, Calmann Lévy, 1976, p. 102.

Une utopie non-violente radicale et sans illusion

L'imagination des utopistes ne puise pas moins dans l'histoire des mouvements sociaux que celle de Marx[1]. La critique de Marx peut-être retournée : parce qu'il a postulé, ou tiré de sa propre imagination, la spontanéité du mouvement révolutionnaire ouvrier, le communisme n'est pas moins utopique que le phalanstère. Ce qui différencie fondamentalement la pensée marxiste de la pensée coopérative est ailleurs : c'est le rapport à la violence. La pensée marxiste retourne la violence capitaliste, par l'affirmation de la lutte des classes, sur le terrain de l'entreprise capitaliste. La pensée coopérative ou utopiste détourne la violence capitaliste par la mise en œuvre d'une entreprise alternative. Ce n'est donc ni le caractère socialiste, ni le caractère utopique qui spécifie la pensée coopérative, mais plus probablement la démarche qui la fait accéder à son utopie. La démarche coopérative s'apparente à la méthode expérimentale : d'une part, les coopérateurs ne disjoignent pas théorie interprétative et pratiques sociales, qui sont les deux versants du même mouvement : l'économie sociale et solidaire est vécue comme une expérimentation ; d'autre part, ils pensent simultanément le but et les moyens de parvenir à ce but. L'un des corollaires de cette unité est qu'une société démocratique doit être conquise par une lutte démocratique. De ce point de vue, et comme le montre Louis Dumont, le prolétariat occidental et le patronat constituent certes deux unités antagoniques, mais au sein d'un même système : ils s'opposent au moyen d'un langage commun et s'accordent sur la nature de leur opposition, qui exclut simultanément ceux qui ne partagent pas ce langage et cette opposition[2].

L'attachement à une pratique non-violente nous paraît ainsi constituer une opposition plus fondamentale encore que la violence dite révolutionnaire. Sous cet angle d'ailleurs, la violence ne s'apparente pas à la révolution ni la non-violence à la réforme, c'est plutôt l'inverse qui est vrai : la violence est ce qui reste de réactionnaire, de « non-humain » ou de « presque humain » dans les pratiques sociales. Le refus de la violence constitue une révolution dans le sens où il permet de sortir d'un cycle ancien. L'utopie pacifiste ne suffit toutefois pas, loin s'en faut, à définir l'économie sociale et solidaire : elle ne s'applique qu'à son projet. H. Desroche distingue de ce point de vue utopie écrite et

1. Marrey B., « Les réalisations des utopistes dans les travaux publics et l'architecture, 1840-1848 », in *Les utopismes sociaux*, SEDES, 1981.

2. Dumont L., *Homo Aequalis, Genèse et épanouissement de l'idéologie économique*, Gallimard, 1977.

utopie pratiquée[1] pour désigner à la fois la différence de nature et l'interdépendance des deux mouvements dont l'articulation définit l'entreprise d'économie sociale. Articulant utopie écrite et utopie pratiquée, l'économie sociale recherche la cohérence entre le discours critique et l'action. Mais l'utopie résiste-t-elle au baptême du feu ? Peut-elle éviter le double péril de l'échec économique ou de l'échec éthique ? Henri Desroche répond en des termes de sociologie religieuse : « Son espérance est une promesse qui ne peut pas être tenue ». Mais il ajoute : « Elle n'obtient pas ce qu'elle espère et elle obtient ce qu'elle n'espérait pas »[2]. Mais qu'obtient-elle : l'alternative en laquelle l'utopie initiale peut se reconnaître, ou sa propre négation ?

Pour répondre à cette question, il est nécessaire de définir le fondement théorique de l'économie sociale. Le terme d'économie sociale, comme celui d'économie solidaire ne permettent pas d'appréhender leur propre dimension alternative. Il nous faut repartir de la pratique qu'oppose concrètement cette économie à l'économie capitaliste, c'est-à-dire la pratique coopérative que dès 1844, Robert Owen opposait au conflit et à la concurrence capitaliste, pratique coopérative qui répond au principe pacifiste de l'utopie de l'économie sociale.

Le terme de coopération apparaît au XIVe siècle. Vers 1435, emprunté au latin chrétien *cooperatio,* il définit l'œuvre commune : composé de *co*, qui vient de *cum*, avec ou ensemble, de *operare*, agir. Coopérer, c'est donc agir ensemble, joindre ses efforts dans un but commun. Reprise dans les disciplines sociologique et économique, la coopération a pris deux significations assez éloignées. Nous pensons que pour tenir le pari de la réussite économique sans trahir son projet éthique, l'économie sociale et solidaire doit relier les deux significations du terme coopération.

LA COOPÉRATION AU SENS LARGE

En règle générale, la coopération concerne toute forme de collaboration, volontaire ou non entre individus ou groupes. Très utilisée dans la littérature sociologique, économique et gestionnaire, en particulier dans les champs du travail de l'organisation et de l'entreprise, la notion de coopération permet spécialement d'aborder les problématiques liées aux collectifs de travail. Toutefois, bien que constituant « l'un des problèmes

1. Desroche H., *La société festive. Du fouriérisme écrit aux fouriérismes pratiqués*, Le Seuil, 1976.
2. Desroche H., *Sociologie de l'espérance*, Calmann Lévy, 1976, p. 58.

majeurs de toutes les sociétés »[1], ce sens commun du terme, qui est de loin le plus le plus répandu, est souvent implicite. Il est présent dans de nombreux termes qui contiennent plus ou moins l'idée de coopération : la communication, la collaboration, la coordination, la participation, la médiation, l'interaction, le collectif sont des termes classiques de la sociologie qui présupposent, généralement implicitement, la coopération. Son usage est concomitant de l'essor industriel et dès le XIXe siècle, le concept de coopération est employé dans le cadre large de la société et dans l'organisation de travail. Ainsi, dans le livre premier du Capital, quatrième section, le chapitre XIII, titré « La coopération », K. Marx écrit : « Quand plusieurs travailleurs fonctionnent ensemble en vue d'un but commun dans le même processus de production ou dans des processus différents mais connexes, leur travail prend la forme coopérative »[2]. Marx montre les avantages du travail en coopération et précise que celui-ci croît avec la concentration du capital : « Le nombre des coopérants, ou l'échelle de la coopération, dépend donc en premier lieu de la grandeur du capital qui peut être avancé pour l'achat des forces de travail » (*idem*, p. 868). Cette dépendance fait dire à Marx que « si la direction capitaliste quant à son contenu a une double face, parce que l'objet même qu'il s'agit de diriger est, d'un côté, processus de production coopérative et, d'un autre côté, processus d'extraction de plus-value, la forme de cette direction devient nécessairement despotique » (*idem* p. 871). Marx relève donc une contradiction entre le processus de production coopérative qui nécessite l'adhésion des ouvriers au projet de l'entreprise et l'extorsion de la plus-value qui va à l'encontre des intérêts des ouvriers. Mais il ne va pas plus loin et, plus spécifiquement, pas sur le terrain des coopératives qui ont tenté de résoudre cette contradiction. Nous savons que Marx n'ignorait nullement l'existence des coopératives de production, mais il n'y fait pas allusion dans son approche théorique de la coopération. Ce silence est d'autant plus surprenant que Marx distingue « la coopération simple » à l'œuvre dans les sociétés pré-capitalistes et qui repose sur « la propriété en commun des conditions de production », et la « coopération capitaliste », « force productive du capital ». La question de la relation complexe de Marx au mouvement coopératif est cependant un autre problème que nous proposons d'aborder dans une autre contribution. Marx réserve une forme discursive d'un autre registre – plus militant – pour commenter le mouvement coopératif et définit dans

1. Dadoy M., « La coopération », in Akoun A., Ansart P., *Dictionnaire de sociologie*, Robert, Le seuil, 1999, p. 116-117.
2. Marx K., *Le capital*, Livre premier, PUF, La pléiade, (première éd. 1867), p. 863.

son œuvre économique la coopération dans un sens commun, appliquée à l'organisation du travail. Il conclut à ce propos : « La coopération apparaît comme mode spécifique de la production capitaliste ».

Un demi-siècle plus tard, F.-W. Taylor utilise le terme de coopération pour qualifier les relations entre ouvriers et patrons. Comme on sait, son propos est de définir une direction d'entreprise qui dépasse les conflits entre patrons et ouvriers et ouvre ainsi la voie à une production meilleure en quantité comme en qualité apportant la prospérité pour tous. En termes marxistes, il s'agit de réduire la contradiction entre le processus de production et l'extorsion de la plus-value. Il est intéressant de constater que c'est encore la coopération qui est mise à contribution par Taylor : « Le système de direction scientifique n'existe que si les deux partenaires [ouvriers et patrons] ont changé d'état d'esprit, que si tous les deux considèrent comme leur devoir de coopérer pour gagner une valeur ajoutée aussi grande que possible »[1]. Il faut reconnaître que ce sont les ouvriers qui ont le plus de difficultés à substituer « à l'antagonisme et à la méfiance une coopération et une aide mutuelle » (*idem* p. 68)... et que c'est bien à eux, qui pratiquent « la flânerie », « conséquence de la mésentente entre patrons et ouvriers », que s'adresse Taylor en priorité. Cette définition de la coopération par Taylor, s'appliqua donc non plus, comme chez Marx, au processus de travail, mais à l'organisation de l'entreprise.

L'analyse théorique de Marx était puissante ; la praxéologie de Taylor ne l'est pas moins, puisque la « coopération » préconisée par Taylor a prévalu, même si cette prévalence n'était pas gagnée par la direction scientifique annoncée par Taylor mais au contraire établie par voie de compromis, un compromis souvent arraché par la lutte ouvrière. On abandonna logiquement le terme de coopération en vue d'analyser les relations entre patron et ouvrier, pour lui préférer celui de compromis.

En 1893, E. Durkheim publie *De la division du travail social*. Si c'est le concept de solidarité qui est au cœur de l'analyse durkheimienne, c'est que l'analyse est sociologique et non économique et que le terme solidarité recouvre un sens moral. À la fin du XIXe siècle, l'économie a déjà tourné le dos à la morale et fait ainsi le lit de la sociologie. Durkheim montre en effet que la société est le lieu de naissance de la morale. La division du travail produit la solidarité parce qu'elle « crée entre les hommes tout un système de droits et de devoirs qui les lient

1. Taylor F. W., *La direction scientifique des entreprises*, Éd. Dunod, 1957 (première éd. 1911), p. 69.

les uns aux autres d'une manière durable »[1]. On ne trahirait cependant pas la thèse durkheimienne en affirmant que la solidarité inclut ou suppose la coopération. En préférant la solidarité, Durkheim ajoute à la coopération un fondement moral qui n'est pas pour gêner le mouvement coopératif. Mais il lui donne aussi une dimension déterministe qui va à l'encontre d'un postulat coopératif, le volontariat. À la suite de Durkheim, les sociologues aborderont en quasi-totalité la coopération sous l'angle fonctionnel, structural et/ou systémique, et rarement comme une pratique consciente et volontaire. Parsons élargit l'acception du concept de la coopération en montrant que toute organisation sociale est un système de relations coopératives. La coopération est ensuite conceptualisée de façon plus concise et heuristique dans les ouvrages traitant de la démocratie industrielle. Le « fonctionnement collectif, fondé sur la communication, l'expression et le pouvoir des acteurs individuels » est opposé à la « rationalité taylorienne »[2]. J.-D. Reynaud se demande cependant si l'influence limitée de la démocratie industrielle n'est pas due au fait que ces expériences « sous-estimaient gravement la nature et l'importance des rapports de pouvoirs existants »[3]. Dans une approche parallèle, M. Aoki oppose organisation coopérative et organisation hiérarchique, la première se fondant sur une « coordination horizontale » et la seconde sur une « planification par le haut »[4]. On peut également traduire en partie au moins la question de la pratique coopérative dans des termes de sociologie des organisations à travers la construction des systèmes d'actions concrets[5], et dans les termes de la théorie des conventions en étudiant les rencontres des logiques d'action. Ces usages, et d'autres qu'on trouverait dans la sociologie du travail ou la sociologie des organisations, la socio-économie de l'entreprise, ne constituent pas, loin s'en faut, un ensemble unifié, mais ils ont en commun de définir la coopération par rapport à l'organisation de travail. Enfin, le terme même de coopération est utilisé de façon générique[6].

1. Durkheim E., *De la division du travail social*, PUF, 1986 (première éd. 1893), p. 403.

2. Sainsaulieu R., Tixier P.-E., Marty M.-O., *La démocratie en entreprise*, Librairie des Méridiens, 1983, p. 238.

3. Reynaud J.-D., « Régulation de contrôle et régulation autonome dans les organisations », *Revue Française de Sociologie*, janv.-mars 1988, XXIX-1, p. 12.

4. Aoki M., *Économie japonaise. Information, motivation et marchandage*, Paris, Economica, 1991.

5. Crozier M., Friedberg E., *L'acteur et le système*, Le Seuil, 1977.

6. Par exemple : Amadieu J.-F., *Organisation et travail. Coopération, conflit et marchandage*, Vuibert, 1993 ; Bernoux P., *La sociologie des entreprises*, « Points », Le Seuil, 1995.

Cette coopération « de sens large », peut être définie comme l'activité coordonnée d'acteurs poursuivant des objectifs différents et visant l'établissement de règles communes. La coopération est opposable à la concurrence ou la compétition. Parallèlement, depuis plus d'un siècle et demi, le concept de coopération a été largement étudié par les « coopérateurs », qui définissent une tradition de pensée ignorée la sociologie et l'économie académiques.

La coopération au sens spécifique du mouvement coopératif

Le terme s'applique ici à un type particulier d'entreprise. « Une coopérative est une association autonome de personnes volontairement réunies pour satisfaire leurs aspirations et besoins économiques, sociaux et culturels communs au moyen d'une entreprise dont la propriété est collective et où le pouvoir est exercé démocratiquement »[1]. La coopérative répond ainsi à l'intérêt collectif de ses membres[2]. La coopération concerne ici l'action collective des membres associés et non l'organisation du travail, à l'exception du cas particulier des sociétés coopératives ouvrières de production (SCOPs) pour la seule raison que leurs sociétaires sont également leurs salariés. Les premiers théoriciens de la tradition de pensée utopique définissent en réalité la coopération selon le sens commun : en 1844, R. Owen oppose au système individualiste de concurrence le système de coopération mutuelle[3]. Mais l'évolution coopérative, et particulièrement la « révision déchirante » selon les termes de C. Gide, qui vit l'éviction des salariés et le sociétariat des seuls consommateurs, réduisirent le sens de la coopération à celui du sociétariat, ses membres étant nommés d'ailleurs de façon équivalente « sociétaires » ou « coopérateurs ». Cet usage du terme peut être défini comme le « sens spécifique » de la coopération.

Aucune réflexion sociologique récente n'établit un lien entre les deux usages, commun et spécifique, du terme. Or, l'origine commune de ces deux sens dans l'œuvre de Robert Owen indique que le rétablissement d'un sens commun peut aider l'économie sociale à mieux définir le

1. Alliance coopérative internationale, Déclaration sur l'identité coopérative internationale du Congrès de Manchester, 1995, in *ACI*, *Les Principes coopératifs*, Genève, 1996.
2. Fauquet G., *Le secteur coopératif (1935)*, AISCD, 1965.
3. Owen R., *The New Moral Word*, 1844, Textes choisis, Éd. Sociales, 1963.

champ de ses pratiques, par exemple en incluant des formes d'organisation du travail originales, de nouvelles constructions sociales de marchés, l'établissement de liens préférentiels avec des partenaires, etc.

Inversement, on peut faire l'hypothèse que c'est précisément l'abandon d'un nombre croissant de champs d'application des principes coopératifs qui amena tout au long du XXe siècle, l'économie sociale historique à ne plus se considérer en des termes d'alternative.

Il s'agit donc d'étendre le champ de la coopération afin de relier les deux conceptions du terme, le sens large et le sens strict et définir de nouvelles règles coopératives, formelles ou informelles. Ces innovations coopératives établissent une continuité entre les valeurs et le droit, entre l'utopie de changement social et les contraintes socio-économiques. Comme l'a montré l'expérience des coopératives sociales italiennes[1], ces nouvelles règles préfigurent le droit de demain, celui-ci instituant généralement des pratiques innovantes déjà à l'œuvre sur le terrain. Pour cette raison, ces innovations pourraient être définies comme des innovations de « régulation coopérative ». Le problème majeur auquel sont confrontées les entreprises d'économie sociale est ainsi de définir des règles de fonctionnement coopératif, en harmonie avec les valeurs et les principes de l'économie sociale. Encore faut-il que ces règles résistent à la permanente incursion dans l'entreprise de règles dominantes concurrentes. Nous verrons plus loin que les transformations successives de l'économie sociale historique, son évolution actuelle, les conditions de transformation des nouvelles formes d'économie sociale indiquent que les règles coopératives ne peuvent être produites que par la coopération entre les membres, acte par lequel s'édifient les conventions et les règles socio-économiques fondant l'action collective. Loin de constituer des habitudes acquises, les conventions qui permettent la coopération – dans le travail, dans l'organisation de l'entreprise, dans la construction sociale et économique des marchés – sont négociées en permanence. La coopération prend du temps, et est en permanence remise en question. Elle nécessite de la part de ses acteurs un acte d'apprentissage mutuel et une recherche permanente d'innovations de régulations alternatives.

1. Borzaga C., « L'évolution de la coopération sociale en Italie », *Recma*, n° 266, 1997 ; Zandonai F., « La coopération sociale en Italie, entre consolidation et transformation », *Recma*, n° 286, nov. 2002, p. 23-35 ; Pezzini E., « L'économie sociale italienne », *L'économie sociale de A à Z, Alternatives Économiques*, 2006.

Chapitre 5

Les trois temps du projet coopératif

L'HISTOIRE de l'économie sociale[1] a connu trois grandes phases comprenant chacune deux temps : celui d'une poussée utopique suivi par celui d'une poussée institutionnelle. Dans la première se succèdent ainsi l'utopie de ce que H. Desroche a nommé la micro-république communautaire et la fondation d'associations coopératives de production et de sociétés de secours mutuelles (XIXe siècle) ; la seconde articule l'utopie d'une république coopérative, selon le terme de C. Gide, et l'essor de coopératives de consommation et d'associations d'usagers (fin du XIXe et première moitié du XXe) ; la troisième voit naître l'utopie d'une méso-république, celle du développement local, et la fondation d'associations et de coopératives multisociétaires que nous connaissons aujourd'hui (de la décolonisation à aujourd'hui). Chacune des phases entretient un rapport différent avec le secteur capitaliste et l'État que nous décrirons rapidement.

1. Voir également Draperi J.-F., *L'économie sociale. Utopies, pratiques, principes*, Presses de l'économie sociale, 4e édition, 2007.

De la communauté alternative à l'entreprise coopérative

Le XIXe siècle est marqué par un conflit permanent entre l'État et la société civile qui reconstitue en permanence des réseaux associatifs divers en dépit des interdictions qui le frappent. Ces réseaux, fréquemment inspirés par des penseurs visionnaires, H. de Saint-Simon, C. Fourier, E. Cabet, R. Owen, sont diversement organisés.

Les saint-simoniens agissent à travers des groupes de pressions qu'on retrouve dans les secteurs les plus importants de la vie économique (en particulier, la construction des chemins de fer, l'exploitation des mines, le creusement des canaux, la banque, le bâtiment et les travaux publics). Le réseau des icariens, qui se réfèrent à Étienne Cabet, se constitue entre 1841 et 1843 et s'appuie sur un journal hebdomadaire *Le populaire* qui tire à 4 500 exemplaires en 1846. Il dispose d'une coordination centralisée, située à Paris et qui relie des centres actifs en particulier dans le nord et l'est et dans la région lyonnaise grâce à des propagandistes dévoués. Proudhon estime alors le nombre de ses partisans entre 100 000 et 200 000. L'École sociétaire, qui réunissait les fouriéristes, est présente dans tous les départements français. Elle est particulièrement active dans le midi et à Lyon. Leur journal *La Démocratie pacifique* était lu par 2 000 adhérents actifs, parmi lesquels on trouve de nombreux anciens saint-simoniens.

Les utopies dessinées par ces penseurs, en particulier C. Fourier, R. Owen et E. Cabet, prennent la forme de communautés ou de « phalanstères » ou de « colonies » qui partagent quelques caractéristiques communes : ils sont des lieux de vie associant l'habitat, le travail, la culture, la consommation, l'assurance contre les risques. Leur taille est sensiblement la même : quelques centaines d'hectares pour une population de 1500 à 2 000 personnes. Généralement, ces communautés sont pensées comme des lieux alternatifs à la société extérieure, analysée comme génératrice de pauvreté, d'inégalités et d'anomie. Au-delà de ces traits communs, l'analyse et les points d'appui de Fourier, Cabet et Owen sont bien différents : Fourier s'appuie sur une critique du travail pour développer ses activités « sérielles » ou passionnées, alors qu'Owen s'intéressant plutôt au commerce se fonde sur de nouvelles formes d'échanges. Cette diversité d'analyses ne contredit pas une certaine unité des conceptions communautaires.

À l'instar de Flora Tristan, P. Leroux, J.-P. Buchez, A. Perdiguier, P. Enfantin, V. Considérant, intellectuels, industriels, compagnons, disciples reprennent, élargissent, popularisent les idées d'association, de communauté et de démocratie qui pénètrent la société en profondeur. Dans la décennie 1840, la quasi-totalité des organisations de métiers instituent les solidarités entre ses membres au moyen de l'association : celle-ci est le prolongement de la corporation, qui réunissait patrons et ouvriers d'un même métier. Ces organisations ont en commun de ne pas dissocier l'association compagnonnique, la coopération de production, la mutualité, l'action syndicale ou pré-syndicale et l'action corporative. Par exemple, les cordonniers connaissent avant 1848 deux organisations semi-compagnonniques semi-mutualistes, La Laborieuse et La Fraternelle. En 1848, les deux groupes se concilient au sein d'une « Association industrielle et commerciale, laborieuse et fraternelle », puis d'un atelier coopératif qui ouvre ensuite deux succursales. Après le coup d'État du 2 décembre 1851, cette association se replie sur la philanthropie du secours mutuel et lâche la coopération de production. Cette trajectoire est typique, et on la retrouve sous une forme proche dans de très nombreuses corporations.

Le point d'orgue de ce mouvement a lieu en 1848 qui voit naître plus de 10 000 associations et plus de 400 sociétés de secours mutuel selon Maurice Agulhon. Les répressions de juin 1848, puis la dissolution du 3 décembre 1851 les réduiront à moins de 20, qui survivront ensuite dans la totale clandestinité. L'ensemble du mouvement social est décapité par les 26 000 arrestations et 15 000 condamnations dont près de 10 000 déportations auquel procède l'Empire au lendemain du coup d'État.

Les expérimentations micro-communautaires échouent ou débouchent sur une tout autre réalité que celle entrevue par les penseurs utopiques. Le meilleur exemple n'est-il pas donné par les « équitables pionniers de Rochdale » eux-mêmes, modèle mondial de la coopération de consommation ? Les tisserands de Rochdale, inspirés par King lui-même disciple d'Owen, se réunissent et créent en 1844 un magasin coopératif dans la banlieue de Manchester afin de réaliser le projet de répondre à l'ensemble de leurs besoins (économiques, sociaux, éducatifs, d'habitat...). Ils achètent un moulin en 1850, créent deux filatures en 1854 et entreprennent simultanément la multiplication des magasins et la création d'un magasin de gros. Les salariés, également associés dès 1844, se prononcent en faveur d'un partage des excédents par une augmentation de la rémunération au-dessus des salaires moyens. L'orientation vers l'essor de la coopération de consommation s'effectue contre l'avis des fondateurs et des salariés, qui sont dès lors exclus du sociétariat. Cette évolution vers la spécialisation unifonctionnelle (de production ou de consommation) sera celle de nombreux projets inspirés par l'utopie communautaire.

Pendant ce temps, naît une nouvelle utopie, qui paraît alors beaucoup plus puissante, celle de la conquête de l'économie par l'union des consommateurs.

DE LA RÉPUBLIQUE DES CONSOMMATEURS AU SECTEUR D'ÉCONOMIE SOCIALE

En 1885, E. De Boyve et A. Fabre constituèrent un Comité représentant trois coopératives nîmoises qui lança « un appel à toutes les sociétés françaises de consommation » qui commençait comme suit : « L'idée d'un Congrès des sociétés coopératives de France n'a pas encore abouti. Cependant les nécessités de ce Congrès s'imposent. Pour en finir, les sociétés coopératives de Nîmes sont décidées à en prendre l'initiative »[1]. Ce Congrès se tint le 27 juillet 1885, à Paris. 92 sociétés avaient envoyé leur adhésion et 85 d'entre elles étaient présentes. Gide n'y participait pas, mais offrit ses services à De Boyve dès la même année et devint avec lui l'animateur et le principal rédacteur du journal l'*Émancipation* dont le Congrès avait décidé la création. « Ni révoltés, ni satisfaits » était le titre de son article inaugural et Gide considérait qu'il indiquait bien « la voie qu'allait suivre l'École de Nîmes ». C'est au Congrès de 1889 que Gide précisait le programme coopératif qui devait rester célèbre comme fondateur du courant de la république coopérative. Bien que le texte soit un peu long, il a joué un rôle tellement important dans la dynamique du mouvement coopératif qu'on le reproduit ci-dessous entièrement :

> « On peut donc bien penser que ce n'est pas en restant isolées, incohérentes, et intérieurement en état anarchique, que nos petites associations coopératives pourront suffire à ce grand œuvre de défense sociale et lutter efficacement contre les grandes associations capitalistes. Il faut faire un plan de campagne : ou plutôt il n'y a pas à le faire, il est tout indiqué.
>
> Se réunir entre elles, faire masse, prélever sur leurs bénéfices le plus possible pour fonder de grands magasins de gros et opérer les achats sur grande échelle – voilà la première étape ;
>
> Continuer à constituer, par des prélèvements sur les bénéfices, des capitaux considérables et avec ces capitaux se mettre à l'œuvre pour produire directement et pour leur propre compte tout ce qui est nécessaire à leurs besoins, en créant boulangeries, meuneries, manufactures de draps et de vêtements confectionnés fabriques de chaussures, de chapeaux, de savons, de biscuits, de papier – voilà la deuxième étape ;

1. Gide C., *Les coopératives de vinification*, extraits du Cours au Collège de France en 1924-1925, REC n° 17, p. 1-16.

> Enfin, dans un avenir plus ou moins éloigné, acquérir des domaines et des fermes et produire directement sur leurs terres le blé, le vin, l'huile, la viande, le lait, le beurre, les volailles, les œufs, les légumes, les fruits, les fleurs, qui constituent la base de toute consommation – voilà la dernière étape.
>
> Ou, pour tout résumer en trois mots, dans une première étape, faire la conquête de l'industrie commerciale, dans une seconde, celle de l'industrie manufacturière, dans une troisième enfin celle de l'industrie agricole – tel doit être le programme de la coopération pour tout pays. Il est d'une simplicité héroïque et j'ai la conviction qu'un jour ou l'autre, en dépit même de nos faiblesses et de nos doutes, il finira par se réaliser »[1].

Cette conception s'est imposée durant un demi-siècle au moins aux acteurs de la coopération et avait son équivalent à l'étranger, et bien entendu spécialement en Angleterre. Elle s'inscrit dans la domination de la coopération de production par la coopération de consommation consacrée par la fondation de l'Alliance Coopérative Internationale. En effet, C. Gide révise la place de la coopération de production au sein de la coopération, en la réduisant à l'organisation du travail et de la main-d'œuvre. Gide demande « Ne peut-on envisager pour les coopératives de production un élargissement de leur champ d'action pouvant s'ouvrir à toute la classe ouvrière ? Oui je le crois, à la condition que l'association ouvrière renonce à un rôle qui n'est pas fait pour elle, celui de manieur de capitaux, et se borne à organiser la coopération de travail, de la main-d'œuvre »[2].

C'est donc une conception de l'entreprise très différente de celle de l'association ouvrière de production que définit C. Gide, assez proche d'une organisation syndicale étendant son pouvoir face à l'organisation patronale[3]. C'est l'absence de capitaux qui permet l'extension de cette coopérative à l'ensemble de la classe ouvrière. Mais cette conception ne s'accorde guère avec la réalité de la coopération de production en France qui a, au moment où Gide écrit, soixante-quinze ans de tradition ancrée dans l'ancien compagnonnage. La rupture annoncée par Gide dans l'élaboration de sa république se retrouve ainsi conceptualisée dans la conception de la coopération de travail. Nous lisons cette rupture comme ce qui fonde l'alliance de l'école de Nîmes avec le mouvement socialiste : une conception égalitaire qui trouve sa voie sans mobiliser de

1. « La coopération, Conférence de propagande », Éd. 1910, p. 133-134, cité dans *ASSCOD* 41-42, p. 148-149.
2. Gide C., *Cours au collège de France*, 1924.
3. *Cf.* également Daudé Bancel A., *Le coopératisme*, 1901.

capitaux autres que ceux produits par l'économie de la coopération de consommation.

Ce courant recevra en effet le soutien du mouvement socialiste international, qui critiqua dès 1868 par la voix de K. Marx, la coopération de production parce que celle-ci, nécessitant un capital de départ, ne peut s'adresser qu'à l'élite des ouvriers et contribue donc à diviser le mouvement ouvrier, alors que la coopération de consommation n'exige aucun capital. Par ailleurs, le système de vente au comptant pratiqué par les coopératives de consommation permettait aux travailleurs d'échapper progressivement à l'endettement, déjà véritable plaie, qui les maintenait dans une situation de dépendance vis-à-vis de leur employeur. J. Jaurès, convaincu par M. Mauss[1], adhéra à cette utopie, et fut avec C. Gide l'artisan du rapprochement entre les mouvements socialiste et coopératif. Mais en 1925-1926, C. Gide revient sur sa prophétie et vérifie ses limites dans son cours au Collège de France. C'est qu'entre 1889 et 1925, le mouvement coopératif a très nettement marqué le pas. Il faudra attendre cependant l'après-Seconde Guerre pour qu'une autre interprétation domine le mouvement : les coopérateurs de base croiront encore longtemps en la République coopérative qui était décidément trop belle pour ne pas être vraie.

Cette foi dans la coopération de consommation résulte également du soutien que lui avait apporté l'État français dès la Première Guerre mondiale. Dès août 1914, le préfet de la Seine demande aux coopératives d'assurer la gestion des succursales des laiteries Maggi pillées. En 1915, elles assurent les services de boucherie, en 1916 elles créent les restaurants auprès des usines de guerre, en 1917 elles distribuent les pommes de terre et créent des épiceries. Au niveau national, le ministre de la Guerre, Albert Thomas demande aux coopératives de consommation de faire l'approvisionnement des usines de guerre. Cette collaboration entre l'État et les coopératives fut couronnée par la loi du 7 mai 1917 qui permit de constituer une dotation aux coopératives sur des redevances de la Banque de France. Ce fut simultanément l'occasion d'ébaucher le statut juridique de la coopération. Entre 1914 et 1918, le nombre de coopérateurs a doublé et le chiffre d'affaires de la coopération de même. En simplifiant à peine, on peut dire qu'avant la guerre, les coopératives sont en majeure partie des petits magasins isolés, et qu'après, elles sont des unités modernes et organisées en réseaux.

Autre indicateur de la concordance entre l'utopie coopérative et l'intérêt général, l'idéologie que partagent l'État et les coopérateurs :

1. Mauss M., *Écrits politiques*, textes réunis et présentés par M. Fournier, Fayard, 1998.

le solidarisme fonde la politique de redistribution de même qu'elle réhabilite les groupes intermédiaires. Après l'adoption de la loi de 1901 qui élargit à toutes les activités la possibilité d'agir de la société civile à toutes les activités, le financement public d'une part, les cotisations mutualistes d'autre part relaient en partie l'action caritative et philanthropique souvent d'inspiration religieuse, dans les champs relevant de ce que l'État considère comme servant l'intérêt général. Ce processus ira jusqu'à la création de la Sécurité sociale en 1945 et la création de l'Union nationale interfédérale des œuvres privées sanitaires et sociales (UNIOPSS). Après 1945, les mutuelles et les associations de service social ne subsistent cependant pas seulement en tant que complément de la Sécurité sociale : elles jouent ensuite un rôle pionnier dans l'éradication des maladies, la tuberculose et la poliomyélite, en matière de prévention (de l'alcoolisme, de la drogue, puis du SIDA), dans l'établissement de services aux personnes âgées ou handicapées.

Cette complémentarité, qui concerne autant l'activité coopérative que mutualiste et associative assure la pérennité du tiers secteur organisé, mais l'éloigne d'autant de son utopie alternative. C'est le petit livre de G. Fauquet *Le secteur coopératif* (1935) qui analyse le mieux la fin de la grande utopie de la république coopérative. Loin de mener à une république nouvelle, la coopération, affirme Fauquet, ne sera jamais qu'un secteur économique parmi d'autres dans la société moderne. Le secteur coopératif, dit l'auteur, côtoie le secteur proprement privé, le secteur capitaliste et le secteur public... et n'a pas vocation à les supplanter. La réflexion s'oriente dès lors vers l'organisation de l'entreprise coopérative, ses spécificités, les difficultés à maintenir une démocratie vivante dans les grandes organisations.

Les secteurs coopératif, mutualiste et associatif se construisent au cours du XXe siècle en relation avec l'évolution du rôle des deux principales institutions du pays : l'État et l'Église. Globalement, le rôle du premier a considérablement augmenté alors que celui de la seconde régresse. Très grossièrement, les relations entre les associations et l'État se sont inversées entre le XIXe et le XXe siècles, évoluant d'une relation conflictuelle à un rapport de complémentarité. Quant aux relations entre les associations et l'Église, elles se sont progressivement distendues, passant d'un rapport de gestion directe à une influence morale. On pourrait dire la même chose des relations entre les traditions social-chrétiennes et socialistes d'une part et le mouvement associatif de l'autre, en soulignant cependant l'originalité des liens entre le syndicalisme agricole et l'économie sociale agricole qui sont restés très puissants. Cette autonomisation de l'économie sociale a été rendue possible par la normalisation des relations entre l'État et l'Église. Tout se passe dès lors comme si le tiers secteur évoluait vers l'adoption d'un statut propre dans la société, à la fois complémentaire à celui de l'État et indépendant des idéologies de changement social, d'inspirations religieuses ou laïques.

DE LA RÉPUBLIQUE DES TERRITOIRES À L'INTERCOOPÉRATION

Après la Seconde Guerre la décolonisation suscite de nouvelles utopies : des gouvernements ou des peuples qui accèdent à l'indépendance se tournent vers le modèle coopératif plutôt que vers l'un ou l'autre des modèles exportés par les deux super-puissances. Les mouvements tiers-mondistes font l'hypothèse d'un développement « endogène » ou « autocentré », et cherchent leur voie en s'appuyant sur des associations villageoises rénovées ou sur de nouvelles formes de coopératives. Cette troisième grande utopie dans l'histoire du mouvement connaît elle aussi ses limites, mais elle correspond à la généralisation du modèle d'action coopérative à l'échelon mondial, non pas imposé par une puissance publique ou privée, mais expérimentée par des sociétés que la colonisation puis la décolonisation ont sorties du monde de la tradition et déstructuré.

La coopération n'est dès lors plus l'outil d'un groupe professionnel comme c'est le cas dans les pays qui l'ont vu naître au XIXe siècle, mais l'expression d'une collectivité locale. À travers le kibbutz israélien, l'ujamaa tanzanien, l'association villlageoise de développement sénégalaise, les ejidos mexicains..., se dessine une nouvelle forme de coopération qui tantôt renoue avec la plurifonctionnalité originelle, tantôt associe des partenaires multiples. Plurifonctionnalité et multisociétariat questionnent les évolutions qu'avaient connues les mutuelles, les associations et les coopératives occidentales au cours du XXe siècle, qui les avaient amenées à ne se consacrer qu'à une activité principale – production spécifique ou habitat ou crédit ou agriculture ou consommation... –, pour une population spécifique – travailleur d'une branche ou d'un métier ou consommateur ou résident... Elles questionnent aussi la nature de l'intérêt défendu par l'économie sociale : l'économie sociale « traditionnelle », sur le modèle coopératif défini par G. Fauquet, puis par C. Vienney, représente l'intérêt des sociétaires de l'entreprise, quitte à ce que les intérêts de la coopérative de production soient contraires à ceux de la coopérative de consommation. La coopération multisociétaire entend renouer avec l'intérêt général, fût-il local. Elle cherche à trouver une voie

Tableau 5.1. Les trois grandes phases de l'économie sociale

Périodes	Mouvement de pensée	Mouvement de pratiques	Rapport à l'État	Lieux et territoire
XIXe	Communauté Phalanstère Micro-république communautaire	Économie sociale de producteurs : Coopérative ou mutuelle spécialisée	Antagonique	Europe de l'ouest L'entreprise (micro)
Fin XIXe et premier XXe	République coopérative	Économie sociale d'usagers : Secteur coopératif et secteur mutualiste	Régulateur Reconnaissance institutionnelle	Europe L'État nation (macro)
Second XXe	Développement personnel et développement local	Multi-sociétariat Intercoopération	Partenarial	Monde Le territoire L'espace local ou régional (méso) Intercoopérations intercontinentales

d'entente pacifique commune aux producteurs et aux consommateurs, reposant des questions que certaines coopératives avaient évacuées : la question du « juste prix » de la marchandise, la question de la qualité, celle du processus de production et de son impact sur la société et l'environnement. Son espace est celui du territoire et de l'inter-territorialité, celui des liens sociaux quotidiens, soit liés à la proximité géographique, soit liés à la proximité économique : la production et la consommation de produits échangés sur les marchés.

L'économie sociale est un projet de société alternative. Ce projet articule une pensée prospective enracinée dans la tradition utopique et la réalisation d'entreprises associatives, coopératives et mutualistes.

Ces entreprises ont en commun de s'appuyer sur la démarche volontaire de plusieurs personnes associées, qui mutualisent des biens personnels et coopèrent démocratiquement dans une finalité de service et non de rentabilisation d'un capital. Les formes juridiques majeures de ces entreprises sont les associations, les coopératives et les mutuelles.

Ces groupes partagent une représentation proche de l'alternative qu'ils contribuent à dessiner ; celle-ci s'exprime sous la forme d'un mouvement de pensée original, qui se structure autour de l'idée que l'alternative aux inégalités produites par l'économie capitaliste peut se construire de façon pacifique, à travers une action collective transcendant les conflits de classes. Il s'agit d'une pensée utopique qui teste sa validité par l'expérimentation, au travers d'un devenir que schématise le tableau 5.1.

Chapitre 6

De la charité à la mutuelle et de la mutuelle à la Sécurité sociale

NOUS PRENDRONS comme point de départ la mise en problématique sur le long terme de la conception moderne de l'individu. Castel et Haroche critiquent la conception libérale, qui considère l'individu « comme s'il était donné une fois pour toutes et ne dépendait pas de conditions historiques et sociales »[1]. Quels sont les supports, c'est-à-dire quelles sont les « conditions objectives de possibilité » qui permettent à l'individu d'exister comme tel ?

John Locke est l'un des premiers à répondre à cette question : il montre que l'individu s'appuie sur le socle de la propriété privée. « L'homme est maître de lui-même, et propriétaire de sa propre personne et des actions et du travail de cette même personne »[2]. Cette conception s'oppose à celle de la société féodale et, plus largement, au modèle que Louis Dumont

1. Castel R., Haroche C., *Propriété privée, propriété sociale, propriété de soi*. Entretiens sur la construction de l'individu moderne, Fayard, 2001, p. 13.
2. Locke J., *Second traité du gouvernement*, 1689, Paris, PUF, 1994, § 44, cité page 14.

appelle la société holiste. La propriété de soi provient de la propriété de biens : en devenant propriétaire, l'homme accède à la propriété de soi. Ceux qui n'avaient que leur travail pour vivre tombaient dans un état d'assistance lorsqu'ils ne pouvaient travailler (p. 34). Les propriétaires seuls échappaient à la dépendance.

La préhistoire de l'individu est bien entendu plus ancienne. Les auteurs abordent celle-ci à partir d'une interprétation socio-anthropologique de la pensée religieuse, montrant que la représentation religieuse du monde fait naître l'individu « hors du monde » : chez les chrétiens, le fils de Dieu est bien un individu, mais le royaume de Dieu n'est pas de ce monde. R. Castel se demande comment on est passé de cet individu hors du monde à l'individu dans le monde et répond en croisant les analyses de Marcel Gauchet dans *Le désenchantement du monde* et de Louis Dumont dans *Homo Hierarchicus*. Il relève la concomitance entre la fin de la société holiste et le « dégagement » d'une conception non transcendante de l'individu.

La construction sociale de l'individu est marquée par une contradiction qui s'exprime lors de la Révolution française. Celle-ci en effet donne l'accès à la citoyenneté politique sans offrir une citoyenneté sociale : la misère travailleuse s'installe dans le non-droit. Avant Marx, Sieyès montre l'opposition entre les individus libres et égaux en droit et la foule « d'instruments bipèdes » qui restent, pour longtemps encore, dans une situation d'indignité totale. Cette contradiction ne se résoudra que dans le passage du support de la propriété privée à celui de la propriété sociale, c'est-à-dire à partir de la fin du XIXe siècle, par la construction, sur la base du travail, des systèmes de protection. Grâce à la protection sociale, les non-travailleurs et non-propriétaires s'assurent contre les risques et accèdent à une sécurité qui les libère de la dépendance. S'inspirant de Henri Hatzfeld, Robert Castel affirme ici que le nouveau système de protection constitue « une véritable invention qui propose une réponse originale à la séparation de la propriété et du travail » (p. 77). Castel préfère à « l'expression un peu molle d'État providence » celle proposée par François Ewald de « société assurantielle », soulignant ainsi que la Sécurité sociale qui caractérise la société salariale n'est pas en premier lieu un système de redistribution étatique : ce sont essentiellement les techniques de l'assurance qui ont permis d'aboutir à la réduction généralisée des risques. La société salariale désigne non seulement une société dans laquelle la grande majorité de la population est salariée, mais aussi une société dans laquelle « l'ensemble de la population, y compris les non-actifs, bénéficie des protections qui avaient d'abord été progressivement attachées au salariat » (p. 83).

Enfin, à l'opposé d'une conception libérale et « naïve » de l'individu qui prétend « libérer » l'individu (de l'État), Castel et Haroche proposent de reprendre les analyses de Gauchet dans *Le désenchantement du monde*, montrant que les conditions d'émergence de l'individu sont corrélatives du développement de l'État : dans le *Léviathan*, Hobbes montre que c'est sous la garantie d'un État qui assure la paix civile que l'individu peut avoir une existence privée, développer ses propres entreprises, y compris économiques. Plus profondément, « il n'y a pas de "for intérieur"[1] de l'individu sans une présence forte de l'État pour le garantir » (p. 154). Se dessine ainsi une relation inhabituelle entre le privé et le public, qui loin de s'opposer, se constituent l'un l'autre. Ce qui émerge aujourd'hui de ces relations est « l'individu par défaut » déstabilisé par les transformations des supports sur lesquels s'était édifiée la propriété sociale. Son étude passe par la mise en relation des transformations socio-économiques et les transformations de l'économie psychique. Ce qui avait permis au prolétariat du XIXe et du début du XXe siècle de se dégager du paupérisme (« de l'absinthe, de la dissociation familiale, de l'immoralité et de la criminalité... ») est la constitution d'une force d'organisation collective (p. 200). La même question se pose aujourd'hui à l'individu par défaut pour qu'il accède à la propriété de soi : comment construire des formes nouvelles de propriété sociale capables de maîtriser les processus d'individualisation négative ?

Pour expliquer la construction de l'individu moderne, Robert Castel privilégie l'émergence du rôle de l'État et la définition de l'intérêt général, à partir de l'idéologie solidariste, mais sous-estime les rôles sociaux, économiques et techniques qu'a joués et que joue toujours l'économie sociale, et spécialement la mutualité.

En effet, l'économie sociale, définie comme l'ensemble des actions mutualistes, coopératives et associatives, a contribué de façon décisive à la définition de *supports*, au sens de Castel, qui ont permis l'expression des individus privés du support de la propriété privée. Nous l'appuierons sur trois réflexions relatives aux trois grands moments proposés par Robert Castel : (1) sur l'existence d'un lien possible entre l'individu religieux et la propriété sociale entre le XVIIe et le XIXe siècles, (2) sur le rôle de l'économie sociale dans la définition de la propriété collective au XIXe et au XXe siècles, enfin (3) sur l'action collective aujourd'hui. Si les réflexions avancées dans les deux premières parties nous semblent bien établies, celles concernant la troisième partie constituent plutôt

1. Haroche C. (dir), *Le For intérieur*, Paris, PUF, 1995.

une hypothèse interprétative de la relation entre l'individu et le collectif aujourd'hui.

LES ORIGINES RELIGIEUSES DE LA PROPRIÉTÉ SOCIALE

Pour envisager de relier l'individu religieux et la propriété sociale, sans doute faut-il tout d'abord préciser que l'individu religieux n'est jamais exclusivement un individu hors du monde. Bien entendu, en règle générale, les religions définissent les parcours terrestres des membres de la société comme des parcours collectifs, dont les règles s'appliquent indifféremment à tous. Mais il n'en est pas toujours ainsi. Tout en continuant d'agir ici bas en vue de préserver sa place dans l'au-delà, l'être social peut définir une forme d'individualité. Le parcours de l'entrepreneur capitaliste a été décrit par Max Weber comme résultant d'une concordance entre l'éthique protestante et l'esprit du capitalisme, qui confirme la possibilité que la foi religieuse détermine un parcours individuel sur terre.

On ne peut donc pas opposer de façon irréductible, comme peut le laisser croire la lecture de R. Castel, l'individu religieux, qui serait hors du monde, et l'individu moderne, qui serait dans ce monde. Au contraire, il est utile, pour comprendre l'émergence de l'individu moderne, de chercher dans les conceptions religieuses de l'individu des supports d'individualisation autres que la propriété privée.

Un ensemble de parcours intellectuels et sociaux témoigne de la force de ce lien. Chez les chrétiens par exemple, la sécularisation des mouvements messianistes au cours du XVIIIe siècle fonde la préhistoire religieuse aux mouvements sociaux et socialistes. C'est ce que montre Henri Desroche dans sa thèse sur les shakers américains, mouvement millénariste d'inspiration religieuse avec son peuple, sa prêtresse – Ann Lee –, son royaume, qui n'est plus hors du monde, mais sur terre et dans son siècle[1]. Le mouvement socialiste naît de la sécularisation des mouvements millénaristes. L'utopie de la possibilité d'une société alternative, généralement communautaire, hérite de l'utopie messianiste de l'existence d'un royaume hors du monde.

L'histoire de l'assistance aux pauvres témoigne également de l'inspiration chrétienne de ce support de l'individu : « le droit à l'assistance

1. Desroche H., *Les shakers américains. D'un néo-christianisme à un pré-socialisme ?* Minuit, 1955. *Cf.* également Desroche, H., *Signification du marxisme*, Économie et Humanisme, 1949.

est un droit plus ancien et de loin plus important, parce que directement basé sur les principes de justice d'humanité et de devoir chrétien, que les titres de la moitié des propriétés de ce royaume » affirme vers 1840 G.P. Scrope, économiste et député anglais[1]. La charité chrétienne est, avant l'aide mutuelle, la raison de l'assistance sociale. Plus encore, elle est rendue nécessaire par l'injustice que constitue l'inégale distribution des terres. C'est ce que pense par exemple W. Lloyd, titulaire de la chaire d'économie politique d'Oxford entre 1832 et 1837 et défenseur de la conception de la justice distributive dans la tradition médiévale chrétienne. A. Clément montre que « les lois sur les pauvres apparaissaient normales, dans la mesure où la concentration foncière aux mains de quelques-uns avait rendu une majorité de gens dépendants des salaires versés dont la tendance à la baisse était renforcée par un pouvoir quasi monopolistique des nouveaux industriels ». L'auteur considère que « les prémisses de ce qui deviendra ultérieurement l'État providence sont bien présentes » dans l'analyse de Lloyd qui montre la possibilité de concilier efficacité économique et justice sociale.

Cette dimension religieuse est également à l'œuvre dans les textes des principaux inspirateurs des réformateurs sociaux qui ont conçu les communautés et autres phalanstères dans lesquels sont définies les premières formes de propriété sociale. Le premier à mettre en place un système de mutualité généralisé à toute la population associée dans une même entreprise, des enfants aux retraités, Jean-Baptiste André Godin, était déiste et anticlérical et disait offrir au peuple « les équivalents de la richesse »[2] que procurait la propriété collective.

Une autre voie de recherche, parallèle à celle-ci, peut également être ouverte, qui mettrait en relation les formes traditionnelles et les formes modernes de la propriété collective : on sait que la propriété collective est présente dans la grande majorité des sociétés traditionnelles : peut-elle préfigurer certaines de ses formes actuelles ? Les exemples sont nombreux dans l'agriculture (de l'entraide traditionnelle à la Coopérative d'utilisation de matériel en commun), dans l'habitat (de la construction collective aux organisations d'autoconstruction comme le furent « les castors »), comme dans l'épargne de proximité (des tontines traditionnelles aux caisses d'épargne) par exemple. Mais on sait également que les principes de volontariat et d'égalité qui caractérisent

1. Scrope G.P., cité par Clément A., « L'expérience du revenu minimum en Angleterre (fin XVIIIe-milieu XIXe) », *Recma*, n° 279, 2001.

2. Godin J.-B.A., *La Richesse au service du peuple*, Extraits de Solutions Sociales, Bibliothèque démocratique, Paris, 1874.

les organisations d'économie sociale ne correspondent pas aux principes qui fondent les formes traditionnelles de solidarité.

LA GARANTIE MUTUALISTE RELAIS DE LA SOLIDARITÉ RELIGIEUSE

La société assurantielle se caractérise par l'acquisition par tous les membres de la société des avantages sociaux reconnus aux salariés. Le fait que R. Castel retienne le terme de « société assurantielle » montre qu'avant d'être un effet de la redistribution, cet avantage social est le fruit d'une économie des risques maîtrisée non par des entreprises qui font de la gestion des risques un objectif lucratif, mais par des associations de personnes qui ont pour finalité de soutenir ses membres grâce à la mutualisation des risques.

Sur ce point, les travaux de Michel Dreyfus et de Bernard Gibaud[1] viennent à point soutenir la thèse de l'auteur. Il nous semble intéressant de prendre en considération simultanément le mouvement de la société civile et l'adoption des grandes lois sociales, en soulignant que l'aide sociale publique ne peut être comprise que mise en relation avec l'action sociale[2]. Ignorer ce lien risque de consacrer une sous-estimation du rôle de la société civile dans la construction de la solidarité nationale : avant qu'émerge l'État providence, les relais assurés par l'initiative volontaire d'individus solidaires permettent d'éviter le risque d'anomie sociale que met en évidence Durkheim à partir de l'étude de la dissolution des solidarités traditionnelles. Il est intéressant de noter que Marcel Mauss, grand militant et spécialiste du mouvement coopératif et mutualiste, était sur cette question de l'anomie en désaccord avec Durkheim : il affirmait que la société humaine concevait en permanence des réponses face aux risques d'anomie, en particulier des réponses d'économie sociale, rendant impossible l'anomie sociale proprement dite.

Avant la création de la Sécurité sociale, la prise en charge mutuelle des risques a ainsi déjà plus d'un siècle d'histoire, à l'actif bien sûr des mutuelles, mais aussi des coopératives et des associations. Marx avait bien résumé le premier projet des associations ouvrières, même s'il avait ensuite exercé une critique très vive sur leur évolution, lui qui écrivait dans ses *Confessions d'un révolutionnaire* : « Qu'est-ce que la

1. Dreyfus M., Gibaud B., *La mutualité dans le siècle*, Mutualité française-Recma, n° 282, 2002.

2. E. Alfandari, *Aide et action sociale*, Dalloz, 1997.

Révolution de 1848 ? Une assurance générale du travail contre les abus de la propriété ».

Entre le début du XVIIIe siècle et 1945, les cotisations mutualistes dans un premier temps, le financement public dans un second temps, relaient et remplacent les dons privés et l'économie caritative héritée de l'action d'inspiration religieuse.

Les premières mutuelles modernes voient le jour à la fin du XVIIIe et au début du XIXe siècle et reprennent fréquemment les acquis des corporations de l'ancien régime : ainsi la première mutuelle recensée en Indre-et-Loire est créée en 1824 par des ouvriers tanneurs avec l'aide de leur employeur, en vue de se prémunir contre les maladies et blessures, d'assurer la retraite, et même l'entraide au potager du tanneur indisponible[1].

Après le premier projet mutualiste (1848-1870) qui voit se succéder l'espoir – la liberté totale de créer des sociétés de secours mutuels –, puis la répression et la mutualité impériale, les mutuelles connaissent un développement important dans la décennie 1870-1880. Le rétablissement des libertés républicaines entre 1881 et 1884 permet l'organisation des premières fédérations des mutuelles, mais il faut attendre 1898 pour que soit reconnue la possibilité de créer des unions mutualistes, qui permettront d'agir dans les champs de la retraite et de l'assurance-vie et dans la réalisation d'œuvres sanitaires et sociales : la grande loi de 1898 donne les moyens de répondre simultanément au long terme et à l'urgence.

Parallèlement, 1910 marque un tournant dans l'action de l'État : la loi du 5 avril sur les retraites ouvrières et paysannes inaugure la série des lois de protection sociale obligatoire. Immédiatement, les fédérations mutualistes offriront leurs services pour participer à l'application de la loi.

De fait, entre 1898 et 1945, la mutualité devient l'édifice sur lequel peut s'appuyer la puissance publique. Un exemple, parmi d'autres, permet d'en témoigner : à la veille de la guerre de 1914-1918, dans le seul département d'Indre et Loire, deux cent cinquante sociétés assurent 25 856 personnes. Pour une cotisation de 10 francs par an (en moyenne), les sociétés assurent les frais médicaux pendant deux mois, les frais pharmaceutiques toute l'année et une indemnité journalière (un franc vingt-cinq) pendant deux mois. La grande guerre interrompt

1. Les informations relatives à la mutualité en Indre-et-Loire sont reprises de l'ouvrage coordonné par Souchet J.-L., *La Mutualité tourangelle. Creuset de solidarité*, Éd. Mutualité de l'Indre-et-Loire, 2000, entretien et annexes.

tous ces efforts, mais dès février 1919, une maison de la mutualité est aménagée à Tours. Dans les années qui suivent, une caisse primaire d'assurance-maladie, maternité, décès, soins aux invalides ainsi qu'une caisse autonome de retraite est constituée.

Au lendemain de la Seconde Guerre, la Caisse primaire de sécurité sociale de l'Indre-et-Loire est formée par la fusion des cinq caisses primaires d'assurances sociales du département. L'organisation d'ensemble de la Sécurité sociale provoque un réexamen de la mission de la mutualité : de nouveaux champs d'action sont définis, et bien entendu celui des retraites complémentaires et de l'invalidité. Cette activité, menée par la Société mutualiste complémentaire, sera également le moyen d'intégration des sociétés qui avaient peu évolué.

Après 1945, les mutuelles et les associations de service social ne sont pas seulement le complément de la Sécurité sociale obtenue en 1945, elles continuent d'avoir un rôle pionnier dans l'éradication des maladies, la tuberculose et la poliomyélite, en matière de prévention – de l'alcoolisme, la drogue, puis le SIDA –, dans l'établissement de services aux personnes âgées ou handicapées.

Le fondateur de la Sécurité sociale, Pierre Laroque, affirme que l'action sociale « a pour but de développer, d'élever, de susciter l'effort propre, de se borner à guider l'effort individuel, d'élever en dignité »[1]. Ce qui n'exclut pas le risque possible d'une banalisation de certaines pratiques des mutuelles en lien avec l'accroissement de la concurrence avec les sociétés d'assurances à but lucratif.

L'action solidaire en matière d'assurance n'est pas réservée à la mutualité. Les coopératives constituent fréquemment une caisse de secours : ainsi les associés de la Société des ouvriers plombiers couvreurs zingueurs de Limoges (SOPCZ) créée en 1875, constituent dès la fondation une caisse de secours à laquelle sont affectés 10 % du résultat[2].

De nombreuses coopératives de production vont plus loin et reversent une partie du bénéfice au parti ou aux syndicats. À Saint-Claude, c'était l'ensemble de la communauté locale qui bénéficiait de la répartition des excédents des coopératives[3], mais c'était également vrai à plus grande échelle en Belgique où l'essentiel du mouvement coopératif se construit sur ce modèle.

1. Cité par Souchet J.-L., *La Mutualité tourangelle. Creuset de solidarité*, Éd. Mutualité de l'Indre-et-Loire, 2000, p. 191.

2. Lasne L., *Une épopée coopérative dans le siècle. Histoire de la Société des ouvriers plombiers couvreurs zingueurs de Limoges*, SCOPEDIT, 1998.

3. *Cf.* La présentation de Dreyfus M., *Recma*, n° 276, 2000.

Parallèlement, l'action sociale menée par des associations de 1901 s'organise à partir des soins et les secours d'urgence des victimes de la guerre de 1914-1918 qui marquent la naissance de grands mouvements de solidarité comme la Croix-Rouge. L'impôt important collecté à cette occasion est maintenu après l'armistice, destiné aux dommages de guerre et aux pensions versées aux anciens combattants. Cette solidarité a également bénéficié du soutien de mouvements philanthropiques, du mouvement coopératif, du mouvement mutualiste et du féminisme catholique.

Après l'essor des solidarités mutualistes, coopératives et associatives dans la première moitié du XXe siècle, on a cru que l'action de l'État providence rendrait ces formes d'assistances mutualistes et associatives inutiles, mais « dans l'attente d'une hypothétique refonte des systèmes de protection sociale, c'est bien le secteur associatif qui semble palier aux insuffisances de l'État providence aux prises avec des contraintes budgétaires de plus en plus lourdes et les conséquences du dysfonctionnement du marché du travail »[1]. Dans ce système, l'État est plus interventionniste que jamais et « les associations jouent le rôle majeur d'intermédiaires entre les donneurs et les receveurs ». En 1997, 830 000 personnes ont bénéficié de l'aide alimentaire, et 97 millions de repas ont été servis par le biais des seules banques alimentaires. Les Restos du cœur ont servi 59 millions de repas à 575 000 bénéficiaires. Comme l'a souligné F. Bloch Lainé, les associations mobilisent au mieux les ressources privées, quelles soient sous la forme du bénévolat ou de ressources financières, et les ressources publiques ; elles les valorisent de façon spécifique, en créant des relations sociales entre les membres de l'association (souvent bénévoles) et les bénéficiaires de l'aide[2].

À partir de 1981, lorsque l'État décide de mettre en place une nouvelle politique sociale en faveur des personnes en difficultés d'insertion professionnelle et sociale, il s'appuie très largement sur le mouvement associatif, en particulier celui qui œuvre dans l'éducation populaire. Il demande à de nombreuses associations de créer en leur sein des permanences d'accueil d'information et d'orientation (PAIO) et va même jusqu'à susciter auprès des collectivités locales la création d'associations gestionnaires de sa politique, comme les missions locales.

Cet essor de la solidarité associative soutenue ou provoquée par l'État ne doit pas faire oublier l'action actuelle souvent moins connue

1. Clément A., « État et associations dans l'histoire du secours alimentaire », *Recma*, n° 279, 2001.
2. Bloch-Lainé F., « Identifier les associations de service social », *Recma*, n° 251, 1994.

des mutuelles dans le domaine de la santé. Les mutuelles participent largement à de nombreux réseaux de santé en partenariat avec les hôpitaux, les collectivités locales, des médecins, des associations[1]. Elles interviennent aussi de façon décisive auprès des personnels du secteur. Ainsi, la Mutualité nationale hospitalière (MNH) regroupe 650 000 adhérents et 1 220 000 bénéficiaires, personnels de santé et du social. Elle joue un rôle social important au sein des établissements en accordant des aides aux personnes les plus défavorisées, des allocations en cas d'arrêt de travail, ou encore par l'intermédiaire d'un service handicap. De nombreuses actions de prévention sont également menées dans les hôpitaux notamment contre le tabagisme ou le risque des maladies professionnelles.

L'économie sociale – essentiellement mutualiste, mais aussi coopérative et associative – développe en lieu et place de la charité publique – les hospices – ou privée – la philanthropie –, de multiples organisations vite fédérées et reconnues par l'État. Ces organisations fonctionnent sur le principe de la citoyenneté sociale en subordonnant l'économie – le travail et les échanges – à une finalité sociale et solidaire. Robert Castel souligne l'importance de la pensée d'Émile Durkheim et de celle de Léon Bourgeois dans la compréhension de la construction de la propriété sociale. À côté du sociologue et du politique, il faut ajouter l'économiste Charles Gide, comme théoricien de l'économie sociale et comme inspirateur de l'action associative et coopérative[2].

Loin d'agir en concurrence de la régulation de l'État, cette économie sociale anticipe l'action possible de l'État et agit comme un aiguillon en attirant son attention sur des problèmes d'intérêt général ; elle constitue aussi fréquemment un relais pour les pouvoirs publics. L'économie sociale, à travers ses différentes formes, a souvent donné et donne aujourd'hui encore, à la fois l'inspiration politique et les moyens techniques d'une prise en considération de l'intérêt général : lorsque la guerre ou la crise menaçait des populations spécifiques, elle a montré la voie pour intervenir en leur faveur. Son intérêt n'en est pas moins distinct de celui de l'État : lorsque celui-ci a restreint la liberté civile comme en 1851, les coopératives et mutuelles ont disparu ou survécu dans la clandestinité. L'économie sociale ne défend pas nécessairement l'intérêt général et

1. Reverdy, P., Les réseaux de santé, Mémoire De formation à la stratégie et gestion mutualiste, CNAM, 2003.

2. L'essentiel de l'œuvre de C. Gide fait aujourd'hui l'objet d'une réédition par le Comité pour l'édition des œuvres de Charles Gide aux éditions L'Harmattan dans une collection dirigée par Marc Pénin ; voir en particulier Pénin M., *Charles Gide 1847-1932. L'esprit critique* ; et Devillers P., *Charles Gide, Coopération et économie sociale 1886-1904*.

n'est pas apte à le définir : mais, émanant d'individus unis pour se donner des moyens dont ils ne disposent pas individuellement, elle leur permet d'accéder à l'exercice de la citoyenneté en définissant la propriété sociale comme support d'accès à l'individualité.

L'impact de l'individualisme sur l'action collective

R. Castel note la faiblesse actuelle des actions collectives et la mise en cause systématique des collectifs par le libéralisme. Or, l'action collective apparaît comme un support privilégié des individus « par défaut » pour accéder à la propriété de soi. Cette remarque est donc centrale dans l'analyse de R. Castel. Mais est-ce que toute action collective est menacée, ou est-ce un certain type d'action collective ? La compréhension de la dynamique actuelle de l'action collective peut-elle s'appuyer sur une opposition entre individualisme et action collective, comme semble le suggérer Castel ?

Ne devons-nous pas plutôt ré-interpréter les liens entre le collectif et l'individu ? On propose d'explorer l'hypothèse selon laquelle les actions collectives concernées par l'offensive libérale sont celles dont l'essentiel du pouvoir échappe aux membres.

Cette hypothèse est, semble-t-il, validée dans le champ de l'économie sociale où l'on observe des risques de banalisation dès lors que les membres ne sont plus mobilisables et mobilisés, lorsqu'une superstructure généralement dirigée par une équipe salariée – mais pas toujours : elle peut également être administrée par des élus « non participatifs » et inamovibles – tient les rênes non seulement de l'entreprise, mais également de l'association des membres, usagers, sociétaires, adhérents, qui, théoriquement, devraient disposer du pouvoir politique.

Ce fait est également validé par certains fonctionnements syndicaux, lorsque les membres utilisent le syndicat exclusivement de façon instrumentale, sans questionner la finalité collective ni participer à la nomination et au contrôle des dirigeants.

C'est encore vrai de nombreux fonctionnements de services publics – comme l'école ou la santé – où se pose le problème du contrôle du fonctionnement par les usagers ou bénéficiaires – enfants, parents, patients –, même représentés par leurs élus.

Bien entendu, le pouvoir des membres sur le collectif ne traduit pas le même fait social selon les types d'organisations, parce que les finalités de celles-ci et le mode de représentation des membres sont différents.

Sous cet angle, deux types de collectifs peuvent être distingués : ceux qui se fondent sur la représentation économique et financière et ceux qui se fondent sur la représentation démocratique. On voit bien que la représentation qui s'opère sur la base de la propriété privée et particulièrement sur la propriété financière jouit de moyens qui n'ont pas d'équivalent : les marchés des actions et les institutions qui les organisent, par leur concentration, leur vitesse de réaction quasi instantanée, par les conséquences qu'ils entraînent, donnent à leurs membres les plus influents un pouvoir énorme. Sur ce point, la propriété privée reste bien comme le dit Castel le support central de l'individu moderne, mais réservé à une minorité d'individus.

Il existe cependant de grandes organisations dont la représentation s'appuie sur la démocratie, comme les associations internationales par exemple, les mutuelles, les fédérations associatives ou les banques coopératives. L'analyse de la démutualisation de grandes coopératives montre que pour qu'une coopérative ou une mutuelle disparaisse, il suffit que la majorité des membres récupèrent leur part de capital. Généralement, il existe de bonnes raisons pour que les sociétaires aient l'idée de récupérer le capital et les réserves et de les placer ensuite en bourse. L'une de ces raisons est nécessaire : il faut que leur rapport à l'entreprise se fonde sur une relation marchande plutôt que sur une relation sociétaire.

S'il suffit que les membres considèrent que cette entreprise est en premier lieu une association de capitaux pour qu'ils s'invitent à la vendre, il a suffi, à l'inverse, à la *Cooperative Wholesale Society* par exemple, que les membres se mobilisent pour qu'ils gardent leur coopérative[1]. Si des coopérateurs acceptent la démutualisation, c'est sans doute parce que leur coopérative ne fonctionnait déjà plus comme une coopérative, et que finalement, la démutualisation vient en quelque sorte mettre en cohérence les règles de contrôle (liées au statut) avec les règles autonomes (liées aux pratiques)[2].

Tout se passe comme si le processus d'individualisation touchait le collectif non pas en tant que principe d'action, mais dès lors qu'il constitue une limite au pouvoir des individus. Si tous les membres d'une association, d'une mutuelle, d'une coopérative se considèrent comme bénéficiaires ou comme clients et seulement comme tels et s'ils ont la

1. Melmoth G., « Les stratégies de CWS face à la tentative de rachat des coopératives de consommateurs », *Recma*, n° 271, 1999.

2. Reynaud J.-D., « Régulation de contrôle et régulation autonome dans les organisations », *Revue Française de Sociologie* janv.-mars 1988, XXIX-1.

même attitude que celle qu'ils adopteraient vis-à-vis d'une entreprise classique, alors l'association, la mutuelle ou la coopérative risque fort de voir des règles de contrôle de nature capitaliste peser comme une contrainte sur ses règles coopératives autonomes. Les pratiques coopératives se disjoignent dès lors du statut d'économie sociale, ce qui peut aboutir à l'occasion d'une nouvelle tension sociale ou d'un accroissement de la pression économique ou encore d'une réforme juridique, à la remise en question du statut. Dès lors qu'un hiatus apparaît entre le statut et les pratiques, le mouvement le plus fréquent qui permet la résolution de ce hiatus est celle d'un changement de statut plutôt que de ré-émergence de pratiques coopératives[1]. Ce processus n'est cependant pas inéluctable et la ré-émergence de pratiques coopératives est rendue possible par l'expression de processus d'innovations relatives à la participation et à la vie collective, dont on vérifie actuellement le renouveau.

Si cette interprétation était valide, on devrait vérifier que lorsqu'elle renforce le pouvoir des individus, l'action collective est non seulement possible, mais également en essor. C'est effectivement ce qu'on observe à travers les statistiques de création associative, le nombre d'associations créées chaque année en France passant de moins de 20 000 à la fin des années soixante-dix à plus de 60 000 dans les années quatre-vingt-dix. La multiplication des actions locales, ne prenant pas nécessairement une forme juridique spécifique, portées par un nombre réduit d'acteurs très mobilisés, confirmerait notre hypothèse.

Les collectifs se trouveraient ainsi face à la nécessité de réinventer et de redéfinir les règles de la représentation démocratique – non pas seulement en principe, mais dans les actes –, sous peine de voir s'étendre le pouvoir d'individus sur la seule base de la propriété privée, et particulièrement de la propriété financière.

Ceci permet sans doute de comprendre pourquoi le mouvement associatif – et peut-être aussi une frange de l'économie sociale et solidaire – rencontre aujourd'hui une nouvelle faveur : elle constitue l'une des formes d'actions collectives qui s'appuient sur la participation effective de ses membres et définit pour ceux-ci le support de leur existence individuelle. Cette hypothèse explique aussi pourquoi toute l'économie sociale ne peut rencontrer cette même faveur. Elle indique enfin que l'entreprise d'économie sociale n'a d'autre choix que celui de renforcer le pouvoir de ses sociétaires ou de se tourner vers d'autres prescripteurs... qui seront inévitablement ses actionnaires.

1. Chomel A., Vienney C., « Déclaration de l'ACI : la continuité au risque de l'irréalité ? », *Recma*, n° 260, 1996.

Chapitre 7

Les associations et l'État : du dos à dos au coude à coude ?

LES ASSOCIATIONS DE PERSONNES[1] sont par excellence le lieu d'expression des libertés. Leur vie est de ce fait indissolublement liée à la conception de la liberté des États. Il existe une multitude de rapports de pouvoir entre les associations et l'État qui éclairent autant la dynamique associative que la nature de l'État. En France, les relations furent d'abord marquées par le conflit, par un « dos à dos » entre l'État et les associations ; cette période s'étend entre 1791 et la IIIe République. L'état reconnaît ensuite la place des associations ; c'est la période de la reconnaissance et du « face-à-face » qui marque l'ensemble du XXe siècle. Enfin, s'ouvre progressivement depuis 1980, une relation partenariale ; c'est, semble-t-il, l'émergence d'une période de « coude à coude » entre les associations et l'État, période cependant paradoxale puisque l'État se désengage des missions d'intérêt général. Il s'agit donc d'un coude à coude partenarial et également conflictuel.

1. Une première version de ce chapitre a été publiée dans Dugué E., Rist B. et Rouard F., *Défaillances et inventions de l'action sociale*, L'Harmattan, 2006.

LE XIXE SIÈCLE : LE DOS À DOS

Selon Édith Archambault, l'histoire du tiers secteur français, et particulièrement celle des associations est marquée par une spécificité : la tradition jacobine. Cette tradition se caractérise par un double trait, étatisme et centralisation. Ce centralisme étatique déborde bien entendu l'histoire associative, mais concernant cette histoire, il s'exprime à travers des entraves systématiques au développement de l'économie sociale entre 1791 et 1870.

La révolution française provoque une importante récession des groupements de personnes, essentiellement par l'adoption du décret d'Allarde en mars 1791, qui supprime les corporations, et de la loi Le Chapelier qui interdit toute association volontaire (et coalition) (juin 1791). En réalité ces mesures ont un double effet : elles créent le marché moderne et elles anéantissent les solidarités traditionnelles, ancêtres des associations et des mutuelles, solidarités dont certaines étaient déjà en crise sous l'ancien régime.

Le XIXe siècle est marqué par ce conflit permanent entre l'État et la société civile qui reconstitue en permanence des réseaux associatifs divers en dépit des interdictions qui le frappent. Ces réseaux sont fréquemment inspirés par des penseurs visionnaires (H. de Saint-Simon, C. Fourier, E. Cabet, R. Owen) et sont diversement organisés.

Les idées associationnistes pénètrent la société en profondeur et dans la décennie 1840, la quasi-totalité des organisations de métiers instituent des solidarités entre ses membres au moyen de l'association : celle-ci est le prolongement de la corporation, qui réunit patrons et ouvriers d'un même métier.

Le modèle associationniste a cependant suffisamment vécu pour connaître une postérité en France, mais aussi à l'étranger. Le principe franchit la Manche grâce à Lechevalier qui s'exile en 1849 et rencontre les socialistes chrétiens anglais. Avec eux, il crée une « Société pour l'extension des associations ouvrières », qui signe la naissance de la coopération de production en Angleterre.

En 1866, les relations entre l'État et les associations commencent à se normaliser : Napoléon III met fin à la répression des associations ouvrières (par le décret supprimant « le délit de coalition ») et favorise la création de la Caisse d'escompte des associations ouvrières. On assiste alors à une nouvelle vague de création d'associations, dont certaines vont remplir la fonction de parti politique ou de syndicat, qui ne seront autorisés qu'en 1884 par la IIIe République. La tolérance de l'Empire s'applique uniquement aux associations économiques que sont les coopératives de production et aux associations solidaires que sont les sociétés de secours mutuels. Un début de vie démocratique est accordé à la société civile à l'extérieur de l'action politique. L'État français n'a pu institutionnaliser la démocratie de la société civile qu'à partir du moment où lui-même accédait à la démocratie politique, c'est-à-dire entre 1870 et 1880 lors de la fondation de la démocratie représentative qu'est la IIIe République.

Accéder à la démocratie politique, c'était en fait définir la démocratie représentative, c'est-à-dire réduire la contradiction entre la démocratie et la représentation. En effet, en 1789, la démocratie directe de Rousseau et la représentation sont pensées comme une contradiction. Employé dès 1788 par Condorcet, le terme de démocratie représentative s'impose dans la discussion institutionnelle en 1793, et signe l'émergence de la conception de la démocratie complexe. Les thermidoriens restent cependant prisonniers de la contradiction initiale, qu'ils transposent dans la modernité politique. Entre 1793 et 1875, la France va connaître quatre tentatives radicales de gouvernement au nom de la démocratie, que P. Rosanvallon nomme le libéralisme doctrinaire (Guizot), *la culture politique de l'insurrection* (Blanqui), l'*absolutisation et la généralisation de la procédure électorale* avec la « démocratie pure » (T. Dezamy), la « démocratie compacte » (E. Cabet) ou de « gouvernement direct du peuple » (V. Considérant) et enfin *le césarisme* qui affirme « une démocratie illibérale », mettant en scène le peuple et son chef, Napoléon III, qui le représente et l'incarne[1].

LE XXE SIÈCLE : LE FACE-À-FACE

Ces quatre projets échouent là où la république représentative réussit, parce que celle-ci se pense d'abord comme une *République absolue* : elle légitime une aristocratie élective en y voyant l'aboutissement de la démocratie élective. Selon le mot célèbre de J. Ferry, « mettre la République au-dessus du suffrage universel » semble la seule façon d'ériger un régime stable, qui conjure les spectres de l'insurrection et du césarisme. Le temps des institutions est venu, qui va « faire rentrer la Révolution au port »[2]. Autrement dit, la société reconnaît aux institutions de la République le rôle de tiers, qui fixe les règles du jeu social entre des acteurs sociaux aux intérêts divergents.

1. Rosanvallon P., *La démocratie inachevée*, 2000.
2. Furet F., cité par Rosanvallon P., *La démocratie inachevée*, 2000, p. 228.

Ces règles concernent en premier lieu l'État lui-même : son rôle de responsable de la définition de l'intérêt général s'appuie sur une doctrine, le solidarisme, qui fonde la politique de redistribution de même qu'elle réhabilite les groupes intermédiaires. Mais cette reconnaissance s'effectue dans le cadre d'un anticléricalisme qui va marquer l'adoption de la loi de 1901.

Trois conflits opposent alors l'État républicain et l'Église catholique. Un conflit idéologique entre les républicains, souvent francs-maçons, et l'Église restée fidèle à la monarchie ; l'Affaire Dreyfus, avec en gros des anti-dreyfusards qui se recrutent dans l'armée et les milieux catholiques et des dreyfusards républicains et protestants ; enfin la guerre scolaire, Jules Ferry mettant en place l'école publique, laïque et obligatoire, qui réduit l'influence éducative de l'Église. Dans ce contexte, la loi de 1901 est aussi une loi contre les congrégations : celles-ci sont exclues de la loi, alors que la loi concerne directement les autres statuts particuliers : syndicats, clubs politiques, clubs, mutuelles, associations étrangères... Avant cette loi de 1901, une autorisation administrative doit être obtenue pour fonder une association de plus de 20 personnes. Mais le problème principal n'est plus tout à fait celui-ci car de nombreuses tolérances existent ; par contre l'obtention de la personnalité juridique, qui passe par la reconnaissance d'utilité publique, est difficile à obtenir : comme on sait, la loi de 1901 permet l'obtention de la personnalité juridique par simple déclaration à la préfecture. (La reconnaissance d'utilité publique attribuée par le Conseil d'État, restant difficile à obtenir). La loi de 1901 exclut les congrégations car elle s'appuie sur un principe fondamental : la liberté d'entrer et de sortir ou le principe du volontariat ; la congrégation demande l'expression de vœux perpétuels, qui aux yeux du gouvernement sont une aliénation de la liberté individuelle. Sous cet angle, on observe donc que la loi de 1901 constitue une poursuite de l'application du principe de la liberté individuelle déjà à l'œuvre sous la Révolution : les solidarités traditionnelles « engainaient » leurs membres dans des groupements (congrégations, corporation, confréries) limitant leur liberté à tout jamais, alors que dans la société moderne, les individus développent des liens de solidarité de façon volontaire et pour un temps limité à travers l'association. Complémentairement, l'une des grandes forces de la loi de 1901 est de ne pas délimiter le champ des activités possibles : là encore c'est le principe de la liberté qui prévaut.

De fait, au cours du XXe siècle, le mouvement associatif s'étend dans toutes les directions :

- associations d'immigrés dès après-guerre : le déficit de main-d'œuvre consécutif à l'hécatombe de 1914-1918 provoque un flux migratoire

très important en provenance d'Italie, d'Espagne, de Belgique ou de Pologne : plus d'un million de migrants qui vont donner naissance à des associations étrangères dont l'objet sera de conserver la culture d'origine[1] ;
- associations charitables particulièrement nombreuses suite à la crise des années trente ;
- associations de loisirs qui suivent le front populaire, c'est-à-dire les premières vacances pour la classe ouvrière : c'est la naissance des villages de vacances, des camps, des auberges de jeunesses, des colonies de vacances...

Parmi ces multiples développements, deux grands mouvements associatifs méritent une attention particulière du point de vue qui nous intéresse, ce sont les associations d'action sanitaire et sociale et les associations d'éducation populaire.

L'action sanitaire s'enracine dans l'expérience mutualiste : ainsi qu'en témoigne, exemple parmi d'autres, l'action mutualiste en Indre et Loire. En 1910, la mutualité tourangelle offre ses services pour participer à l'application de la loi du 5 avril 1910 sur les retraites ouvrières et paysannes qui inaugure la série des lois de protection sociale obligatoire : le 1er septembre 1911 la Caisse de retraites ouvrières et paysannes est en place ainsi que le service de recouvrement. Deux années plus tard, deux cent cinquante sociétés assurent 25 856 personnes. Pour une cotisation de 10 francs par an, les sociétés assurent les frais médicaux pendant deux mois, les frais pharmaceutiques toute l'année et une indemnité journalière pendant deux mois. La grande guerre interrompt tous ces efforts, mais dès février 1919, une maison de la mutualité est aménagée à Tours alors qu'une pharmacie mutualiste voit le jour le 1er décembre 1925. Une caisse primaire d'assurance-maladie, maternité, décès, soins aux invalides ainsi qu'une caisse autonome de retraite sont ensuite créées. Au lendemain de la Seconde Guerre, la Caisse primaire de sécurité sociale de l'Indre-et-Loire est formée par la fusion des cinq caisses primaires d'assurances sociales du département.

L'action sociale s'organise à partir des soins et les secours d'urgence des victimes de la guerre qui marque la naissance de grands mouvements de solidarité comme la Croix-Rouge. L'impôt important collecté à cette occasion est maintenu après l'armistice, destiné aux dommages de guerre et aux pensions versées aux anciens combattants. Cette solidarité a

1. Archambault E., *Le secteur sans but lucratif. Associations et Fondations en France*, Paris, Economica, 1996, p. 35.

également bénéficié du soutien de mouvements philanthropiques, du mouvement coopératif, du mouvement mutualiste et du féminisme catholique : au début du XXe siècle des femmes issues de la bourgeoisie offrent un secours juridique et social à la population ouvrière, et constituent ainsi l'origine du travail social. Beaucoup d'entre elles s'enrôlent comme infirmières au cours de la grande guerre et créent des écoles d'infirmières ou d'assistantes sociales[1].

Progressivement, le financement public d'une part, les cotisations mutualistes d'autre part, ont relayé et remplacé les dons privés jusqu'à la création de la Sécurité sociale en 1945 et la création de l'Union nationale interfédérale des œuvres privées sanitaires et sociales (UNIOPSS) qui regroupe dès sa création en 1947, 7 000 associations employant 300 000 personnes.

Les associations d'action sanitaire et sociale représentent aujourd'hui la moitié des emplois associatifs et près de la moitié du budget de l'ensemble du mouvement associatif, en raison, bien entendu, de la qualité de prestation de service qu'elles représentent pour l'État. En observant même ce secteur de l'activité associative, on note combien est historiquement fondée l'idée développée par François Bloch Lainé selon laquelle l'État ne doit pas être le seul garant de l'intérêt public, mais également les associations, en vertu de ce que Bloch Lainé nomme leurs spécificités méritoires[2].

L'essor de l'éducation populaire est plus récent, son fort développement se situe dans les années soixante. Mais elle connaît deux formes plus anciennes. À la fin du XIXe siècle, plusieurs mouvements s'inscrivent dans cette perspective : les universités populaires bien entendu mais aussi le tourisme social (les premières colonies de vacances datent de 1875) et le sport (le Comité national olympique et sportif est fondé en 1908). Le second grand moment c'est évidemment 1936, avec les congés payés et l'action de Léo Lagrange, sous-secrétaire d'État aux sports et aux loisirs, qui organise l'installation de colonies de vacances, d'auberges de jeunesse, d'équipements sportifs associatifs.

La Seconde Guerre marque l'entrée dans le monde de la modernité : la croissance économique, l'augmentation du temps libre, la politique culturelle de l'État incitent à de nouveaux modes de vie, suscitent de nouveaux besoins sociaux qui font croître les dépenses de loisirs et de culture. Les associations sportives, culturelles et de loisirs représentent

1. *Cf.* sur cette question les travaux de Guerrand et Rupp, cités par Archambault E., *Le secteur sans but lucratif. Associations et Fondations en France*, Paris, Economica, 1996,
2. Bloch-Lainé F., « Identifier les associations de services social », *Recma*, n° 251, 1994.

45 % des créations d'associations entre 1975 et 1984, et aujourd'hui cet ensemble constitue numériquement la composante la plus importante du mouvement associatif. En son sein, la seule Union nationale des associations de tourisme et de plein air (UNAT), fondée en 1920, compte plus de 8 millions d'adhérents.

Dans ce domaine où le bénévolat et l'autofinancement sont très élevés – c'est l'une des activités associatives où ils sont l'un et l'autre les plus élevés –, le rôle de l'État n'en est pas moins essentiel : il a structuré le secteur, défini les règles essentielles, soutenu l'investissement, subventionné, délégué. Aujourd'hui, il favorise la professionnalisation du secteur par l'établissement de conventions et de contrats pluriannuels.

Le secteur associatif est l'expression de la société civile

Le secteur associatif se construit au cours du XXe siècle en relation avec l'évolution du rôle des deux principales institutions du pays : l'État et l'Église. Globalement, le rôle du premier a considérablement augmenté alors que celui de la seconde régresse. Très grossièrement, les relations entre les associations et l'État se sont inversées entre le XIXe et le XXe siècles, évoluant d'une relation conflictuelle à un rapport de complémentarité. Quant aux relations entre les associations et l'Église, elles se sont progressivement distendues, passant d'un rapport de gestion directe à une influence morale. On pourrait dire la même chose des relations entre les traditions social-chrétiennes et socialistes d'une part et le mouvement associatif de l'autre, en soulignant cependant l'originalité des liens entre le syndicalisme agricole et l'économie sociale agricole qui sont restés très puissants. Cette autonomisation a été rendue possible par la normalisation des relations entre l'État et l'Église, qui s'amorce en 1905. Tout se passe dès lors comme si le tiers secteur évoluait vers l'adoption d'un statut propre dans la société, à la fois complémentaire à celui de l'État et indépendant des idéologies de changement social, d'inspirations religieuses ou laïques. Dans ce nouveau contexte, comment comprendre la dynamique associative actuelle ?

Aujourd'hui : le coude à coude ?

La période des trente années qui suivent la Seconde Guerre est assurément marquée par la stabilité démographique, économique et politique. Comme nous l'avons noté, l'économie sociale n'a pas été pour rien dans l'évolution rapide de la société française après la Seconde Guerre mondiale. Mais à partir de la fin des années soixante-dix, un fait social nouveau apparaît en France et en Europe avec l'apparition d'un appauvrissement important d'une partie de la population, dans un contexte de croissance. Ce sont des associations – comme le Secours catholique – et non l'État, qui les premières vont tirer la sonnette d'alarme, et en quelques années la lutte contre la pauvreté et l'exclusion va devenir une grande cause nationale. On peut dater de cette période l'émergence d'une nouvelle relation entre les associations et l'État, dans la mesure où l'État reconnaît que, tout en réalisant sa mission propre, le mouvement associatif, réalisait une mission d'intérêt général.

Parallèlement, comme on le sait, le nombre de créations des associations a augmenté très nettement à partir des années soixante-dix[1].

Il existe des explications conjoncturelles à cette évolution. En effet, les pouvoirs publics ont initié des mesures incitatives, nombreuses et fortes, à la création d'associations : par le financement des établissements sanitaires et sociaux conventionnés avec la Sécurité sociale ; par le vote de la loi de 1971 sur la formation continue qui va profiter largement au secteur privé de la formation, à but lucratif ou non ; par l'encouragement du ministère de la Culture à la création des maisons de la culture, des maisons de jeunes ; par l'instauration d'une politique sociale en faveur des personnes en difficultés d'insertion ; par la mise en œuvre d'une politique de la ville.

Au cours des dernières trente années, l'État a largement contribué à susciter l'essor du secteur associatif. Toutefois, il semble que nous vivions une période nouvelle des relations entre l'État et les associations. Traditionnellement, on oppose deux conceptions étatiques de la société civile : la conception qui est dominante dans la droite française s'inspire d'Adam Smith. Elle considère que la société civile doit s'autofinancer parce que la main invisible du marché conduit à l'intérêt général ; de ce point de vue, les associations participent elles aussi au jeu de la concurrence ; la conception dominante à gauche considère que l'État est le responsable du maintien de l'intérêt général, et qu'il doit subventionner les associations qui concourent à la production de services collectifs, les considérant en quelque sorte comme des sous-traitants. La conception libérale et la conception socialiste procèdent l'une et l'autre de faces à faces entre deux mondes, qui ont chacun leurs atouts et leurs limites,

1. Sur l'approche quantitative des associations, *cf.* les travaux de Tchernonog V., publiés dans *Recma*.

mais qui procèdent d'une relation fondamentalement inégalitaire. Dans les deux cas, l'élu politique et le fonctionnaire sont les seuls représentants de l'intérêt général et travaillent ensemble en excluant de leur dialogue des associations, qui représentent à leurs yeux les intérêts privés coalisés. Ils ne se tournent vers les associations que lorsqu'ils considèrent que le service d'intérêt général nécessite leur intervention.

Mais l'essor de nouvelles inégalités et exclusions au cours des trente dernières années, provoquant ce que R. Castel a nommé la désaffiliation, amène à reconsidérer les conceptions du face-à-face. Provoquée par la croissance d'une économie très sélective, dite néo-libérale et complémentairement par la crise de l'État providence, la désaffiliation, relativement peu prise en compte par les syndicats français, a suscité la création de nouvelles associations de revendication, de solidarité, de soutien avec les populations en difficulté d'insertion. La crise de l'État providence a contribué complémentairement à cette créativité par un effet de « vases communicants » renforçant le rôle tenu par l'association dans les services d'intérêt général, liés aux services sociaux, à la culture, à l'éducation, au développement local ou social.

L'action associative ne se résume cependant pas à celle que l'État lui délègue. C'est ce que l'histoire du secours alimentaire met bien en évidence : Destiné aux pauvres, le secours alimentaire est organisé en France par l'Église dès le Haut Moyen Âge. Au XVIIIe siècle, l'assistance aux pauvres est reconnue comme une dette publique et l'aide à domicile est promue en France par la loi de 1791. Comme l'écrit Alain Clément, la Révolution substitue au droit à l'aumône le droit au travail : « La société doit à tous ses membres subsistance ou travail » (comité de mendicité, 1790)[1]. Après l'essor massif de la pauvreté et le désengagement progressif de l'État au début de XIXe siècle, la IIIe République renoue avec l'idée d'une réciprocité entre la collectivité et les citoyens : mutualité, lois sur l'assistance médicale gratuite (1893), assistance aux vieillards (1893) et aux infirmes (1905). Après un nouvel essor des solidarités privées dans la première moitié du XXe siècle, on a cru avec l'action de l'État providence que les formes d'assistances élémentaires comme le secours alimentaire n'aurait plus de raison d'être : mais « dans l'attente d'une hypothétique refonte des systèmes de protection sociale, c'est bien le secteur associatif qui semble palier aux insuffisances de l'État providence aux prises avec des contraintes budgétaires de plus en plus

1. Clément A., « État et associations dans l'histoire du secours alimentaire », *Revue Internationale de l'Économie Sociale*, n° 279, janvier 2001.

lourdes et les conséquences du dysfonctionnement du marché du travail. (...) Le phénomène de paupérisation d'un côté et les excédents agricoles de l'autre sont à l'origine du renouveau du secours alimentaire » (*idem*, p. 38). Dans ce système, l'État est plus interventionniste que jamais et « les associations jouent le rôle majeur d'intermédiaires entre les donneurs et les receveurs ». Mais ce n'est pas que de la soupe et du pain que distribuent ces associations, elles dispensent aussi et parfois surtout « un peu de joie et de chaleur » comme dit la chanson des Restos du cœur. L'aide alimentaire est aussi une lutte contre l'exclusion, que peuvent mener les associations d'une façon différente de l'État. Les associations mobilisent au mieux les ressources privées, quelles soient sous la forme du bénévolat ou de ressources financières, et les ressources publiques, et elles les valorisent de façon spécifique, en créant des relations sociales entre les membres de l'association (souvent bénévoles) et les bénéficiaires de l'aide. Alain Clément, dont nous résumons ici les propos, conclut : « Le recours à l'aide alimentaire, publique ou privée, ne doit pas masquer le fond du problème, à savoir la responsabilité économique, politique et morale d'un État, dans une société d'abondance marquée par une inégale répartition des richesses et du travail » (p. 41).

Mais si l'on considère comme actée la déprise de l'État comme celle du citoyen sur un système économique fondamentalement producteur d'inégalités, on peut alors considérer que c'est en somme l'ensemble de la société qui bénéficie de la prise en charge par les associations de la solidarité : les bénéficiaires, les donateurs privés, y compris les fondations d'entreprises ou les entreprises elles-mêmes, les bénévoles et l'État. Dans l'hypothèse d'une incapacité pour la collectivité et pour le citoyen d'agir sur les causes du problème, cette économie solidaire fondée sur le don et l'association est la réponse la plus efficace que la société trouve pour répondre à des attentes suscitées par une société d'abondance marquée par l'inégalité. Sans doute trouve-t-on dans cette spécificité une différence essentielle entre l'économie solidaire et l'économie sociale, celle-ci ne désespérant pas de répondre au fond du problème par l'instauration d'une économie alternative à l'économie actuelle, une économie qui serait plus autonome et moins productrice d'inégalités.

Si l'on revient à la question de l'origine de l'essor récent des associations, on observe à partir de cet exemple que c'est la capacité de la société civile à répondre aux nouvelles attentes et aux nouveaux besoins sociaux qui constitue le moteur de la créativité associative. L'hypothèse de l'essor associatif comme l'effet de « vases communicants » permet certes de comprendre que la solidarité citoyenne s'exprime dans le secours alimentaire, mais n'explique ni l'origine de la solidarité, ni la forme de son expression : elle aurait pu être plus forte ou plus faible et elle aurait pu comme ce fut le cas en d'autres périodes passer par le mouvement syndical. Ce qui amène à poser la question de la base sociale de ce mouvement.

La principale base sociale du mouvement associatif récent est les classes moyennes : les professions intermédiaires ainsi que les cadres supérieurs sont plus fréquemment membres d'une ou de plusieurs associations que le reste de la population ; on y trouve aussi la plus forte proportion de bénévoles, ainsi que de fondateurs et de membres de conseil d'administration[1]. C'est également cette classe moyenne qui professe le plus des valeurs de solidarité.

En retour, l'essor associatif renforce le rôle des classes moyennes : en effet, les associations, d'une part réalisent une mission de régulation en participant à la formation et l'insertion sociale des populations défavorisées, et d'autre part, réalisent l'intégration culturelle et professionnelle de classes moyennes, qui sont successivement bénéficiaires de la politique de démocratisation culturelle, de l'essor de la formation professionnelle, et des emplois créés dans ce secteur tertiaire relationnel.

Ainsi, le développement associatif récent témoigne dans un premier temps de l'émergence des classes moyennes et dans un second, de leur professionnalisation dans le secteur tertiaire relationnel. Ces classes moyennes sont issues du baby-boom de l'après Seconde Guerre et constituent la première génération à avoir accédé massivement aux études longues (lycée et Université). On a pu montrer que leur militantisme trouvait son origine dans l'écart entre le niveau – relativement élevé – de formation acquis et les perspectives professionnelles offertes, qui généralement ne correspondaient pas à ce niveau d'études. Premiers promoteurs du boum associatif des années soixante-dix, ils bénéficient ensuite de l'intégration professionnelle qu'offre la reconnaissance étatique à partir de 1981, et soutiennent ensuite le développement associatif récent.

Un autre fait majeur, politique cette fois, a modifié la relation entre l'État et les associations, c'est le déplacement du pouvoir de l'État nation vers l'échelon local. Ce fait est double : il s'agit d'une part de l'ensemble du processus de décentralisation qui va accorder aux collectivités territoriales et locales un pouvoir étendu ; il s'agit d'autre

1. Archambault E., *op. cit.*, p. 208-209.

part des mouvements des pays et du développement local, qui vont initier des actions locales tant sur le plan social et culturel qu'économique.

Sur le plan des relations entre l'État et les associations, ce bouleversement modifie complètement les termes de la relation entre l'élu – le député et maire de la grande ville – et le fonctionnaire – directeur de la Direction départementale de l'administration, qui jusque dans les années quatre-vingts définissaient ensemble les grands chantiers à entreprendre et les plans d'aménagement ruraux ou urbains – on commençait par décider (l'établissement d'un contrat de pays par exemple), avant de projeter le plan (le Plan d'aménagement rural par exemple) qui justifiait le contrat. Ce qui fondait cette démarche était la relation de reconnaissance mutuelle qui s'établissait entre l'élu et le fonctionnaire, seuls représentants de l'intérêt général (à l'exclusion des associations).

Le conseil régional, le conseil général, les communautés de communes, les grandes associations, les fédérations associatives, les Comités de bassin d'emploi, voire les missions locales parfois, interfèrent dans cette relation duale et réclament leur place dans le débat démocratique.

Ce processus est toujours en cours et on peut voir à travers le vote de la loi sur les Sociétés coopératives d'intérêt collectif (Scic) en mai 2001, un indicateur de la nouvelle relation qui s'est établie entre l'État, les associations et le marché : en effet, la Scic, doit permettre aux associations réalisant d'une activité économique à côté d'une activité sociale d'accueillir dans son conseil d'administration des représentants de l'État et de bénéficier de fonds publics tout en poursuivant une finalité économique.

Ni concurrentes, ni sous-traitantes de l'État, les associations deviennent des partenaires qui constituent les vecteurs de l'innovation sociale[1]. Elles décèlent les nouveaux besoins sociaux et expérimentent des solutions pour répondre à ces besoins. François Bloch-Lainé a défini sous cet angle quatre principales « spécificités méritoires » des associations : fonction d'avant-garde et d'innovation sociale, capacité à mobiliser des ressources gratuites, accompagnement social et personnalisé des bénéficiaires des interventions et aptitude à renforcer les liens sociaux par l'exercice de la démocratie au quotidien[2]. Par la reconnaissance de ces spécificités, et de quelques autres peut-être, l'État se met en position de « donner et recevoir » vis-à-vis du secteur associatif : face à la démocratie représentative, se dresse la démocratie

1. Parodi M., « La riche nature ou la double ambivalence des associations », *Recma*, n° 260, 1996.

2. Bloch Lainé F., *Recma*, n° 251, 1994 et n° 275-276, 2000.

de la société civile. Plutôt qu'à la domination de l'une sur l'autre, c'est à l'interaction éducative entre les deux modèles démocratiques qu'appartient l'avenir.

VERS UN APPRENTISSAGE RÉCIPROQUE... OU VERS UNE INSERTION CROISSANTE DANS LE MODÈLE TECHNOCRATIQUE ?

Partenaires, l'État et les associations entreraient désormais dans des relations contractuelles. Une phase qui s'était ouverte avec l'avènement de la IIIe République semble ainsi se fermer : après le dos à dos du XIXe siècle, issu de la Révolution de 1789, et le face-à-face du XXe siècle, issu de l'avènement de la République représentative, viendrait le temps du coude à coude : mais ce temps advient au moment où la démocratie représentative devenue le système politique le plus reconnu perd simultanément de sa substance : selon P. Rosanvallon, la chute du communisme dans les années quatre-vingts transforme les termes de l'expérience démocratique, provoque « un mouvement de décompression ». La mondialisation économique conduit de son côté à « un sentiment de déprise croissante des hommes sur la réalité » (p. 389). Face à ces deux processus majeurs, le système qui faisait de la volonté une véritable religion politique se lézarde. Cette rupture a des conséquences lourdes : autant la thèse d'un « coude à coude » pour définir la période actuelle peut être comprise sur le plan conceptuel et juridique, autant elle ne paraît pas corroborée par les orientations de l'État. On constate non seulement un accroissement de l'instrumentalisation des associations par l'État, mais aussi et peut-être surtout une double offensive de celui-ci, inspirée par le libéralisme économique. On observe, d'une part, la réduction continue des soutiens aux associations, et d'autre part, l'imposition de cadres gestionnaires totalement indifférents aux logiques sociales et culturelles qui constituent la finalité associative. La situation est, apparemment au moins, paradoxale : l'État républicain trahirait les valeurs fondatrices de la République au moment où la société civile s'en empare et les revendique.

Il faudrait donc prolonger l'analyse de P. Rosanvallon sur l'État[1] et poser l'hypothèse d'un déplacement des modes d'action démocratiques de la sphère politique vers la sphère sociale, vérifier si la volonté d'agir

1. Rosanvallon P., *La nouvelle question sociale. Repenser l'État providence*, Le Seuil, 1995.

sur la destinée de la société s'était, en partie au moins, déplacée, si les organisations démocratiques de la société civile prennent aujourd'hui le relais d'une démocratie politique mieux reconnue mais affaiblie.

Cette hypothèse en appelle une autre : pour résister aux conséquences de cette « trahison », les associations ne devront-elles pas trouver de nouveaux partenaires qui soient aussi des soutiens économiques, des partenaires produisant une richesse économique et partageant les mêmes valeurs, comme les coopératives et les mutuelles ? Par ailleurs, on ne peut limiter l'analyse des relations entre pouvoir public et associations à l'analyse de l'État : même s'il leur manque aujourd'hui de la force, les collectivités locales comme les instances internationales sont également productrices de normes.

Le survol historique que nous venons de faire incite à se demander si une relecture de l'expérience de la démocratie politique ne serait pas utile à la compréhension de la démocratie associative. En effet, les quatre « bords » de la démocratie qui sont testés au cours du XIXe siècle ne sont pas à situer sur le même plan. Deux d'entre eux mènent à la catastrophe, dans l'instant ou ultérieurement : la politique de l'insurrection de Blanqui et le césarisme de Napoléon III, réinterprétés certes, ont conduit, parce qu'ils s'appuient sur la violence physique ou/et symbolique, à des totalitarismes. Le libéralisme de Guizot conduit à la négation du peuple, à ce qu'il convient d'appeler la technocratie ; reste le gouvernement direct cher à Rousseau et aux utopistes : il a certes mené à l'impasse, mais il n'a conduit ni à une catastrophe, ni à la négation de la démocratie. Rien n'indique que cette voie soit totalement fermée. Pourrait-elle constituer un fondement pour une démocratie rénovée, une démocratie qui renforce l'égalité politique, peut-être plus aux niveaux régionaux et internationaux que nationaux, par l'égalité civique ?

Chapitre 8

Les difficultés d'articulation au politique : l'exemple du socialisme français

DÈS SES ORIGINES, l'économie sociale est portée par une aspiration socialiste : même si le terme de socialisme utopique par lequel Engels désigna les penseurs pré-marxistes dénonçant les mécanismes et les effets du capitalisme doit être révisé, il n'en reste pas moins que la pensée socialiste fut, avec la pensée chrétienne, l'un des axes doctrinaux majeurs de l'économie sociale. Jaurès et Gide furent les deux inspirateurs de l'économie sociale du XXe siècle. Comme le résume Michel Rocard, Charles Gide propose d'organiser le mouvement coopératif et mutualiste « indépendamment de toute référence à l'existence de classes sociales ». Jean Jaurès voit dans « le développement des coopératives un moyen de hâter l'évolution sociale dans le sens de l'abolition du salariat »[1]. Pourquoi cette composante n'a-t-elle pas plus pesé dans le débat politique des socialistes français ?

1. Rocard M., *Préface à H. Desroche Pour un traité d'économie sociale*, CIEM, 1983, p. 10.

Peut-on penser l'actualité d'une économie sociale qui serait au cœur d'un projet politique porté par le mouvement socialiste ? Jacques Moreau ne posait certes pas cette question, mais lorsqu'on tente de saisir l'unité de ses travaux, ceux-ci l'éclairent de façon étonnante.

À LA CROISÉE DU SOCIALISME ET DE L'ÉCONOMIE SOCIALE

Jacques Moreau[1] soutient l'idée de la nécessité pour l'Économie sociale d'avoir une politique et une doctrine. L'identité politique de l'économie sociale consiste à définir des ambitions et à réaliser des projets, permettant de passer « d'un troisième secteur vécu à un troisième secteur voulu ». Complémentairement, la doctrine est nécessaire pour définir des caractères distinctifs et recruter des militants. « Les réflexions qu'on vient de lire me conduisent à revenir sur deux idées, qui me paraissent essentielles : la nécessité pour le troisième secteur de définir clairement sa politique ; la nécessité aussi d'agir sur le terrain pour attirer à lui de "nouveaux entrepreneurs" »[2].

« Un mouvement, affirme-t-il encore, a besoin d'une identité politique et d'une identité militante »[3] affirme-t-il à propos du Parti socialiste. Et il ajoute : « Chacune de ces deux identités (politique et doctrinale) n'est pas nécessairement le reflet exact de l'autre. Il est rare qu'elles coïncident totalement. D'où des discordances, voire des tensions ».

C'est dans l'évolution de cette relation entre l'identité politique et l'identité doctrinale au sein du mouvement socialiste que nous pensons pouvoir comprendre les origines de la pensée en économie sociale de Jacques Moreau.

Jusqu'à très récemment – 1993 exactement explique J. Moreau –, les socialistes français ont eu besoin du mythe révolutionnaire, alors même que le Parti socialiste n'était pas révolutionnaire et alors même que la critique de la Révolution est très ancienne. On trouve en effet la première mise en cause du mythe révolutionnaire dans l'ouvrage d'Edouard Bernstein *Les hypothèses du socialisme*. On sait que cet ouvrage paru en 1899, traduit en français en 1900 par Jean Rivière,

1. Jacques Moreau (1927-2004) fut P.-D.G du Crédit coopératif, président du Groupement national de la coopération (GNC) et président du Comité national de liaison des activités mutualisées, coopératives et associatives (CNLAMCA).

2. Moreau J., *Essai sur une politique de l'économie sociale*, CIEM, 1982, p. 95.

3. Moreau J., *Les socialistes français et le mythe révolutionnaire*, Le seuil, 1998, p. 16.

a marqué une étape dans la réflexion socialiste : il fait l'objet de vives discussions dans tous les congrès – Hanovre en 1899, Lubeck en 1901, Dresde en 1903, et chacun est appelé à prendre position vis-à-vis du « révisionnisme » de Bernstein. Bernstein reconnaît la « coopération comme l'un des éléments du socialisme »[1], et va même jusqu'à définir le socialisme comme « la réalisation du principe coopératif ».

La proposition de Bernstein, explique J. Moreau, est inacceptable pour le mouvement socialiste parce qu'elle déstabilise l'identité révolutionnaire du parti. La politique du parti sera donc réformiste, et la doctrine révolutionnaire. La modernisation progressive du parti fait ensuite avancer la cause réformiste avec Jean Jaurès, Léon Blum, André Philip, Alain Savary, Michel Rocard. Jacques Moreau est de ceux qui pensent avec A. Savary que « la rénovation du parti devait s'étendre à la doctrine »[2]. Selon Jacques Moreau, le mythe révolutionnaire disparaît entre 1986 et 1993, avec la fin du « cycle d'Epinay ». La situation actuelle se spécifie donc au sein de ce mouvement par la disparition du mythe de la Révolution, qui, précise J. Moreau, ne signifie pas la fin de toute idéologie et de tout militantisme. Ajoutons : tant que les socialistes ne pouvaient se détacher du mythe révolutionnaire, ils ne pouvaient donner au mouvement coopératif une place centrale dans la stratégie de prise de pouvoir.

Ainsi, le parti socialiste reconnaîtrait près d'un siècle après la parution de son ouvrage critiquant la définition de la plus-value chez Marx, la pertinence politique de Bersntein, qui pourrait désormais être suivi sans mettre en péril le militantisme. De là viendrait l'attention de Jacques Moreau à l'économie sociale : face au libéralisme, l'économie sociale représente un terrain de lutte politique qui justifie qu'on y milite.

LES SOCIALISTES COOPÉRATEURS : JEAN JAURÈS, MARCEL MAUSS ET ERNEST POISSON

J. Moreau se situerait ainsi dans une convergence entre l'identité militante de Jaurès et l'identité politique héritée de Bernstein. Nous savons en effet que Jean Jaurès s'est rapproché du mouvement coopératif dès lors qu'il a pris ses distances vis-à-vis de Marx. Si Jean Jaurès reste admirateur de l'analyse marxiste, il ne suit Marx ni dans l'option révolutionnaire qu'il préconise, ni dans la prééminence absolue que

1. Gaumont J., *Jaurès coopérateur*, FNCC, 1959, p. 62.
2. Moreau J., *Les socialistes français et le mythe révolutionnaire*, Le seuil, 1998, p. 220.

l'auteur du Capital donne au travail, ni même à l'économie dans les activités humaines. La critique la plus constante de Jaurès à Marx va au « Manifeste communiste », dont il rejette l'hypothèse révolutionnaire qu'il juge « surannée ». Dès l'année de sa lecture de l'ouvrage de Bernstein, Jaurès fait une conférence dans une rencontre présidée par Jean Allemane sur « Bernstein et l'évolution de la méthode socialiste », dans laquelle il suit Bernstein dans son appréciation sur « la valeur révolutionnaire » du syndicat et de la coopération, qui doivent être « coordonnées au mouvement socialiste »[1].

Il faut rappeler que Jean Jaurès avait déjà été sensibilisé à la coopération par sa fréquentation des socialistes belges : il découvre sans doute la coopération belge à travers la lecture d'un article de César de Paepe publié en 1887 dans la *Revue Socialiste* de Benoît Malon, article intitulé « Le Parti ouvrier belge aux dernières élections » où l'auteur déclarait que le Parti ouvrier belge était coopérateur, parce qu'il voyait dans la coopération « une étape vers l'émancipation économique des travailleurs, un acheminement vers le collectivisme »[2].

En 1889, Jaurès entend les discours de plusieurs socialistes belges (De Paepe, Bertrand, Van Beveren, Demblon, Bonvallet) au congrès de Paris de la Bourse coopérative. Mais surtout, il entreprend, avec bien d'autres militants socialistes français, « le voyage en Belgique », en avril 1899, pour l'inauguration de la nouvelle Maison du peuple de Bruxelles[3]. Dans son discours du 12 avril 1899, Jaurès déclare : « Eh bien, nous vous promettons d'aller prêcher votre exemple à nos frères, les initier à l'organisation, à la coopération et de mettre la classe ouvrière en état de gouverner et d'administrer le monde ».

Enfin, J. Jaurès estime que le parti domine trop les autres composantes de l'action socialiste : « Lorsque trois actions sont aussi essentielles que le sont l'action syndicale, l'action coopérative et l'action politique, il est vain de régler entre elles un ordre de cérémonie et il faut les utiliser toutes les trois au maximum » répond-il à Albert Thomas dans la *Revue Socialiste* en janvier 1910[4].

Cette position était partagée par le fondateur de l'anthropologie française, et aussi militant socialiste qu'était Marcel Mauss. Il fut,

1. Jean Jaurès, Conférence du 10 février 1900, Mouvement socialiste, 1er et 15 mars 1900.
2. Cité par Jean Gaumont, *op. cit.*, p. 39.
3. Ourman D., « Les influences du socialisme belge sur le socialisme français : la coopération (1885-1914) », Recma, n° 280, p. 86.
4. Gaumont J., *L'histoire de la coopération française*, vol. 2, Paris, FNCC, 1925, p. 87.

comme nous le dit H. Desroche, l'un des artisans du rapprochement entre Gide et Jaurès. Au tournant du siècle, M. Mauss avait déjà critiqué le peu d'importance que le mouvement socialiste français accordait aux organisations économiques ouvrières. Il fut également un grand observateur de la situation des coopératives dans le monde. À cet égard, son appréciation du bolchevisme est particulièrement intéressante. La critique est sans appel : la violence est ce que M. Mauss appelle la « stupidité essentielle du bolchevisme »[1]. Marcel Mauss voit dans cette violence la cause principale de l'échec du bolchevisme. Celui-ci se met, dit-il, « non seulement hors de la loi morale, mais surtout hors des règles les plus élémentaires de la sagesse politique ». Venant d'un militant socialiste engagé, militant coopératif et savant, ce commentaire peut paraître sévère. Il témoigne à la fois de l'attachement à la démarche non-violente revendiqué par la totalité des acteurs de l'économie sociale, et de la distance qui sépare le socialisme coopératif du socialisme révolutionnaire. Ce qui finit de convaincre M. Mauss de l'ineptie de la violence bolchevique est qu'elle concerne le peuple et les intellectuels, mais non pas les entreprises capitalistes anglo-américaines : « Il y aurait tout un dossier à constituer sur la façon dont les communistes vendent la Russie au détail, après l'avoir socialisée en gros »[2]. L'observateur attentif qu'il était montre que cette politique favorable aux grandes entreprises capitalistes anglo-saxonnes remonte aux années 1917-1918, soit dès l'accession des bolcheviques au pouvoir. Elle s'accentue bien entendu avec l'adoption de la Nouvelle économie politique (NEP).

Cette analyse confirme celle de F. Tönnies : « Les chances de tuer définitivement ce capitalisme par décret, et de l'entourer dans une fosse bolchevik, sont encore bien moindres. (...) En face du capitalisme géant, comme nous ne le connaissons que trop bien dans ces pays, il faudra se contenter – si l'on a le droit d'espérer – de le décomposer et de le remplacer peu à peu par le principe coopératif »[3].

Sous les plumes de Mauss et de Tönnies, la voie coopérative n'apparaît ainsi pas moins radicale que la voie révolutionnaire, mais elle semble plus rationnelle.

En tant que leader coopératif, J. Moreau poursuit également la perspective ouverte par Ernest Poisson (1882-1942), même si Poisson s'inscrit

1. Mauss M., « Appréciation sociologique du bolchevisme », in Mauss M., *Écrits politiques*, textes réunis et présentés par Marcel Fournier, Fayard, 1997.
2. Mauss M., « La vente de la Russie, La vie socialiste », in M. Mauss, *Écrits politiques*, textes réunis et présentés par Marcel Fournier, Fayard, 1997.
3. Tönnies F., cité par Mauss M., *ibidem*, p. 310.

dans le cadre de la république coopérative de Gide. Secrétaire général de la nouvelle fédération des coopératives en 1912, Poisson fonde un groupe socialiste affilié au Parti socialiste français. Il devient propagandiste à *L'Humanité* et parcourt la France durant trois années au cours desquelles il fait la connaissance de deux grands socialistes qui deviendront ses maîtres : Jean Jaurès et Albert Thomas, dont il est l'assistant au congrès de la Confédération des coopératives ouvrières et socialistes de Calais. Après sa nomination comme président à la nouvelle Fédération, il se situe en permanence au confluent de la pensée d'Albert Thomas et de celle de C. Gide. Son œuvre est avant tout celle d'un acteur majeur de la coopération, qui va constamment chercher à moderniser les coopératives dans le but de construire la République coopérative prophétisée par Gide. Il publie en 1920, un ouvrage dont le titre *La République coopérative*[1] reprend l'idée gidienne d'un développement massif de la coopération de consommation. Cet ouvrage aborde la république coopérative non de façon prophétique comme l'avait fait Gide, mais de façon concrète ; d'autre part, sa démarche poursuit l'œuvre engagée par Jean Jaurès et Albert Thomas au sein du mouvement socialiste. Comme Jaurès, il réfute le caractère naturel de la suprématie du déterministe économique définie par le matérialisme historique. « Si les conditions économiques ont commandé la vie des hommes et même influé sur la part spirituelle de cette vie, c'est en réalité en raison de l'insuffisance des moyens de consommation, et par là même de production qui étaient à la disposition de l'humanité » (p. 8). Le progrès la libère peu à peu « des travaux forcés qu'elle est obligée d'accomplir pour satisfaire à ses conditions de vie ».

Il existe ainsi une certaine proximité entre Jaurès, Mauss et Poisson autour de la critique de la Révolution, critique qu'ils formulent en premier lieu à travers l'action coopérative. Un bon demi-siècle plus tard, Jacques Moreau poursuit cette critique ; il fut à la fois un grand leader coopératif et l'un des socialistes qui s'attachèrent à tenter de mettre fin à ce mythe au sein du Parti socialiste français. Parce qu'elle intervient dans la dernière phase de réduction du mythe, cette posture préfigure-t-elle une nouvelle articulation entre mouvement socialiste et mouvement d'économie sociale, dont Michel Rocard serait le préfigurateur ?

Le courant de Michel Rocard n'est cependant pas repéré comme courant d'économie sociale, sans doute parce qu'il ne s'identifie pas seulement à celle-ci. M. Rocard précise cependant : « Je me suis battu pendant deux années (1976-1977) pour conduire le Parti socialiste français au constat suivant. Les coopératives, les mutuelles et certaines associations,

1. Poisson E., *La République coopérative*, PUF, 1920.

dont l'activité n'est pas limitée au service de leurs membres, ont en commun quelque chose d'essentiel, à savoir le fait d'offrir des biens ou des services sur le marché sans y être conduites par la recherche du profit personnel de leurs dirigeants »[1]. À l'origine du Conseil supérieur de l'économie sociale, de la Délégation interministérielle à l'économie sociale, de l'Institut de développement de l'économie sociale, M. Rocard fut celui qui permit à l'économie sociale de bénéficier d'un début de reconnaissance de la part de l'État. Mais l'essai ne fut pas transformé. En dépit de l'engagement important de nombreux socialistes dans les entreprises de l'économie sociale, il n'existe pas, vingt ans après les initiatives de M. Rocard, une véritable politique d'économie sociale chez les socialistes français, que ce soi au sein du Parti socialiste ou dans d'autres partis ou mouvements inspirés par une pensée socialiste.

Militant socialiste à l'image de Marcel Mauss, penseur inspiré par Jean Jaurès, leader coopératif héritier d'Ernest Poisson, Jacques Moreau suivait à sa façon un double parcours d'acteur politique et de leader de l'économie sociale. Mais ses pratiques d'économie sociale, qui ne pouvaient pourtant guère ne pas paraître – P.-D.G. du Crédit Coopératif, président du Groupement national de la coopération, président du CNLAMCA (aujourd'hui CEGES) n'ont pas marqué le mouvement socialiste français. La raison en est peut-être que les socialistes français engagés dans l'économie sociale n'ont jamais considéré sa légitimité comme acquise, à la différence des socialistes anglais, dont la doctrine fondatrice, le fabianisme, peut épouser la thèse de l'économie sociale (ses théoriciens étaient d'ailleurs à la fois socialistes, coopérateurs et syndicalistes à l'image de Béatrice Potter et Sydney Webb). Dans le cadre du socialisme français dominé par l'image de l'idéal révolutionnaire et non du pragmatisme économique, l'économie sociale doit gagner des membres à sa cause, et elle ne peut le faire en se limitant à affirmer ses valeurs et ses principes, fussent-ils excellents. Il lui faut avant tout considérer les problèmes de la société indépendamment de sa propre identité et définir une doctrine à partir de la sensibilité des militants, des sociétaires. C'est toute la force et la faiblesse d'une pensée qui considère que l'économie sociale est « sans rivage »[2].

1. Rocard M., « L'économie sociale et solidaire : une perspective Nord-Sud », *Recma*, n° 282, 2001, p. 8.
2. Moreau J., *Pour une économie sociale sans rivage*, Crédit coopératif, 1983.

Chapitre 9

Éthique et posture épistémologique de l'économie sociale

UNE AUTRE FAÇON DE PENSER ?

Le début[1] de ce XXIe siècle connaît une multiplication des recherches et des formations intéressant l'économie sociale. Les enseignements d'économie sociale encore rares il y a moins de dix ans[2] se multiplient dans de nombreuses écoles et universités. Aussi bien en sociologie, en histoire, en droit qu'en économie, des sujets de mémoires et de thèses portant sur l'économie sociale sont désormais déposés.

L'absence jusqu'à ces dernières années de formations et de programmes de recherches universitaires signifiait-elle qu'il n'existait pas de production de connaissances théoriques sur l'économie sociale ? Non, bien entendu. La production de connaissances sur l'économie

1. Une première version de ce chapitre est parue dans *Recma*, n° 303, 2007.
2. *Cf.* l'étude du CNAM/CNLAMCA/CJDES dans le cadre de Leonardo « Les formations en économie sociale en Europe, Paris, 2000.

sociale existe depuis... que l'économie sociale existe. L'économie sociale a produit des théories et a inspiré la définition d'outils juridiques, économiques, sociologiques, de gestion répondant aux questions qu'elle se pose. Ces apports sont cependant largement ignorés par les universitaires. Nous proposons de préciser les conditions de production de ces connaissances en vue de montrer qu'elles définissent une véritable tradition de pensée. Il est important pour l'économie sociale de situer cette tradition par rapport aux savoirs universitaires et de provoquer un débat autour de l'actuelle reconnaissance de l'économie sociale.

La principale hypothèse soutenue ici est que l'ensemble des idées relatives à l'économie sociale constitue une tradition de pensée spécifique, au même titre que la pensée fonctionnelle ou que la pensée critique inspirée de l'œuvre de Marx. Jusqu'il y a quelques années, les analyses socio-économiques présentaient une seule alternative au regard des types d'entreprises qui pouvaient permettre le développement économique : soit l'acceptation des règles de l'économie capitaliste et de la société de capitaux, considérées comme seul modèle crédible de développement, avec un État régulateur plus ou moins important ; soit la critique de ce modèle, fondée sur l'analyse marxiste des rapports sociaux de production et sur le caractère antagonique des intérêts des classes sociales, critique débouchant sur le rôle central de l'État et de l'entreprise publique. Un certain vide conceptuel a été ressenti avec la faillite au moins partielle des pratiques de changement social inspirées de l'analyse critique. Dans ce contexte, l'identification d'une tierce tradition de pensée peut venir renforcer des pratiques sociales qui ne se reconnaissent pas ou plus dans l'un ou l'autre de ces deux cadres d'analyse.

La seconde hypothèse, subordonnée à la première, est la suivante : tant qu'elle était ignorée, cette tierce tradition d'économie sociale était marginalisée, mais aussi, d'une certaine manière, protégée. Si elle peut constituer une chance, la reconnaissance par l'université de l'économie sociale peut également représenter un danger si elle ne s'accompagne pas de la reconnaissance de l'économie sociale en tant que mouvement de pensée. Cette nécessité résulte du fait que l'économie sociale n'est pas qu'un mouvement d'entreprise. Précisément, *l'économie sociale est un mouvement social qui articule un mouvement d'entreprise et un mouvement de pensée*. Dissociés, le mouvement d'entreprises et le mouvement de pensée n'ont plus de sens : privée de sa critique théorique, de sa confrontation aux valeurs, l'entreprise se banalise ; privée d'expérimentation, de confrontation au réel, la pensée se sclérose ou se réduit en artefact.

Le véritable enjeu – et la principale difficulté – résideraient ainsi dans la reconnaissance par l'Université non seulement de l'économie sociale comme mouvement d'entreprise – qui est en cours – mais aussi de *l'économie sociale en tant que tradition de pensée originale.* Cette reconnaissance constitue un défi pour l'Université, les grandes écoles et les grands centres de recherches, dans la mesure où ces centres d'enseignements et de recherche peinent à admettre qu'il puisse exister d'autres lieux et d'autres modes de production de connaissances que les leurs et plus encore que ces lieux et modes produisent des connaissances théoriques intrinsèquement différentes de celles qu'ils produisent.

DEUX TRADITIONS DE PENSÉE DOMINANTE : ENTRE FONCTIONS ET CLASSES

Les sociologues qui présentent un panorama des recherches sur le travail ou l'organisation distinguent le plus fréquemment deux grands paradigmes, l'un « classique » ou « fonctionnaliste » et l'autre « critique »[1]. Au mieux, ils rappellent qu'« entre ces deux courants centraux, parallèlement à eux et parfois les précédant, des hommes rêveront d'une entreprise idéale »[2].

La tradition universitaire s'intéresse en premier lieu au fonctionnement interne des organisations

Le paradigme fonctionnel ou « fonctionnaliste » apparaît aujourd'hui comme le plus classique, bien qu'il soit le plus récent. Il est le seul à s'être érigé en discipline ou en sous discipline scientifique. Séguin et Chanlat rassemblent les courants qui s'y réfèrent autour du « paradigme fonctionnaliste ». Ils montrent son attachement d'une part à l'unité fonctionnelle du système que représente l'organisation et d'autre part à l'équilibre dans lequel l'organisation se tient au-delà d'ajustements consécutifs à des dysfonctions (Merton). L'organisation scientifique du travail (Taylor), l'analyse de la bureaucratie (Weber, Merton), l'étude des relations humaines (Mayo, Dickson, Roethlisberger), les approches de la prise de décision et de la rationalité limitée (March, Simon), la théorie des besoins (Maslow), l'école socio-technique (Emery, Trist)

1. Séguin F., Chanlat J.-F., *L'analyse des organisations, tome I : Les théories de l'organisation*, Montréal, Éditions Préfontaine, 1983, 482 p.

2. Piotet F., Sainsaulieu R., *Méthodes pour une sociologie de l'entreprise*, FNSP Anact, 1994, p. 19.

et la sociologie des organisations française (Crozier, Friedberg), se comprennent à partir de ce paradigme. Plus récemment, des travaux universitaires ont utilisé des concepts issus d'autres courants de cette même tradition universitaire pour approcher l'économie sociale : par exemple les concepts de logiques d'action (Boltanski, Thevenot) ou ceux de gouvernance (Enjolras). Il ne s'agit pas de dévaluer ces apports, mais de signaler qu'ils n'ont pas été validés à partir de « terrains » provenant de l'économie sociale, mais à partir de l'analyse des sociétés de capitaux. Ils n'acquièrent une pertinence dans l'économie sociale que dès lors qu'ils sont confrontés aux pratiques d'économie sociale. D'autres travaux analysent les pratiques d'organisations non capitalistes à partir d'une posture fonctionnaliste. Ce présupposé les amène à mettre l'accent sur les fonctions régulatrices de ces organisations. L'hybridation des ressources et l'économie solidaire renvoient à l'intérêt, voire la nécessité d'une articulation entre le lien social, le marché et l'État. La dimension centrale de la redistribution étatique d'une part et l'assimilation des sphères marchande et capitaliste d'autre part, interdisent de penser une économie sociale simultanément indépendante de l'État, marchande, solidaire et a-capitaliste. Définie à partir de concepts empruntés à l'approche fonctionnelle, l'économie sociale ne peut ainsi être qualifiée en tant qu'économie alternative à l'économie capitaliste, possédant des caractères propres. L'apport de concepts se référant au paradigme fonctionnaliste n'est pas pour autant inintéressant, bien au contraire. Mais il suppose plus qu'une confrontation à la réalité de l'économie sociale. Il nécessite de la part du chercheur une appropriation des connaissances propres à l'économie sociale. L'usage de ces concepts, sans confrontation aux valeurs, aux principes et aux règles, tel qu'on l'observe parfois dans des travaux universitaires récents, réduit inévitablement l'identité de l'économie sociale. Elle met en exergue les traits les plus communs de cette économie et tend à légitimer la banalisation, voire la disparition, des entreprises de l'économie sociale[1].

Le rattachement pur et simple de chacun des courants de la sociologie du travail ou des organisations au paradigme fonctionnaliste est sans doute rapide : la sociologie des organisations française laisse une large place aux concepts de pouvoir, de conflit, et surtout intègre une approche stratégique indépendante *a priori* de la logique systémique et plus encore

1. On pourrait faire une remarque proche à propos de l'économie artisanale ou du développement économique local ou encore de l'analyse du travail social, lorsqu'ils sont approchés à partir du seul paradigme fonctionnaliste, dans la mesure où les valeurs qui les inspirent ne sont pas les mêmes que celles des sociétés de capitaux.

de la logique fonctionnelle. Toutefois, cette sociologie s'inscrit bien dans une tradition de pensée fonctionnaliste, dans la mesure où elle se fonde sur une critique du fonctionnalisme et de ses héritiers. Pour cette raison, nous préférons parler de tradition de pensée ou de recherche plutôt que de paradigme, terme retenu par Séguin et Chanlat : des courants contradictoires s'expriment en son sein, se développent en se situant les uns par rapport aux autres tout en ignorant largement les travaux s'inscrivant dans une autre tradition : on trouve ainsi des ouvrages de sociologie et d'économie du travail ou des organisations qui ne mentionnent pas l'œuvre de Marx et inversement des ouvrages s'inscrivant dans la tradition marxiste n'évoquant pas la tradition fonctionnelle.

C'est au sein de cette tradition fonctionnelle qu'une sociologie française de l'entreprise a vu le jour (Segrestin, Wievorka, Piotet, Sainsaulieu). Même lorsqu'elle est abordée sous l'angle de la participation ou de l'apprentissage, l'entreprise est considérée comme système de travail ou un système socio-technique (Martin). La mise en évidence de l'apprentissage culturel des individus et des groupes (Sainsaulieu) explique l'existence de cultures d'entreprises au sein de l'organisation et vérifie la fonction intégratrice de celles-ci. Les travaux de la tradition de l'économie sociale définissent l'entreprise d'une tout autre façon. Ils mettent l'accent sur la dimension politique : qu'on se tourne vers les travaux de Godin, de Gide, de Lavergne, de Poisson, de Fauquet, de Lasserre, de Vienney, de Desroche, l'organisation du travail et l'entreprise ne sont jamais abordées indépendamment du projet, des valeurs, du droit, de la structure élective, de l'exercice démocratique du pouvoir.

La tradition critique met en question l'unité même de l'entreprise

La tradition critique jouit également d'une large et ancienne reconnaissance. La tradition critique se définit essentiellement en référence à l'œuvre de Marx. Elle se fonde sur la double critique des rapports de production capitaliste et des théories des utopistes. Elle analyse les milieux de travail en termes de lutte des classes et de dialectique entre forces productives et moyens de production. L'organisation ne constitue pas l'objet central de l'analyse critique. Elle est toujours située dans un « ensemble sociétal » et une « situation historique » (Touraine) et définie comme lieu de pouvoir et de luttes sociales : les stratégies managériales sont appréhendées comme moyens de contrôle de la force de travail (Goldman et Van Houten). Même lorsque l'organisation est définie comme « totalité », elle est d'une part considérée comme moyen de domination et d'autre part traversée par des contradictions (Benson). En bref, le point de vue dialectique l'emporte sur la conception fonctionnelle, systémique ou structurale même lorsque les auteurs – comme Touraine par exemple – font appel aux notions de fonction et de système.

La remarque faite précédemment à propos du paradigme fonctionnaliste vaut également ici : plusieurs courants se constituent en discutant l'interprétation marxienne des rapports de travail (Gramsci, Adorno, Dahrendorf, Castoriadis, Lefebvre, Godelier, Linhart, Naville, Touraine), même lorsqu'ils s'opposent à Marx lui-même.

La sociologie du travail française construite dans la lignée des travaux de Friedmann se fonde sur une critique d'inspiration marxiste de la sociologie fonctionnaliste. La situation de travail (Touraine) ou le travail humain (Friedmann) ne sont pas uniquement produits par le contexte de l'entreprise ou de l'organisation : l'ouvrier est aussi membre de collectivités extérieures à l'usine. Sa conscience comme sa « situation de travail dépendent aussi des caractères de la société dans son ensemble et de la place qu'y occupe la classe ouvrière » (Touraine).

À l'instar de Touraine, plusieurs économistes ou sociologues ont croisé des perspectives de recherches issues des deux grandes traditions : en sociologie, la théorie de la régulation de J.-D. Reynaud bien qu'ancrée dans la sociologie durkheimienne fait appel à la fois à Weber et au concept de classe sociale entendu par Marx ; en économie, les théoriciens de la régulation (Boyer, Aglietta) ont donné à partir de la pensée marxiste une interprétation de la crise du capitalisme depuis les années soixante-dix. Venant à la rencontre de la théorie de la régulation à partir du pôle fonctionnel, les conventionalistes ont élargi leur cadre d'analyse pour produire une conception plus large de l'acteur et de ses logiques d'actions (Boltanski, Thévenot). Ces deux ensembles de courants ont largement échangé leurs thèses autour d'objets communs de la socio-économie du travail, de l'action et des organisations et ont produit des courants puisant dans les deux traditions. Mais ils ignorent à peu près totalement les travaux de l'économie sociale.

L'ÉCONOMIE SOCIALE : UNE TRADITION DE PENSÉE À PART ENTIÈRE

Les coopérateurs et les mutualistes ont produit des connaissances en prenant une posture épistémologique originale : ils visent simultanément la production de connaissances et leur propre formation, sont chercheurs et acteurs souvent non professionnels, produisent des recherche-actions, et valident leurs hypothèses par expérimentation. Cette posture est réductible ni à la tradition fonctionnelle née de la posture universitaire classique, ni à la tradition critique née de la posture militante.

Trois postures distinctes

Du point de vue de cette « posture coopérative », les chercheurs de la tradition fonctionnelle définissent une posture intégrée dans la société et professionnalisée : ils ont des laboratoires, répondent à des appels d'offres rémunérés, à l'identique d'un marché de biens et services classiques, travaillent dans le cadre d'institutions spécialisées – les universités et les centres de recherche –, publient dans des revues académiques reconnues, produisent des enseignements, animent des formations. On accède au statut d'universitaire par des concours nationaux, dont l'accès est conditionné par la possession de diplômes spécifiques reconnus par l'État et l'ensemble de la société, et dont les jurys sont constitués par des pairs[1]. Dans la pratique proprement dite du métier, les variations de ce modèle dominant de production de connaissances scientifiques sont mineures : elles jouent essentiellement sur la restitution des résultats. Encore ces variations jouent-elles à la marge dans la mesure où la commande n'émane le plus souvent pas des personnes auprès desquelles l'enquête est réalisée. Cet écart entre commanditaires de la recherche et l'objet de la recherche constitue du point de vue de la posture coopérative une dissonance, un potentiel de crispation et une forme d'incohérence. Cependant, la restitution des résultats aux personnes productrices de l'information ne fait pas partie *a priori* de la recherche universitaire ou elle n'en est pas la finalité première, même si elle est de plus en plus fréquente. Il va de soi que le dispositif d'observation du terrain – l'enquête, l'entretien, l'observation – a pour finalité de collecter des données visant à valider ou invalider une hypothèse. Le but recherché par le chercheur est la production de théories dans le cadre d'une discipline ou dans un cadre interdisciplinaire.

Dans la tradition critique, le chercheur est au service d'une cause : au contraire de la tradition classique, les chercheurs se reconnaissent volontiers dans un processus de validation de la théorie par la pratique. Ils participent à des mouvements sociaux que leurs travaux éclairent bien souvent. Les intellectuels engagés et les mouvements sociaux définissent une *praxis* de changement social unifiant la théorie et la pratique. On sait aujourd'hui que cette unité n'est pas sans produire des

1. En accord avec la définition que Claude Dubar donne de la profession.

effets néfastes sur la liberté de pensée, car l'unité de la théorie et de la pratique entraîne inévitablement la définition d'une *praxis* exclusive en raison de sa « justesse ». La mise en cause de cette liberté ne date pas de la révolution soviétique : elle est déjà à l'œuvre pendant la première internationale, qui, au nom de la pensée de Marx et précisément de l'unité théorie/pratique, va exclure successivement les « socialistes vrais », les utopistes sociaux, les proudhoniens et les anarchistes. Mais cette pratique de l'exclusion est l'écho de la critique sans appel que Marx – critique à la fois théorique et praxéologique, c'est-à-dire intégrant les dimensions pratiques de la théorie – fait successivement à tous les socialistes, y compris ceux qui lui ont permis de concevoir sa pensée. Sans même parler de Saint-Simon, Cabet, Owen, Fourier : Ruge (de mai 1843 à août 1944), Bauer et Proudhon en 1844, Grün en 1846-1847, Weitling en 1848 (Weitling est sans doute celui qui a le plus influencé Marx dans son engagement dans le mouvement socialiste[1]), mais encore Hess, Heine et Thompson puis Guillaume, Malon, Bakounine (au cours de la première internationale) et Lassalle dès 1865.

La tradition coopérative ou d'économie sociale partage avec la tradition critique la confrontation ou la preuve par l'action. Mais elle s'en différencie par la distinction qu'elle établit entre théorie et pratique, à l'instar de la tradition classique. C'est pourquoi le terme de recherche-action auquel elle fait référence est trompeur, en dépit de son intérêt évident. En effet, la recherche-action ne transcende pas la logique d'action et la logique de la théorie, elle les articule. Cette articulation n'est pas sans changer le travail de recherche et l'action, en retour, mais en aucun cas, elle ne les réduit au bénéfice d'une *praxis*, comme dans l'analyse critique, ou d'une quelconque logique englobante. Ce qui signifie qu'elle nécessite l'acquisition du métier de chercheur. L'articulation qui définit l'économie sociale comme mouvement social provoque cependant un type de contrainte inconnue dans la tradition classique : le souci de la cohérence entre la pensée et l'action ou, dit autrement, la volonté que la pensée soit en adéquation avec la pratique sociale. Ce trait rapproche la tradition coopérative de la tradition critique, à ceci près que l'économie sociale fait de cette cohérence une question de responsabilité volontaire et personnelle : elle ne peut être imposée au nom d'une théorie ou d'une *praxis*. Cette liberté de l'engagement volontaire est fondatrice : lorsque Lénine, par le décret du 2 avril 1918, fait de la participation à la coopérative de la commune une obligation, celle-ci disparaît en tant que coopérative. Lorsqu'il établit, par le décret 20 mars 1919, la commune

1. Voir Rubel M., in *Le capital*, tome 3, p. XIV, p. 1589, note p. 413.

des consommateurs qui réorganise les coopératives de consommation autour des communes, il fait disparaître le mouvement coopératif dans son ensemble.

De l'expérimentation comme éducation

Le fait que l'administration de la preuve dans l'économie sociale passe par la pratique expérimentale implique la définition d'une cohérence originale. Dans la tradition coopérative, cette contrainte est bien entendu considérée comme un avantage, dans la mesure où elle fonde une perspective éducative qui donne sens à la posture épistémologique de l'économie sociale. En effet, à la différence des deux autres traditions, ce sont les mêmes personnes qui sont acteurs de l'économie sociale et producteurs de connaissance. La mise en œuvre par la (les) même(s) personne(s) d'une recherche-action articulant les deux métiers, exercés professionnellement ou non, de chercheur et d'acteur, définit l'éducation et l'émancipation spécifique à l'économie sociale. L'entreprise d'économie sociale est projetée et conçue, avant d'être créée, puis évaluée, par un même ensemble d'acteurs. C'est ce va-et-vient entre projet, réalisation et évaluation qui définit la recherche-action comme processus d'éducation et d'émancipation. Il faut souligner à ce propos que la finalité de la recherche-action est double, à la fois socio-économique et éducative. Ces deux dimensions s'accordent en règle générale dans le cadre suivant : des acteurs enquêtent pour éclairer leurs pratiques d'entreprises dans le cadre de leurs valeurs et de leur projet socio-économique. Ces acteurs ne s'en remettent pas à un expert extérieur, universitaire ou consultant, mais ils exercent leurs propres expertises, même lorsqu'ils sont dans ce travail soutenus ou accompagnés par des universitaires. L'auto-formation – souvent « assistée » ou accompagnée, et collective – à l'expertise constitue la principale dimension éducative de l'entreprise d'économie sociale.

Le chercheur issu de la tradition de l'économie sociale n'est donc ni un intellectuel « organique » comme dans la tradition critique, ni un expert comme dans la tradition classique : il est acteur et chercheur sur ses propres pratiques sociales.

L'absence d'un « one best way » de l'économie sociale

Cette tradition, qui s'ancre dans la pensée dite utopique, n'a pas totalement souscrit à la division des sciences économiques et sociales de la fin du XIXe siècle, même si elle a toujours été en interaction avec ces sciences. Elle s'est en effet nourrie des résultats des autres traditions sans toutefois se fondre en elles ; à l'inverse, celles-ci, l'ignorant totalement, ne se sont pas nourries d'elle. Les conditions de production externes à l'université constituent sans aucun doute l'une des raisons de l'ignorance de l'économie sociale comme tradition de pensée. Mais une autre hypothèse, complémentaire, peut être avancée. Les deux grandes traditions partagent un trait commun : celui de définir un « *one best way* » : l'Organisation scientifique du travail, le management des ressources humaines, l'analyse des conflits et de la négociation, la gouvernance, sont à des moments différents les concepts clefs et les solutions présentées comme nécessaires pour que l'organisation fonctionne. C'est si vrai que ces théories justifient l'adoption de normes juridiques, sociales, marchandes, comptables, gestionnaires, normes qui s'imposent à tous, même si elles sont élaborées à partir d'organisations qui ne sont pas représentatives de l'ensemble des types d'entreprises : ces théories ignorent l'économie sociale, mais aussi généralement les petites entreprises familiales ou les organisations à vocation sociale et culturelle, mais tendent à s'imposer à elles, à travers la normalisation, parfois de façon absurde mais toujours dans l'irrespect de leurs valeurs et de leurs finalités. Ces théories sont toutes des déclinaisons de l'analyse fonctionnelle.

Dans la tradition marxiste, il existe également toujours une meilleure *praxis* pour le prolétariat. Les scissions entre les partis, ou entre les mouvements, résultent de désaccords théoriques autour de la meilleure stratégie à adopter dans la lutte des classes. La fonction dans la tradition fonctionnelle, la lutte des classes dans la tradition critique constituent des indépassables qui s'imposent à tous, d'une façon ou d'une autre. Dans chacune, à une période donnée, les courants naissent d'un même débat central. Dans le monde occidental aujourd'hui, comme dans l'Union Soviétique au siècle dernier, il est difficile de sortir du débat central de la tradition dominante. Non pas impossible bien entendu, mais à la condition, pour un universitaire comme pour un acteur social, de prendre des risques : sortir du débat central de la tradition dominante suppose sans doute de sortir de l'exercice strictement professionnel de production de connaissances et de définir des formes alternatives aux marchés dominants de la transmission des connaissances. Ce problème est accentué par le fait qu'il n'existe pas de *one best way* en économie sociale, en raison de la double problématique socio-économique et éducative qu'elle poursuit. Mouvement d'entreprises, l'économie sociale se fonde sur le principe « une personne une voix », mouvement éducatif, elle sert le principe « une personne, une voie ». Il résulte de ce double but qu'il n'y a pas de projet, d'organisation, de stratégie d'action de changement social, de théorie interprétative, etc., qui soient meilleurs que d'autres[1]. Il y a, comme le soulignait Charles Gide et plus récemment Jacques Moreau, une multitude de projets, de courants et de statuts – à l'inverse de la prééminence de la grande organisation de travail régie par la Société anonyme ou de l'État dans les deux autres traditions –, projets, courants et statuts qui ont chacun leur pertinence au regard de la multitude de services à rendre, de besoins à servir, d'attentes à satisfaire, liés à l'infinie diversité des situations des personnes et des territoires : groupements de personnes physiques ou de personnes morales, toutes petites ou très grandes organisations, démocratie directe ou indirecte, ouverture à tous ou sélection des membres, structure fédérative ou centralisée, statut coopératif, mutualiste ou associatif, multi-sociétariat ou uni-sociétariat, d'intérêt général ou d'intérêt collectif des membres, redistribution entre membres ou à des tiers, etc. L'unité se fait sur des valeurs – volontariat, démocratie, solidarité – considérées comme universelles et non pas sur les moyens. « La coopération ou l'éloge de la diversité »[2]. L'absence d'organisation et d'entreprise dominante dans l'économie sociale, l'absence d'un *one best way* explique à la fois la complexité de cette tradition et pourquoi elle est, plus que les deux autres, perméable. Cette complexité et cette inégale perméabilité jouent leurs rôles dans la sous-évaluation de la tradition d'économie sociale qui est moins facilement identifiée comme telle. Cette ignorance de l'économie sociale comme mouvement de pensée est une cause majeure, voire la cause principale, de la marginalisation de l'économie sociale comme mouvement d'entreprises. L'enjeu est donc considérable. C'est d'autant plus vrai que de nombreux acteurs de l'économie sociale eux-mêmes ne soupçonnent pas l'existence d'un mouvement de pensée qui leur soit propre.

Pour autant, nous n'opposons pas terme à terme la tradition critique, la tradition critique et la tradition d'économie sociale. La tradition d'économie sociale ne peut se passer des apports universitaires : tous les acteurs qui ont pris le temps de la distanciation ne l'ont fait que grâce à l'appropriation théorique de concepts produits par les universitaires. L'économie de Vienney puise à la fois au fonctionnalisme et au marxisme. La sociologie de Desroche peut être considérée dans une large mesure comme marxiste. Albert Meister s'appuie sur la sociologie fonctionnaliste anglo-saxonne. Sa méthode d'intervention sociologique

1. Draperi J.-F., « L'économie sociale, un ensemble d'entreprises aux formes infiniment variées », *Recma*, n° 268, 1998.

2. Juvin H., in *Rapport moral sur l'argent dans le monde, édition 2007*, Association d'économie financière, p. 51.

elle-même, qui se rapproche de la recherche-action d'Henri Desroche, est inspirée de la sociométrie de Moreno[1]. Ces traditions connaissent des chevauchements multiples et leurs lectures critiques réciproques ont leurs propres limites : sans doute cette proposition n'est-elle pas valide pour de nombreux universitaires. Elle a néanmoins un sens du point de vue de la posture coopérative au niveau des différences entre les postures épistémologiques.

LIEUX ET DÉMARCHES DE LA PRODUCTION DES CONNAISSANCES DE L'ÉCONOMIE SOCIALE

Les auteurs sur la coopération sont autant des acteurs que des chercheurs, qu'ils soient statutairement des chercheurs universitaires ou des acteurs de terrain : Godin, théoricien de l'économie sociale était industriel et fondateur de coopératives et de mutuelles, Charles Gide était membre de plusieurs dizaines d'associations et coopératives. Dans la leçon inaugurale de son cours au Collège de France intitulé *Histoire de la doctrine de la coopération* (1921), il souligne que ce sont les organisations coopératives elles-mêmes qui ont créé la chaire sur la coopération à laquelle il vient d'être nommé. Jean Jaurès, acteur et penseur coopératif était militant socialiste, Albert Thomas, théoricien de la coopération, était également homme politique, Ernest Poisson était militant et dirigeant coopératif, Georges Fauquet était médecin, puis fonctionnaire au BIT. Pour la période plus récente, Claude Vienney était universitaire et secrétaire de rédaction de la revue de la Fédération nationale des coopératives et consommation. Le Collège coopératif d'Henri Desroche, ses *Archives des sciences sociales de la coopération et du développement* (Asscod), l'Université coopérative internationale (UCI) sont nés d'une initiative commune avec les mouvements coopératifs, dont l'Alliance coopérative internationale. Jacques Moreau était président d'une banque coopérative, André Chomel, Jean Lacroix, François Espagne, Maurice Parodi, Bernard Gibaud sont des intellectuels engagés d'une façon ou d'une autre dans des mouvements d'économie sociale. Universitaires engagés ou acteurs chercheurs, tels sont les auteurs de cette tradition.

1. Meister A., *Analyse sociologique et réorganisation industrielle*, BECC, 1955, doc. ronéo.

Des liens entre associations de formation et de recherche et entreprises d'économie sociale

Si l'on se tourne vers l'économie sociale en tant qu'ensemble d'entreprises, on observe que les grandes expériences d'économie sociale sont précédées par des groupements d'échanges, de formation, d'éducation, voire de recherche, s'apparentant à des universités populaires. Les coopératives de consommation nîmoises furent précédées par des associations d'études, d'où elles vont naître ; les premières actions mises en place par J.-B. Godin pour faire vivre son familistère sont des cours du soir à l'attcntion des futurs associés ; la grande coopérative de consommation La Bellevilloise est aussi une véritable université disposant d'une bibliothèque remarquable, etc.

La première association de recherche coopérative française d'importance propre aux chercheurs d'économie sociale est à l'initiative de Charles Gide. Il s'agit de l'Institut international d'études coopératives (IIEC) créé en 1930 : « Les coopérateurs "pratiquants" ont leurs organisations, leurs congrès, leurs communications ; les coopérateurs "enseignants" n'ont rien de tout cela et pour autant risquent de s'esseuler ou d'être marginalisés »[1]. Ce qui explique que l'Institut s'adresse aux chercheurs et enseignants « qui auront publié au moins un livre sur la coopération ou donné un enseignement régulier dans une Université ou des Écoles Spéciales »[2]. C. Gide donnait à cet institut la mission de « constituer une philosophie de la coopération »[3]. Cet IIEC tiendra cinq sessions entre 1931 et 1938, dont les comptes rendus sont publiés dans la *Revue des études coopératives*, fondée par C. Gide et B. Lavergne en 1921[4]. La *Revue des études coopératives* (*Rec*) constitue en France un lieu de production et de valorisation de la recherche coopérative essentiel. Créée en 1921 à l'initiative de chercheurs, Charles Gide et Bernard Lavergne, la *Recma* a reçu dès sa fondation le concours de l'ACI (Alliance coopérative internationale) et des mouvements coopératifs puis d'économie sociale. Elle accompagne depuis sa création le mouvement coopératif français et international, puis son rapprochement avec les mutualités et les mouvements associatifs, en devenant la *Revue des études*

1. Desroche H., « Un antécédent de l'UCI, l'Institut International d'Études Coopératives (IIEC), 1930-1938 », *ASSCOD*, n° 54, 1980, p. 7.
2. Gide C., *Lettre circulaire du 30 décembre 1930*, cité par H. Desroche, *ibid.*
3. Gide C., « La création d'un Institut international d'études coopératives », *Revue des Études Coopératives*, 1931, p. 9.
4. *Cf. Revue des Études Coopératives*, n° 45 1932, n° 54, 1935, n° 61 1936, n° 69, 1938.

coopératives, mutualistes et associatives en 1986 et en adjoignant à son titre « Économie sociale », puis « *Revue internationale de l'économie sociale* ». Ce n'est pas trop de dire qu'elle a largement contribué à définir une conception commune de l'économie sociale, à partir des propositions initiales de C. Vienney et d'H. Desroche. Elle témoigne à sa façon de la reconnaissance institutionnelle de l'économie sociale. Sa ligne éditoriale, le fait qu'elle valorise non seulement des recherches mais aussi des études – c'est-à-dire des travaux dont la dimension théorique est moindre –, sa transdisciplinarité, la composition de son comité de rédaction, son lectorat – composé à la fois d'universitaires et d'acteurs militants et professionnels – témoignent d'une posture originale par rapport à celle des revues académiques. Si elle est considérée comme revue de référence de l'économie sociale, ce n'est pas seulement parce qu'elle est la seule aujourd'hui[1]. Ses caractères propres contribuent à structurer en permanence la tradition de pensée de l'économie sociale en lui donnant sa cohérence.

Il faut attendre quarante ans après l'initiative gidienne pour qu'un projet équivalent voie le jour : Henri Desroche fonde l'Université coopérative internationale (UCI) pour accompagner la mondialisation du mouvement coopératif. On voit se dessiner le réseau de l'UCI dès les années soixante avec le premier séjour qu'effectue H. Desroche en Afrique sur l'invitation de R. Colin, alors conseiller de Mamadou Dia, vice-président de la République sénégalaise. Puis, du 1er au 3 mai 1964, le Collège coopératif organise, à la demande de deux délégations d'étudiants sud-américains, des journées d'études pour développer des relations « entre institutions d'enseignement ou de recherche active, concernées par les développements coopératifs sud-américains »[2]. Le dispositif en cours de création sera « officialisé » grâce à l'Alliance coopérative internationale qui propose en 1976 à Henri Desroche de fonder une Université coopérative. Ce dernier propose :

1. une université internationale complémentaire d'instituts nationaux ;
2. un dispositif opérationnel léger ;
3. une pédagogie extra-scolaire ;
4. un recrutement polyvalent d'adultes ;

---

1. Il y eut dans les années quatre-vingt-dix une *Revue d'économie sociale*, très intéressante et aussi très différente de la *Recma*, précisément parce qu'elle était une revue universitaire.
2. *Archives Internationales de Sociologie Coopérative*, 1964, n° 15.

5. un système d'appui sur des institutions « hôtes » ;
6. un statut d'associations avec l'université des Nations unies.

Les chercheurs et universitaires qui y participent animent les débats et accompagnent les acteurs dans l'écriture de leur recherche en vue d'une publication assurée par l'équipe organisatrice et plus généralement par la revue *Archives des Sciences Sociales de la Coopération et du Développement*, qui vécut de 1956 à 1990. Cette UCI a aujourd'hui disparu, mais une Université coopérative européenne (UCE) a été récemment créée à l'initiative de Maurice Parodi et des Collèges coopératifs. Elle réunit des centres de formation et de recherche universitaires ou associatifs et des fédérations d'entreprises coopératives, autour des principes de la recherche-action coopérative.

À l'image de l'UCE, les enseignants-chercheurs travaillant sur la coopération et l'économie sociale se rencontrent aujourd'hui comme hier, essentiellement dans des réseaux externes à l'Université et s'engagent dans la recherche plutôt à titre individuel que dans le cadre d'une démarche commune à une équipe ou un laboratoire. Ces associations sont nombreuses : le comité de recherche de l'ACI (Alliance Coopérative International) organise des rencontres mondiale et régionale plusieurs fois par an. Fondé en 1947 par Edgar Milhaud, le CIRIEC (Centre international de recherche et d'information sur l'économie publique) sociale et coopérative a pour missions d'assurer et de promouvoir la collecte d'informations, la recherche scientifique et la publication de travaux concernant les secteurs économiques et les activités orientés vers le service de l'intérêt général et collectif. La *Recma*, que nous avons présentée ci-dessus, est la revue de référence sur l'économie sociale. Les *Annales de l'économie collective*, revue bilingue (anglais/français) économique spécialisée sur l'économie publique et l'économie sociale est produite à Liège. L'ADDES (Association pour le développement de la documentation sur l'économie sociale) produit et valorise des recherches fondées sur des mesures quantitatives de l'économie sociale. L'ADDES a fortement contribué à l'émergence d'un compte satellite de l'Insee mesurant l'activité des organisations sans but lucratif. Le CJDES (Centre des jeunes dirigeants de l'économie sociale) a en particulier produit le Bilan sociétal, un outil d'évaluation et management à partir des organisations de l'économie sociale. Le RHEPS (Réseau des Hautes études des pratiques sociales, offre des formations sur l'ensemble du territoire). L'Institut de coopération sociale internationale (ICOSI) mène des missions d'accompagnement et de formation à l'échelon international et en particulier en Europe centrale et orientale. Pour la plupart d'entre eux, ces associations et réseaux se connaissent. Ils sont très actifs, organisent des rencontres au moins annuelles et produisent ou/et diffusent des travaux scientifiques ou de vulgarisation, mais sont encore assez largement ignorés des universitaires. La situation actuelle de l'enseignement sur l'économie sociale est ainsi ancrée dans une histoire longue, marquée par une marginalité originelle.

Une démarche constructiviste

Par constructivisme, nous entendons à la fois que le fait social est construit par les acteurs sociaux et que la compréhension par l'acteur de sa participation à l'action collective est source d'apprentissage[1]. Bien avant les travaux de la sociologie interactionniste ou de l'ethnométhodologie, bien avant les apports de Vygotsky aux sciences de l'éducation, les économistes et sociologues de la coopération ont intégré dans leur objet non seulement le discours que les acteurs tiennent sur leur action mais également la dimension éducative de l'interaction coopérative. L'action est l'accomplissement d'un projet, de telle sorte que l'organisation coopérative est toujours en même temps l'addition d'un projet et d'une organisation coopérative. De nombreux travaux se penchent sur la mesure et l'analyse des écarts entre le projet et les réalisations, ou plus largement entre l'éthique (ou les valeurs) et les pratiques coopératives. À travers plusieurs centaines de rapports, d'études et de synthèses, l'Alliance coopérative internationale étudie depuis sa fondation en 1895 les ajustements nécessaires entre valeurs, principes et règles lorsque, pour des causes diverses, celles-ci sont renégociées ou modifiées. Cette approche, qui postule de l'existence de valeurs coopératives considérées comme universelles, spécifie assez bien la tradition d'économie sociale. Peu de travaux adoptent une démarche sociologique durkheimienne qui consisterait à interroger la production sociale de ces valeurs, en dépit du fait que l'histoire de l'économie sociale constitue une invitation permanente à cette interrogation. On insiste, à l'image d'H. Desroche, sur le caractère récurrent, dans l'histoire, des démarches de fondations et des principes mis en œuvre dans ces fondations. Si les valeurs et les principes sont considérés comme permanents, leurs déclinaisons sont infinies et on insiste souvent sur l'originalité des entreprises, généralement considérées comme le produit d'une histoire singulière, ce qui rend d'autant plus difficile l'émergence de théories de référence. L'entreprise d'économie sociale est en effet toujours définie comme un fait socio-économique unique lié à la spécificité de la situation historique et géographique.

1. Il faudrait plus précisément parler pour cette dimension de socio-constructivisme.

Cette diversité infinie des entreprises renforce le caractère universel des valeurs, dont la pertinence est sans cesse réaffirmée.

De fait, l'administration de la preuve dans cette tradition ne procède pas d'une méthode hypothético-déductive, mais de celle de l'expérimentation : l'entreprise est une expérimentation ou une expérience, qui vérifie, par les règles qu'elle applique, la validité d'une hypothèse socio-économique. L'appareillage méthodologique est de ce fait fréquemment problématique : la mesure statistique elle-même n'est pas évidente car on est loin d'être d'accord sur les indicateurs pertinents de la réussite. Au-delà de cette mesure quantitative, nécessaire mais insuffisante, l'enquête n'a de sens que si elle prend en considération la parole des acteurs. Le travail interprétatif se situe inévitablement au niveau de l'analyse des pratiques et des discours d'acteurs. C'est en ce sens qu'Infield et Meister avaient tenté de définir une sociométrie coopérative, ou que, plus récemment, on a utilisé l'approche en termes de logiques d'actions inspirée de Boltanski et Thévenot. Plus fondamentales nous paraissent des recherches aussi différentes que celles de Desroche et Vienney, parce qu'elles tentent de constituer des théories générales.

Si les travaux de C. Vienney permettent de spécifier de façon rigoureuse l'organisation coopérative, puis celle d'économie sociale, ceux d'H. Desroche ouvrent sur une démarche compréhensive originale, qui paraît dépasser en audace celles qui se sont développées sur les autres champs de la sociologie. En effet, la compréhension de l'acteur est ici outillée par un exercice autobiographique, qui fonde la construction même de l'objet de recherche. Plus important encore, l'entretien devient un outil d'auto-formation à la recherche, au bénéfice de la personne qui s'exprime, au lieu d'être, comme dans la tradition fonctionnelle ou dans la tradition critique, considéré uniquement comme un moyen de recueil de données. Dès lors qu'on oublie que l'entretien a également un effet sur la personne interviewée, on définit un processus d'hétéro-formation, c'est-à-dire l'information et la formation d'un tiers – le chercheur –, à travers des données livrées par une personne qui n'en retire aucun bénéfice. On sait où peut mener dans certains cas cette inégalité : des informateurs qui demandent une rémunération pour donner des informations – cas observable en anthropologie – ou des informateurs payés par le chercheur ou le commanditaire – cas observable en sociologie. Dans les deux cas, le processus de recueil de données n'est pas indépendant d'autres intérêts qui peuvent peser sur la qualité des informations. Les universitaires se prémunissent bien entendu contre ces biais. Il n'en reste pas moins que ceux-ci questionnent le dispositif d'observation lui-même.

L'économie sociale comme tradition de pensée reconnaît à l'entretien d'enquête un double visage : le recueil d'un inédit, l'expression de l'acteur. Le résultat du point de vue de la production théorique est l'accession de savoirs expérientiels au statut de connaissances transmissibles. Idéalement cette transformation du statut de l'expérience est aussi le produit éducatif et émancipateur de la démarche au bénéfice de l'acteur interviewé qui – s'il poursuit le travail d'appropriation par la mise en œuvre d'une recherche-action, en vient à transformer la représentation qu'il a de sa propre expérience. Cette pratique et sa position dans le processus de recherche constituent, de notre point de vue, l'aboutissement d'un siècle et demi de recherche expérimentale en socio-économie coopérative. Elle permet de comprendre dans quelle mesure et par quelles pratiques l'entreprise d'économie sociale est au service de la personne et définit ainsi un mode essentiel de la production de connaissances de la tradition de l'économie sociale.

Une unité autour du sens des règles de la vie sociale

La relation originale entre théorie et pratique et le souci de cohérence qui l'accompagne peuvent laisser penser que l'économie sociale vise, à l'instar de l'utopie communiste, à construire un homme nouveau, qui serait doté de qualités particulières. Ce n'est pas le cas : elle cherche à définir des règles nouvelles qui permettent un fonctionnement meilleur de l'économie et de l'entreprise, un fonctionnement respectant les mêmes valeurs que la société civile et politique, c'est-à-dire les valeurs démocratiques. Adopter ces règles, c'est également s'engager dans un cursus éducatif qui constitue l'apprentissage de l'économie sociale. Par retour, celui-ci modifie le rapport des personnes à l'économie. Ce changement, qui peut être très profond, correspond pour la personne à l'accès à une plus grande unité et provoque un sentiment de libération. En effet, l'accès à un fonctionnement mutualiste et coopératif dans le travail et dans la gestion de son économie, de son argent, selon les mêmes principes et règles que ceux qui gouvernent la vie familiale, associative et amicale permet d'être plus serein. L'économie sociale donne la possibilité d'être plus conséquent, d'agir en économie comme en société. Bien sûr, cette posture est toujours fragile : elle rencontre l'opposition permanente de l'idéologie libérale et exige une capacité constante de résolution pacifique des conflits. Elle demande une attention quasi ininterrompue, qui tend à une recherche théorique et pratique du sens de la vie en société. L'appel à la philosophie est essentiel. Sous cet angle, une philosophie de l'économie sociale sera de plus en plus nécessaire dans les années à venir, pour accompagner le renouveau du mouvement.

De fait, l'économie sociale a maintenu une démarche expérimentale, revendiquant l'unité, non seulement de la sociologie et de l'économie, comme le revendiquent aujourd'hui de nombreux sociologues et économistes, mais aussi l'unité de l'éthique et de l'économie, ce que défend aujourd'hui l'économiste indien A. Sen. Cette unité revendiquée s'exprime par la relation permanente qu'elle opère entre éthique, valeurs d'une part et principes et règles d'autre part. L'économie n'est ainsi jamais neutre au regard des valeurs, pas plus qu'elle n'est « désencastrée ». Le capitalisme n'est pas une économie qui se serait détachée du domaine des valeurs ou désencastrée du social. Il s'appuie sur une hiérarchisation des valeurs qui valorise le cynisme et l'égoïsme et dont les effets sociaux et environnementaux sont considérables et tout à fait palpables à travers l'exclusion, les inégalités, la pauvreté et la perte de sens. L'idée dominante de nombreux travaux selon laquelle l'économie capitaliste serait désencastrée incite à « naturaliser » le système de valeurs de cette économie. Que l'homme puisse être cynique et égoïste ne fait aucun doute, comme il ne fait aucun doute non plus qu'il puisse être solidaire et altruiste. Aucune qualité humaine – altruisme, solidarité, etc. – ne spécifie l'acteur d'économie sociale. La question n'est pas de chercher à établir une nature humaine *in fine* ou des *homini* fondamentaux, mais de définir les règles qui permettent aux hommes de vivre en société et en paix.

L'économie sociale, une pensée et un agir

L'économie sociale est un mouvement social qui articule un mouvement de pensée et un mouvement d'entreprises, le second trouvant dans le premier un lieu d'inspiration et de modélisation de ses aspirations alternatives. Du début du XIXe siècle à nos jours, cette tradition voit dans l'entreprise collective le lieu privilégié de transformation de la société, en lieu et place du marché de la majorité des économistes de la tradition fonctionnelle classique, ou de la lutte des classes de la sociologie et de l'économie marxistes. L'entreprise collective, à la fois produit et acteur social, constitue l'objet central de la tradition coopérative dès le milieu du XIXe siècle. L'entreprise, groupement de personnes, est simultanément pensée comme lieu de production ou de distribution, lieu d'éducation et lieu d'un changement social non-violent.

Les chercheurs de la tradition coopérative sont également acteurs d'entreprises. Leurs écrits traduisent des savoirs expérientiels nés de la mise en œuvre d'expérimentations économiques et sociales, en connaissances transmissibles, tout autant qu'un éclairage des pratiques sociales par un test de confrontation d'une théorie.

Inversant les rapports entre théorie et pratique, l'économie sociale ne se contente pas d'une critique théorique de ses pratiques. Les fondateurs et membres actifs des coopératives, des mutuelles, des associations, ont déjà porté un regard critique sur leur propre insertion économique et sociale avant d'entreprendre ou de participer.

Les travaux fondateurs de l'économie sociale comme mouvement de pensée valident une posture non violente de changement social dont l'entreprise collective est l'outil privilégié. Cette posture est source d'une proposition éducative nouvelle : en pratiquant par expérimentation, ils relient le social à l'économie (le lien amical et l'intérêt économique) et mettent en cohérence la théorie et la pratique (le dire et le faire). La liaison de l'économie et du social est à l'origine de la solidarité. La mise en cohérence de la théorie et de la pratique provoque un processus éducatif et émancipateur. Elle permet à chacun de se libérer de ses contraintes économiques en lui permettant d'exercer sa responsabilité économique comme sociale. Cette proposition n'est jamais un impératif : elle résulte de l'engagement de chacun. C'est pourquoi le principe « une personne, une voix » est indissociable de la responsabilité individuelle : il est le seul à garantir le pouvoir de chacun.

Ces travaux ont été produits à l'extérieur de l'Université. Quelle est, dans cette tradition la place du chercheur ? On doit à Henri Desroche d'avoir eu à la fois l'humilité et l'audace de renoncer au rôle d'universitaire comme au rôle d'expert lorsqu'il était appelé par des gouvernements. Le rôle qu'il définit est celui d'un éducateur ou d'un accompagnateur de formation par la recherche-action. Quel est l'avenir du chercheur « accompagnateur » ? Il est désormais certain que l'économie sociale et solidaire suscite un engouement en matière de recherches de type universitaire. On ne peut que s'en réjouir. Ces recherches vont plus ou moins se saisir des apports de la tradition coopérative, mais sans doute plutôt moins que plus. Elles vont surtout, comme on l'observe déjà, se saisir des concepts de la tradition fonctionnelle sans toujours mesurer leur relation aux pratiques et aux valeurs de l'économie sociale. Plus fondamentalement, il y a fort à parier que l'aspect le plus typique de cette tradition, qui est le rapport établi entre recherche et action, ou entre théorie et pratique, que cet aspect soit délaissé, pour la simple raison qu'il ne fait l'objet d'aucune valorisation universitaire.

Il est donc essentiel de travailler en vue de faire reconnaître la tradition de pensée de l'économie sociale. Nous espérons que cette réflexion

Tableau 9.1. Trois traditions de recherche sur le travail, l'entreprise et l'organisation

	Tradition fonctionnelle	**Tradition critique**	**Tradition d'économie sociale**
Finalité de la recherche	Production théorique dans le cadre de disciplines	Définition d'une *praxis*	Mettre en cohérence l'action et la pensée
Cadre de production de la recherche	Université	Mouvement social	Groupements de personnes
Relation entre la recherche et l'action	Théories explicatives ; rôle de conseil ou d'expert	Unité de la théorie et la pratique dans la *praxis*	Recherche et action : deux logiques qui s'articulent
Posture du chercheur	Conseil, expert	Intellectuel engagé	Chercheur-acteur
Mode de production de la recherche	L'observation, l'enquête	La *praxis*	L'expérimentation
Concept central	La fonction	La lutte des classes	Le groupement de personnes ; la double qualité
Objet central	La grande organisation de travail	Les rapports sociaux de production	L'entreprise collective
Rôle dans la société	Le fonctionnement des organisations	Le dépassement du capitalisme	La définition d'une économie humaine

contribuera à sensibiliser les universitaires mais aussi les acteurs de l'économie sociale eux-mêmes, qui ne considèrent pas toujours qu'ils ont un corps de théories et une posture épistémologique distincts de la tradition fonctionnelle et de la tradition critique.

Le modèle présenté ci-dessus comme typique de l'économie sociale a des équivalents proches dans d'autres champs de pratiques : l'éducation populaire ou le travail social par exemple, qui poursuivent des buts distincts, mais dont les valeurs sont semblables ou très proches, ont également leurs propres corps de théories. Il serait intéressant de les confronter et, si possible, de les rapprocher. Chaque mouvement ne peut qu'y gagner.

À plus long terme, il faut enfin travailler ensemble, chercheurs et acteurs, pour aller plus loin et définir de nouvelles relations entre les universités, les entreprises, les mouvements sociaux et la société.

En dernier ressort, la responsabilité de maintenir et fortifier cette tradition revient aux acteurs et aux universitaires engagés. S'ils abandonnaient totalement à la seule logique professionnelle des chercheurs la réflexion sur leurs pratiques, ils pourraient craindre que disparaisse leur propre façon de penser. Mais cette disparition menacerait également l'économie sociale comme objet propre. L'économie sociale peut-elle exister sans définir sa propre démarche de production de connaissances ?

PARTIE 3

HOMMES, ENTREPRISES ET TERRITOIRES

CETTE PARTIE est consacrée à l'analyse de trois enjeux essentiels auxquels est aujourd'hui confrontée l'économie sociale : l'entreprise, le lien social, le développement. Ces trois enjeux sont intimement liés : l'entreprise est le principal espace d'insertion sociale. Selon qu'elle poursuit une finalité de services aux personnes ou un objectif d'augmentation de rentabilité de capitaux placés, elle ne sert pas le lien social de façon équivalente, ni ne provoque un même type de développement. L'entreprise est le moyen privilégié d'établissement du lien social et le lien social est le principal déterminant du développement.

L'enjeu de l'entreprise : Nous nous sommes penché dans les chapitres 10, 11 et 12 sur l'entreprise d'économie sociale en nous demandant si certaines de ses évolutions récentes ne menacent pas son existence. Après avoir présenté la gouvernance au sens large, nous définissons la gouvernance d'économie sociale (chapitre 10). Nous montrons ensuite comment opère la banalisation de l'entreprise d'économie sociale qui peut aller jusqu'à sa transformation en société de capitaux par la mise en œuvre de la démutualisation (chapitre 11). Dans un troisième temps, nous décrivons l'accroissement récent de la participation démocratique, et étudions ses formes là où elle paraît la plus menacée : dans de grandes entreprises mutualistes confrontées à la concurrence marchande (chapitre 12).

L'enjeu du lien social : L'économie sociale est-elle capable de répondre à la domination de l'idéologie individualiste ? Quels processus met-elle en œuvre lorsqu'elle s'applique à renforcer le lien social ? Cette question est abordée à partir de deux exemples significatifs : les associations travaillant dans le champ de l'insertion (chapitre 13) et les coopératives d'activités et d'emploi (chapitre 14).

L'enjeu du développement : Le développement est défini dans ce travail à un double niveau : des personnes et des territoires. Nous avons étudié plus haut les ressorts du développement personnel à travers la définition de la pratique sociale (chapitre 3). Dans le chapitre 15, sont analysées les relations étroites entre l'entreprise coopérative, le développement local et le commerce équitable, à partir de la présentation d'expériences remarquables en France, au Mali, au Mexique et en Europe.

En conclusion, le renforcement de l'intercoopération est proposé comme un moyen de faire face à ces trois enjeux simultanément : le XIXe siècle a été marqué par l'émergence d'une économie sociale fondée sur les associations ouvrières, véritables communautés de travail et d'entraide. Le XXe siècle a consacré l'essor de mouvements de consommateurs ou d'usagers, autour des coopératives de consommation et des mutuelles. L'objet de l'intercoopération est de dépasser les intérêts catégoriels des producteurs et des consommateurs en plaçant l'entreprise d'économie sociale au service du développement (chapitre 16).

Chapitre 10

Sociétés de capitaux et groupements de personnes : deux gouvernances distinctes

DU MODÈLE MANAGÉRIAL AU MODÈLE PATRIMONIAL...

Au lendemain[1] de la Seconde Guerre, les besoins de la population française et européenne étaient immenses : aux niveaux de l'agriculture de l'énergie, de l'industrie, des services, de l'habitat, il fallait nourrir, produire, construire.

Pour répondre à ces besoins, les entreprises ont mobilisé des capitaux et des ressources humaines considérables et ont connu une forte croissance pendant une trentaine d'années, connues sous le terme de Trente Glorieuses. Au cours de cette période, la vie de l'entreprise se centre sur l'organisation de la production et sur la rémunération du travail, objets de l'attention de managers, d'organisateurs, de gestionnaires d'une part

1. Une première version de ce texte est parue dans *Les entreprises coopératives* publié par le Groupement national de la coopération, 2007.

et des syndicats ouvriers d'autre part. Les conflits et les négociations qui surgissent entre les uns et les autres débouchent sur des accords salariaux et des conventions collectives qui élaborent les grilles de salaire et les conditions de travail. Ces accords assurent la croissance du pouvoir d'achat de l'essentiel de la population.

Cette « gestion managériale » spécifie le mode de fonctionnement des entreprises entre les années cinquante et quatre-vingts. L'émergence de ce qu'on nomme la gouvernance d'entreprise change la donne. Elle s'explique de deux façons : la baisse des bénéfices réalisés relativement à l'investissement consenti d'une part, les abus de pouvoir de dirigeants peu contrôlés par l'administration des entreprises (c'est-à-dire les représentants des actionnaires propriétaires) d'autre part. Ces deux faits tendent la relation entre les dirigeants et les propriétaires et incitent ces derniers à exercer leur pouvoir en fixant de nouvelles règles en particulier en matière de gestion.

Qu'est-ce que la gouvernance d'entreprise ?

La « *corporate governance* » ou gouvernance d'entreprise est un courant d'opinion qui naît en Angleterre et aux États-Unis dans les années quatre-vingts, en réaction à une succession de crises qui ont touché le secteur du crédit. La multiplication d'affaires retentissantes (« *Savings & Loans* » aux États-Unis, Maxwell, Poly Peck et BCCI en Angleterre) a provoqué l'essor d'une nouvelle réglementation en matière de gestion des grandes entreprises autour de « la gouvernance d'entreprise ». L'engagement dans une démarche de gouvernance d'entreprise est ensuite devenu un indicateur pour les analystes financiers et les investisseurs. Les acteurs du marché boursier se sont dès lors préoccupés d'assurer l'organisation de la « gouvernance d'entreprise » dans les grandes entreprises cotées. La présence massive des actionnaires anglo-saxons dans les marchés boursiers (par exemple en France, les actionnaires anglo-saxons détiennent 40 % du capital des sociétés du CAC 40) a rendu indispensable l'adoption des règles de gouvernance dans les entreprises cotées.

La gouvernance d'entreprise correspond donc à un contre-pouvoir des actionnaires par rapport au pouvoir des dirigeants, contre-pouvoir visant à assurer la valeur des actions placées. Alors que le pouvoir des gestionnaires s'appuie essentiellement sur le droit du travail et les fonctionnements techniques et organisationnels, la gouvernance d'entreprise s'appuie essentiellement sur le droit de l'entreprise et la gestion.

À travers la gouvernance d'entreprise, le capitalisme « patrimonial » reprend ses droits. Mais alors que les dirigeants salariés étaient directement en phase avec la logique productive de l'entreprise, les actionnaires majoritaires se centrent sur le résultat financier. Le conflit central se déplace : hier interne à la logique productive, il oppose aujourd'hui la logique productive et la logique financière.

Tableau 10.1. Le déplacement des enjeux et des fondements du pouvoir dans l'entreprise

Période	Pouvoir	Contre-pouvoir	Conflit central	Objet majeur du conflit
1950-1980	Managérial (pouvoir des dirigeants salariés)	Syndicats de salariés	Entre les dirigeants et les salariés	Les conditions de travail et de rémunération
1980-2007	Actionnarial (pouvoir des actionnaires majoritaires)	Entreprises d'économie sociale (Coopératives, mutuelles, associations) et syndicats	Entre les actionnaires et les salariés ou les consommateurs	Le maintien des activités et des emplois

Ce déplacement a des conséquences qui vont au-delà du fonctionnement interne de l'entreprise : en effet, le poids de la logique financière accentue les processus de *délocalisation* ou plus largement de *déstructuration industrielle*. Il n'est pas besoin qu'une entreprise ne soit pas rentable pour qu'elle soit menacée : il suffit que sa délocalisation permette une augmentation de sa rentabilité.

Au pouvoir relatif des cadres dirigeants – et plus largement des salariés – et au pouvoir des actionnaires, s'ajoute le pouvoir des « parties prenantes » c'est-à-dire des partenaires de l'entreprise, ainsi que le pouvoir des clients de l'entreprise. La gouvernance d'entreprise assure finalement l'équilibre des pouvoirs entre 4 types d'acteurs :

Tableau 10.2. Les pouvoirs dans la gouvernance d'entreprise

	Finalité financière	Finalité économique et sociale
Pouvoirs internes à l'entreprise	Actionnaires (dont le pouvoir des actionnaires majoritaires)	Salariés (dont le pouvoir des dirigeants salariés)
Pouvoirs externes à l'entreprise	Partenaires (dont le pouvoir des banques)	Clients (dont le pouvoir des clients principaux)

Ces deux modèles d'organisation – managériale et patrimoniale – posent de deux façons différentes la question de la légitimité des pouvoirs dans l'entreprise et celle de leurs relations.

La responsabilité sociétale des entreprises (RSE)

L'attention des mouvements sociaux et des gouvernements au développement durable a trouvé une traduction à l'échelle de l'entreprise et les grandes entreprises ont été dans un second temps appelées à respecter des règles sociétales qui s'intègrent de façon plus ou moins forte dans leur gouvernance. La Responsabilité sociale (sociétale est plus juste) de l'entreprise (RSE) est une démarche qui vise à mieux respecter des règles économiques, sociales et environnementales dans un cadre éthique. Il s'agit pour l'entreprise d'une démarche volontaire, mais après la conférence de Lisbonne, les États et l'Europe ont été très actifs pour soutenir cette démarche qui peut aller jusqu'à intégrer la RSE à la stratégie commerciale, au management et jusqu'à la conception des produits. Des normes ISO (de management de la qualité, de l'environnement, d'éco-conception) ont été définies, qui ont un impact sur les comportements des entreprises. Les initiatives pour formaliser des démarches globales se sont récemment multipliées. En France, l'Association française de normalisation (Afnor) a publié en 2003 un fascicule de documentation intitulé « Guide pour la prise en compte des enjeux du développement durable dans la stratégie et le management de l'entreprise ». Son objectif est d'apporter aux responsables d'entreprises une aide à la réflexion initiale pour la prise en compte des principes du développement durable lors de l'élaboration de leur politique et de leurs stratégies. De façon générale, le développement de la responsabilité sociétale des entreprises (RSE) et de l'investissement socialement responsable (ISR) engage les entreprises dans une plus grande transparence et dans une plus grande prise en considération des parties prenantes : elle permet une meilleure insertion dans la société. Comme le précise l'OCDE : « Les Principes directeurs sont des recommandations que les gouvernements adressent aux entreprises multinationales. Ils énoncent des principes et des normes volontaires de comportement responsable des entreprises dans le respect des lois applicables. Les Principes directeurs visent à faire en sorte que les activités des entreprises multinationales s'exercent en harmonie avec les politiques des gouvernements, à renforcer la confiance mutuelle entre les entreprises et les sociétés dans lesquelles elles exercent leurs activités, à améliorer l'environnement pour l'investissement étranger et à accroître la contribution des entreprises multinationales au développement durable »[1].

S'il ne fait aucun doute que le mouvement de RSE est un progrès dans la régulation des grandes entreprises, il n'en reste pas moins que cette ouverture et cette transparence ne permettent en aucun cas de modifier la logique de croissance et la finalité capitaliste de l'entreprise. L'insertion sociale et environnementale de la grande entreprise s'effectue à partir de ses propres normes de gouvernance. Ainsi, depuis l'exercice 2002, les entreprises françaises cotées sur le marché français doivent préciser dans leur rapport d'activité annuel la manière dont elles prennent en compte les conséquences sociales et environnementales de leurs activités. Dans le même esprit, la loi sur les nouvelles régulations économiques (NRE) censée participer au même mouvement d'ouverture et de transparence (loi 2001-420 du 15 mai 2001), renforce le pouvoir des actionnaires ainsi que celui du comité d'entreprise. En cas l'émission d'actions, il rend obligatoire la réservation d'une partie de ces actions pour les salariés. Elle associe donc mieux à sa gouvernance les salariés de l'entreprise, mais sur la base de leur association au capital et non pas par le biais d'une meilleure reconnaissance du travail.

Le déplacement de la répartition des richesses vers de nouvelles classes dirigeantes

Ainsi, le débat sur les salaires et sur les *stock options* dans les grandes sociétés ayant adopté des normes de bonne gouvernance se fait-elle sur un juste partage des bénéfices réalisés entre actionnaires et salariés. Si l'on observe aux États-Unis comme en Europe un décrochage des revenus des classes moyennes par rapport aux hauts et très hauts revenus, « ces déceptions et inquiétudes n'ont cependant pas remis en cause le modèle social de référence »[2]. « Les fondements théoriques et culturels de la rémunération américains sont la performance, le risque et l'"*American Dream*" » (p. 312). « Dans ce modèle, les rémunérations des dirigeants sont censées constituer la juste récompense des risques pris avec succès. Le contrôle du lien entre coût de la gestion (rémunération des dirigeants salariés) et performance des entreprises est du ressort de la vigilance des actionnaires » (p. 311). Pour les actionnaires, une bonne gouvernance est donc celle qui place le niveau des rémunérations en

1. OCDE, *Principes directeurs à l'attention des multinationales*, OCDE, 2000.
2. Jeanne B., Paillaud S., « Les rémunérations des dirigeants des sociétés américaines », in *Rapport moral sur l'argent dans le monde, édition 2007*, Association d'économie financière, p. 320.

fonction directe des gains de l'entreprise. La rémunération de certains *traders* vedettes peut ainsi atteindre 33 000 dollars pour une heure (p. 313), alors que certains dirigeants salariés ont des salaires annuels de plusieurs dizaines de millions de dollars : 44 millions pour Philip Purcell dirigeant de Morgan Stanley en 2005, mais 295 millions pour Barry Diller, dirigeant de InterActive Corp, groupe de communication diversifié. Bien entendu, ce type de rémunération induit un facteur risque important. Mais ce risque a été compensé par l'émission de *stock options*, puis, après l'éclatement de la bulle financière en 2004, par des bonus. « La précarité de position ne justifie pas pour autant toujours le niveau des rémunérations. Sur une période longue de 1992 et 2005, la somme des rémunérations en seules *stock options* de certains dirigeants salariés a pu approcher voire dépasser le milliard de dollars » (p. 317). Par ailleurs, 52 % des 500 premières entreprises cotées déclarent payer la totalité ou au moins une partie des impôts d'un de leurs cadres, et ce taux est en augmentation. Le salaire moyen des cadres dirigeants de ces 500 entreprises était de 40 fois le salaire minimum légal en 1970. Il est aujourd'hui de 4 200 fois ce salaire (p. 315).

Cette évolution est un effet direct de la gouvernance d'entreprise. Le décrochage avec les salaires les plus bas a un impact sur les relations salariales, elle a un impact l'évolution de la masse salariale, qui est en augmentation et enfin, elle a un impact sur la qualité de la production. La revue *Administrative Science Quarterly* a établi une corrélation négative entre la dispersion des salaires dans une entreprise et le niveau de qualité des produits.

Les conséquences de la gouvernance se situent donc aux niveaux micro-économique et macro-économique. Il faut également mettre la gouvernance en relation avec la philanthropie (*cf.* également ci-dessus chapitre 1) pour comprendre ce qui rend possible celle-ci. En effet, la philanthropie américaine participe à l'acceptation générale des disparités de revenus. Les Américains fortunés versent généralement une partie de leurs gains en faveur des écoles, des hôpitaux, des universités, des musées. Ce modèle n'est pas sans rappeler l'évergétisme classique, selon lequel le notable répand le bien autour de lui. « Il en est récompensé par le prestige public, l'honorabilité civique, la reconnaissance des bénéficiaires et éventuellement une bénédiction spirituelle pour sa conscience religieuse » (p. 319). John D. Rockefeller a donné 25 milliards de sa fortune à une fondation, Bill Gates 31 milliards, Warren Buffett 37 milliards de dollars.

Ce « retour » de l'argent par la philanthropie est un fait économique structurel, dont ne rend pas compte la philanthropie européenne, même en extension. La philanthropie américaine s'accorde à la fois avec les valeurs et avec les résultats de la gouvernance d'entreprise. On compte 76 000 fondations (en 2005), qui dégagent plus de 32 milliards de dollars (en 2004)[1]. Ce sont précisément les grands dirigeants, actionnaires et salariés des grandes sociétés de capitaux qui composent l'essentiel des 946 milliardaires des États-Unis (au 9 mars 2007) qui les financent : « Philanthropie et mondialisation sont étroitement corrélées ». La philanthropie américaine est analysée à partir de la réussite économique et de l'importance de la religion. C'est en inscrivant la mondialisation dans un cadre religieux que peuvent être pratiquées la transparence, la confiance, l'intégrité qui caractérisent la gouvernance, et la philanthropie : « Toutes les grandes religions du monde invitent en effet leurs fidèles à faire des dons aux œuvres caritatives, à lutter contre la souffrance et la pauvreté » (*idem*, p. 415).

Comme souligné dans le chapitre 1, on prévoit un avenir radieux à la philanthropie, en raison de l'accroissement des inégalités et de la pauvreté dans le monde. Du point de vue des valeurs qui président à la gouvernance, les inégalités de revenus ne sont remises en question que lorsque les dirigeants trichent avec les actionnaires : mise en place de dispositifs opaques, attributions rétroactives de *stock options*, etc. C'est essentiellement pour lutter contre ces abus – qui sont plutôt considérés comme des dérives – qu'on observe aujourd'hui une demande accrue de transparence et d'encadrement. Ce qui est donc en jeu actuellement au niveau des entreprises, comme au niveau des marchés financiers, c'est une augmentation de l'intégrité et de la confiance, une plus grande transparence, une meilleure information financière[2]. En définitive, comme le résume Michel Pravda, président de l'autorité des marchés financiers, « la transparence est l'un des éléments fondamentaux du bon fonctionnement du marché »[3].

1. Chevalier B., « Fondations philanthropiques et mondialisation. Quels défis pour ce siècle ? », in *Rapport moral sur l'argent dans le monde, édition 2007*, Association d'économie financière, p. 418.

2. Beller A., Bernstein A., « Concurrence mondiale des marchés de capitaux dans un monde de convergence des normes de réglementation », in *Rapport moral sur l'argent dans le monde, édition 2007*, Association d'économie financière, p. 300.

3. Pravda M., « Transparence de l'information et qualité du gouvernement d'entreprise : bilan des évolutions européennes », in *Rapport moral sur l'argent dans le monde, édition 2007*, Association d'économie financière, p. 287.

Donner, recevoir rendre

Il est remarquable que le couple inégalité/philanthropie puisse être interprété à partir du cadre maussien de « l'obligation de donner, recevoir et rendre ». « Quel rapport subsiste-t-il entre la rémunération et le travail effectué par la caissière de telle grande chaîne de distribution et celle de son P.-D.G. qui reçoit plusieurs millions d'euros en stock option quand les objectifs boursiers sont atteints ou en indemnités de licenciement pour manque de résultats ? Dit autrement, la rémunération et le travail n'ont plus qu'un rapport lointain avec la production. (...) Dans ces conditions, pour la grande majorité des citoyens, ce n'est ni la performance, ni la méritocratie qui régit ces rapports, mais autre chose d'incompréhensible, mis au passif du grand capital pour certains, sur le compte des hommes de l'État pour d'autres et en tout état de cause d'une injustice faite à l'individu isolé. Alors, puisque la grammaire dont il dispose ne lui permet plus ni de comprendre le monde, ni de participer de façon logique à l'échange marchand, il se tourne vers une autre modalité d'échange, l'échange symbolique par le don. Marcel Mauss prophétisait le retour du don comme mode d'échange dans les sociétés modernes. Cette intuition trouve toute son actualité dans l'avènement de la société post-industrielle »[1].

Si l'on considère que, quand même, sans le travail de la caissière il ne peut y avoir durablement ni *stock option* ni indemnité de licenciement pour le dirigeant, c'est bien l'éclatement total entre les deux sphères du pouvoir et du travail qui fonde l'incompréhension du système économique et la recherche de sens par le don, nouveau vecteur de l'utilité sociale. L'économie sociale ne se fonde pas sur cette distinction. En tentant d'unifier les deux sphères de l'activité et du pouvoir, elle vise à rétablir une certaine égalité, qui, semble-t-il échappe totalement aux théoriciens de la mondialisation, de la gouvernance capitaliste et de la philanthropie : « ni exploitation, ni don » pourrait-on résumer.

Nous voyons dans cette utilisation du paradigme du don pour comprendre les conséquences de l'accroissement des inégalités un indice supplémentaire justifiant l'importance de la double qualité de l'entreprise d'économie sociale. Mais il manque sans doute à l'économie sociale, en dépit de nombreuses *success stories* d'entreprises, une *Social Economy Dream* qui ferait rêver les foules.

---

1. Vaccaro A., « Aspects anthropologiques et état des lieux de la philanthropie et du mécénat en France », in *Rapport moral sur l'argent dans le monde, édition 2007*, Association d'économie financière, p. 427.

La gouvernance d'économie sociale

Le retour du pouvoir de l'actionnaire dans la société de capitaux a son équivalent dans la coopérative et dans l'entreprise d'économie sociale : c'est le pouvoir du sociétaire. Cependant, alors que le pouvoir de l'actionnaire se traduit par l'affirmation d'une logique financière, le pouvoir du sociétaire se traduit essentiellement par l'affirmation d'une logique sociale ou sociétale.

Formellement, il représente une logique sociale lorsqu'il représente l'intérêt des seuls sociétaires. Il affirme une logique sociétale lorsqu'il poursuit l'intérêt de la société dans son ensemble. La poursuite de ces intérêts produit ce qu'on appelle la « plus-value sociale » (ou sociétale) de l'entreprise d'économie sociale. La plus-value sociale est facile à identifier mais difficile à mesurer : ce sont, par exemple, les obstacles juridiques et organisationnels qu'elle oppose à la délocalisation, la participation de chacun à l'administration de l'entreprise qu'elle permet, la proximité qu'elle entretient avec la population, la facilité de sa transmission, les liens sociaux qu'elle suscite.

La production de cette plus-value explique que, contrairement au pouvoir des actionnaires, le pouvoir des sociétaires ne s'oppose formellement ni au pouvoir des salariés, ni à celui des clients. Dans la coopérative de production, les sociétaires sont également les salariés ; dans une coopérative d'usagers (coopératives de consommateur, mutuelles de santé, association loi de 1901, etc.), ils représentent les « clients », les « mutualistes » ou les « associés ».

Les relations entre sociétaires et « parties prenantes » ne sont pas les mêmes non plus qu'entre actionnaires et « parties prenantes ». Ces relations expriment dans les deux cas une situation de négociation dans le cadre général de relations commerciales. Mais dans la mesure où l'entreprise d'économie sociale est rattachée à un territoire parce qu'appartenant à des habitants de ce territoire, quelle que soit sa taille, elle inscrit son action dans un partenariat plus long. Elle entretient fréquemment avec ses partenaires des relations de proximité, des liens sociaux qui vont au-delà de l'échange strictement commercial.

La gouvernance coopérative. Type 1 (coopérative de travailleurs).

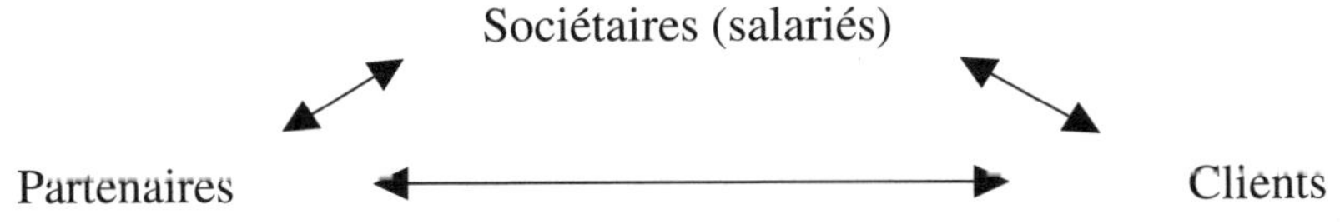

La gouvernance coopérative. Type 2 (coopérative d'usagers).

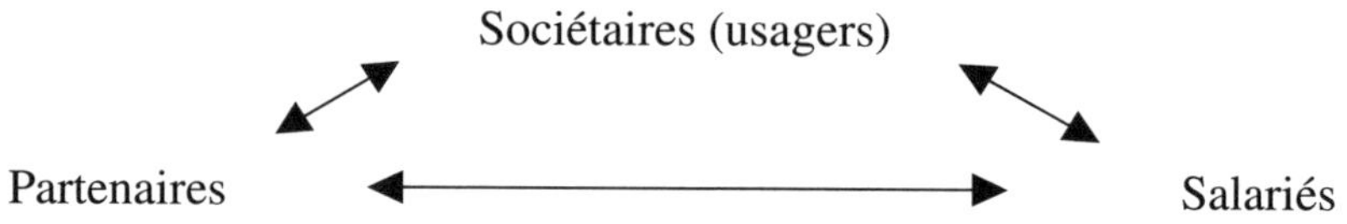

En résumé, parce qu'elle n'isole pas le pouvoir du capital, ou, plus précisément, parce qu'elle subordonne la possession d'une part de capital à l'exercice d'un rôle économique et social – celui de travailleur ou celui d'usager –, la gouvernance coopérative est fondamentalement plus simple que la gouvernance capitaliste.

LES AVANTAGES DE L'ORGANISATION ET DE LA GOUVERNANCE COOPÉRATIVES

La gouvernance des sociétés de capitaux constitue, avec les concepts de transparence, de confiance, d'accroissement d'informations qui l'accompagnent, un moyen de transformation de l'entreprise et des marchés qui permettent l'accroissement des gains financiers des actionnaires et des hauts dirigeants. L'augmentation de ces gains a des impacts nombreux sur le travail et la production. Modèle entrepreneurial originaire des États-Unis, il s'articule, aussi bien au niveau des valeurs qu'à celui des actes à une philanthropie qui représente une forme de régulation économique. Cette philanthropie est aussi un modèle culturel qui n'existe pas en Europe et moins encore en France, pays où le modèle égalitaire est sans doute le plus poussé[1].

La gouvernance coopérative a une tout autre finalité. Elle est fondamentalement plus simple que la gouvernance capitaliste parce que les principaux apporteurs de capitaux sont également les travailleurs (type 1) ou les clients (type 2). Au niveau micro-économique, elle ne provoque pas l'élargissement démentiel des revenus et la précarité qu'on observe dans les sociétés de capitaux ; au niveau macro-économique, elle n'entre pas en contradiction avec la production, ce qu'on note également dans la gouvernance capitaliste. Elle subordonne la possession d'une part de capital, et par conséquence la rémunération du capital, à l'exercice d'un rôle économique et social. Fondamentalement, la gouvernance

1. Dumont L., *Homo Aequalis, Genèse et épanouissement de l'idéologie économique*, Gallimard, 1977.

coopérative est plus économique pour la société dans son ensemble. Elle est cependant questionnée dans son identité même par les évolutions des marchés : isomorphismes, croissance externe, banalisations, délocalisation, démutualisation constituent le cadre nouveau de nombreuses entreprises d'économie sociale.

Chapitre 11

Banalisations : l'économie sociale questionnée

Banalisation et isomorphismes

Claude Vienney, comme bien d'autres, a mis en évidence « la banalisation » de nombreuses entreprises d'économie sociale dans la seconde moitié du XXe siècle. Il s'agit cependant d'observer cette évolution comme un problème à résoudre et non de façon normative. Qu'est ce qui provoque la banalisation ? La première raison avancée est généralement l'âge des entreprises. Cependant, si l'âge était le principal facteur d'isomorphisme, alors il ne pourrait concerner l'ensemble de l'économie sociale puisque, par exemple, les trois quarts des Sociétés coopératives ouvrières de production, qui sont toutes marchandes et dont le rôle est central dans l'économie sociale, ont moins de 15 ans. Or, certaines connaissent une banalisation et d'autres pas. D'autres auteurs affirment que la taille est un élément aussi déterminant que l'âge : on ne pourrait faire vivre la démocratie que dans les petites organisations. Là encore, il y a trop de contre-exemples pour souscrire à cette thèse : certaines petites organisations sont tout à fait non démocratiques, tandis que de grandes organisations – des fédérations d'éducation populaires ou des grandes mutuelles – ont mis en place un système démocratique fort.

En fait si ces deux critères d'âge et de taille reviennent régulièrement c'est parce qu'il existe un modèle de référence, plus ou moins conscient ou affirmé, de l'entreprise d'économie sociale, modèle bien souvent idéalisé. Plusieurs auteurs qui se penchent sur l'évolution de l'économie sociale prennent comme point de comparaison les associations ouvrières de 1848, dont les coopératives seraient héritières, ou les sociétés de secours mutuels de la même époque, dont les mutuelles actuelles seraient les héritières : dans les deux cas, faut-il ajouter, les coopératives et les mutuelles actuelles sont des héritières indignes, qui auraient perdu les idéaux fondateurs pour se perdre dans l'intérêt égoïste lié à la marchandisation de leurs activités. Mais l'éclatement des associations ouvrières – coopératives et mutualistes – qui se produit dès juin 1848 aboutit à leur disparition quasi totale (il en reste moins de dix, vivant dans la clandestinité après le coup d'état de 1852). En 1867, c'est une autre histoire qui s'écrit[1]. Le mouvement de 1848 est aujourd'hui idéalisé, comme le furent il y a un demi-siècle, les coopératives de consommateurs de 1900. André Gueslin montre que les problèmes de respect de la démocratie, de participation, d'équité sont constants. Il explique la création d'un âge d'or des coopératives, qui autorise de dire d'une part que « la démocratie est possible » puisqu'elle a existé et d'autre part que « c'était mieux avant »[2]. Mais il n'y aucun lieu de comparer les coopératives actuelles, y compris les coopératives de production avec les associations ouvrières de 1848. L'histoire contemporaine de la coopération ne commence que dans la seconde moitié du XIXe siècle, dans une société qui n'a plus grand-chose à voir avec celle de la première moitié du siècle : c'est le temps de la pleine croissance industrielle dans le cadre de la grande entreprise capitaliste. Or, s'il est un trait qui marque la coopération de la seconde moitié du XIXe siècle c'est plutôt son incapacité à trouver une alternative à la société de capitaux dans le secteur industriel. Cette faiblesse est toujours actuelle. Si le mouvement social s'écarte à cette date de la coopération, c'est avant tout parce qu'il constate que les coopératives de production sont incapables de lutter contre l'exploitation du travail qui se met en place au sein de la grande entreprise. D'ailleurs, le mouvement social et socialiste reviendra vers l'économie sociale à la fin du XIXe siècle et au début du XXe, autour des coopératives de consommateurs, puis des mutuelles d'assurances avec la naissance de la MAIF puis de la MACIF entre les deux guerres. Quant à la banalisation, bien sûr elle se développe massivement, mais

1. Demoustier D., *Les coopératives de production*, La Découverte, 1984.
2. Gueslin A., *L'invention de l'économie sociale*, Economica, 1998.

essentiellement après la Seconde Guerre. Nous reviendrons précisément sur ses causes et ses formes plus loin.

La concurrence et les exigences économiques génèrent de l'incertitude, qui incite les sociétés commerciales que sont les coopératives à aligner leurs pratiques sur celles de leurs concurrents, suivant ce que Jacques Moreau appelait « la plus forte pente ». Il s'agit en quelque sorte d'un choix par défaut. Bernard Enjolras explique que l'isomorphisme (qui équivaut à la banalisation) résulte de trois sources : la coercition, le mimétisme, la professionnalisation. Ce mimétisme concerne également les associations qui interviennent dans la sphère marchande. Les pressions marchandes pèsent sur de nombreuses associations et provoquent parfois un processus d'isomorphisme institutionnel[1]. Les associations dont l'activité économique est importante, et dont les cadres sont maintenant de plus en plus fréquemment formés au sein de grandes écoles de commerces – ou dans des formations supérieures de cadres sociaux ayant assimilé les normes comptables et gestionnaires de l'entreprise – ne sont pas à l'abri d'un tel mimétisme de l'entreprise. Leur situation n'est pas très différente de celles des coopératives et désormais des mutuelles. Le partage d'une utopie commune de changement social et de valeurs proches incite à penser au contraire que nul groupement n'est à tout à fait à l'abri du risque d'isomorphisme ou de banalisation.

Cependant d'autres formes d'isomorphismes touchent les associations. Le contact avec l'administration provoque un isomorphisme coercitif, qui résulte de l'emprise de l'État. La coercition insiste sur le fait que c'est l'État qui impose un fonctionnement différent, par exemple au moyen de l'évaluation.

Cette lecture de l'isomorphisme est souvent assimilée à une évolution vers l'utilitarisme des leaders de l'entreprise. L'opposition entre utilitarisme et non utilitarisme est cependant simpliste : on ne peut pas se situer soit dans l'un, soit dans l'autre. Par ailleurs, on ne peut entretenir l'illusion qu'il est possible de construire une économie sur les seuls principes de non-utilitarisme ou de solidarité. À l'échelle mondiale, le mouvement coopératif est le plus important mouvement social par l'engagement bénévole de ses membres. Dans de nombreux

1. Enjolras reprend le terme chez Di Maggio et Powell (dans un article paru dans *l'American Sociological Review* en 1983). L'isomorphisme institutionnel est un « processus contraignant qui force une unité dans une population à ressembler aux autres unités de cette population qui font face aux mêmes ensembles de conditions environnementales », cité par Enjolras B., « Associations et isomorphisme institutionnel », *Recma*, n° 261, 1996.

pays, il porte à lui seul les valeurs que le mouvement associatif porte en France. Sont-elles non utilitaristes ? Inversement, les associations évoluent-elles dans un monde non utilitariste ? Le statut juridique est-il à ce point déterminant ? Ce qui est réel et que montrent abondamment les sociologies de l'acteur, c'est que chaque acteur est à la fois utilitariste et non utilitariste, rationnel et non rationnel. Ce qui revient à dire que le problème réside dans la définition des règles qui favorisent les comportements non utilitaristes. Il faut rendre justice à Vienney, parfois considéré comme « utilitariste ». Sa rupture avec Gide, et sa fidélité à Fauquet s'inscrit non dans l'abandon des valeurs, mais dans son attachement à définir une traduction des valeurs à travers des principes, des règles et des pratiques.

DE LA BANALISATION DE L'ÉCONOMIE SOCIALE HISTORIQUE

De l'alternative à la régulation

Nous l'avons vu, l'économie sociale s'est d'abord pensée comme un mouvement alternatif. Des associations ouvrières de production jusqu'à la grande utopie de la république coopérative de Gide, l'économie sociale ambitionne de proposer d'autres pratiques économiques. Avant que la coopération de consommation développe une économie alternative de grande échelle, selon l'utopie d'une macro-république coopérative énoncée par Gide en 1889 : développer les magasins, réaliser des magasins de gros, prendre la production industrielle, puis racheter les terres. Le projet prend forme, en Grande-Bretagne, puis en France et simultanément la coopération de consommation peut soutenir les ouvriers en grève en différents pays, fonder une alliance internationale, créer des universités populaires, des maisons d'édition, des cinémas... Bref, une vraie culture de l'alternative se construit.

Dès la veille de la Seconde Guerre mondiale, le mouvement se pense progressivement de plus en plus comme un secteur à côté des trois autres secteurs (capitaliste, public et proprement privé comme l'énonce G. Fauquet dès 1935). C. Vienney est l'auteur qui, après la guerre, revendique le plus nettement cette place fonctionnelle de la coopération, et il avait la critique féroce envers ceux qui pensaient l'économie sociale en termes d'alternative. La puissance de son analyse adossée à celle de Fauquet, marque toute la seconde moitié du XXe siècle.

Depuis la fin des années soixante, on a observé deux ensembles de mouvements : l'émergence d'une nouvelle économie sociale et solidaire et une évolution très rapide et contradictoire de l'économie sociale historique.

L'essor récent de cette nouvelle économie sociale questionne certains principes coopératifs et surtout les pratiques de certaines coopératives historiques. Mais on ne peut pas pour autant opposer d'un côté une ancienne économie sociale qui serait régulatrice et de l'autre une nouvelle économie qui serait alternative, ou le contraire.

Les coopératives agricoles et les coopératives bancaires

L'économie sociale historique a connu une phase d'intégration forte dans l'économie générale au lendemain de la Seconde Guerre et jusque dans les années quatre-vingts au prix d'un affaiblissement des spécificités des entreprises, qui a pesé sur l'évolution de la conception que cette économie a d'elle-même, conception devenue largement réformatrice. Parmi ces évolutions, on peut noter un alignement des produits sur les produits des entreprises capitalistes, une logique de croissance du chiffre d'affaires, une politique de développement réalisée au détriment des investissements spécifiques, dans la formation par exemple, et en particulier la formation des administrateurs, un affaiblissement de la participation des associés et des élus, un pouvoir croissant des dirigeants salariés, un recrutement sur la compétence et non sur la culture d'entreprise d'économie sociale, un élargissement des écarts de salaires, la croissance externe débouchant sur des formes de holding avec des Sociétés anonymes parfois plus puissantes que la société coopérative mère.

On a pu parler, surtout pour les coopératives bancaires et agricoles, d'un phénomène de banalisation (J. Moreau), voire de mutation (C. Vienney) ou de dénaturation (R. Chaves, J.-L. Monzon)[1].

Claude Vienney montre que la mise en concurrence avec des groupes capitalistes oblige les coopératives et mutuelles de prévoyance en particulier à entreprendre une adaptation qui « peut même aller jusqu'à une mutation, qui leur fait perdre leurs propriétés antérieures, précisément cette capacité de conjuguer efficacité économique et cohésion sociale ». L'auteur poursuit : cette évolution s'explique par un « exercice

1. Chaves R., Monzon J.-L., *Les groupes d'économie sociale : dynamiques et trajectoires*, in Côté D. (dir.), *Les holdings coopératifs : évolution ou transformation définitive ?* CIRIEC international, De Boeck, p. 53-76.

du pouvoir par les managers, dont la légitimité repose plus sur leurs performances comme gestionnaires que sur l'élection (qui) peut renverser les rapports entre associés et l'entreprise »[1]. Le témoin privilégié du développement coopératif qu'était Paul Ramadier décrivait déjà cette transformation des entreprises coopératives : « le technicien remplace le militant et peu à peu le fait disparaître »[2]. On passe ainsi d'une explication de la dynamique des entreprises d'économie sociale en termes de buts (satisfaire les besoins collectifs des membres) à une explication en termes de pouvoir entre sociétaires, administrateurs, salariés, direction[3].

Bernard Lambert disait dès le début des années quatre-vingts que les coopératives agricoles ne servaient plus les besoins des agriculteurs sociétaires, mais celles des managers. Finalement, elles faisaient à leurs adhérents des conditions moins bonnes que celles des négociants contre lesquels les agriculteurs s'étaient associés[4] ! Ce commentaire intervient au moment où la pratique de la filialisation s'étend dans la coopération agricole. L'analyse s'est affinée avec les travaux maintenant classiques de René Mauget : certains principes fondateurs – comme ceux de l'exclusivisme (qui traduit le fait de travailler exclusivement avec les membres de la coopérative) ou de l'a-capitalisme (qui traduit le fait de ne pas rémunérer les parts sociales) – sont moins respectés, voire plus du tout[5]. Les principales causes avancées sont celles de la structuration juridique, qui réduit le pouvoir des sociétaires, et de la financiarisation, qui a pour conséquence de privilégier l'actionnaire par rapport au sociétaire. D'autres travaux montrent la grande variabilité des types de groupes agricoles : R. Guillouzo, P. Perrot et P. Ruffio définissent des configurations autocentrées (autour d'une fédération ou en fusion), polarisées (centrées sur la coopérative de base), adossées (travaillant en partenariat avec une firme plus puissante) et réticulée (privilégiant le régime du réseau). Ils complètent ainsi les typologies fondées sur les dimensions juridiques ou financières[6]. Au-delà des approches –

1. Vienney C., *L'économie sociale*, La Découverte, 1994, p. 116.

2. P. Ramadier, *Ernest Poisson*, FNCC, Paris, 1947, cité par P. M. CLAIR, in *Recma*, n° 30, 2e trim.1989, p. 80.

3. Desroche H., *Le projet coopératif*, Éd. Ouvrières, 1976, p. 334 et suiv.

4. Lambert B., « Relations contractuelles, droits syndicaux, mutualisme, coopération », Nouvelles campagnes, Fenouillet, n° 31-32, 1985, p. 48-59.

5. Mauget R., Koulytchisky S., « Le développement des groupes coopératifs agricoles depuis un demi-siècle à la recherche d'un nouveau paradigme », *Recma*, n° 287, 2003.

6. Guillouzo R., Perrot P., Ruffio P., « Stratégies d'alliances et configurations des groupes coopératifs agricoles », *Recma*, n° 285, 2002.

économiques, gestionnaires, managériales[1] – les auteurs s'accordent sur le rôle central du sociétaire et de l'animation coopérative dans les grandes coopératives et dans les groupes coopératifs. Chantal Chomel rappelle les finalités des coopératives pour animer le sociétariat : rénover le lien au territoire ; trouver les modalités d'appui à leur situation (par exemple en lien avec le démantèlement des outils de la politique agricole commune) ; promouvoir et valoriser les spécificités coopératives ; promouvoir une structuration des filières par un renforcement des alliances ; repenser la relation aux pouvoirs publics[2].

Dans les coopératives bancaires, les opérations poursuivent des finalités autres que celles des membres initiaux, plus compréhensibles à partir d'une approche en termes de croissance économique pure qu'en termes de services aux sociétaires. On observe, comme dans la coopération agricole, des concurrences d'intérêts possibles entre actionnaires et sociétaires, ces derniers ayant toujours plus à perdre que les premiers[3]. Dans le rapport « Entreprises coopératives de banque et d'assurance : des géants à la recherche de leur âme » Hervé Juvin, président de Eurogroup Institut, affirme qu'il ne reste plus rien de coopératif dans les secteurs bancaire et assurantiel qu'une « ressource stratégique majeure plaçant l'ensemble du groupe, sociétés coopératives, holding central, filiales sociétés par actions, cotées ou non, hors de toute menace d'OPA »[4]. L'auteur complète son étude en soulignant que cette transformation profonde des coopératives se double d'une « démographie plate » (*idem* p. 126) : les coopératives créent des sociétés anonymes, mais il ne se crée plus de coopératives. Cette analyse, qui a le mérite de la clarté sous estime la gouvernance coopérative au sein même de grands groupes, de même qu'elle ignore la création de coopératives, y compris de caisses d'épargne et de crédit dans différents pays du monde. En effet, comme le montre Nadine Richez-Battesti, on observe actuellement un processus de reconquête du sociétariat dans les banques coopératives, certes « inachevé », mais qui témoigne d'un retournement de tendance

1. Cariou Y., « Le bilan sociétal dans la coopérative agricole : une démarche participative pour s'ouvrir au territoire », *Recma*, n° 290, 2003.
2. Chomel C., « Coopération d'un modèle : les mutations d'un modèle », in *Rapport moral sur l'argent dans le monde, édition 2007*, Association d'économie financière, p. 177-188.
3. Ory J.-N., Gurtner E., Jaeger M., *Les enjeux des mutations récentes des groupes bancaires coopératifs français*, n° 301, 2006.
4. Juvin H., Entreprises coopératives de banques et d'assurance ; des géants à la recherche de leur âme », 2006, extrait publié in *Rapport moral sur l'argent dans le monde, édition 2007*, Association d'économie financière, p. 126.

par rapport aux quarante dernières années[1]. Il ne s'agit pas de nier la confrontation de deux modèles : nous faisons le constat que des coopératives qui se sont largement développées par croissance externe, ou plus largement qui se banalisent, peuvent, en renouvelant leur projet, se saisir de ressources internes du fait même de leur organisation coopérative. Et quand bien même l'avantage coopératif se résumerait à l'impossibilité pour les sociétés de capitaux d'acheter les coopératives, ne serait-ce pas déjà d'un intérêt considérable ? Cet avantage, par la stabilité qu'il procure, n'est-il pas intéressant pour les salariés de l'entreprise comme pour l'usager ?

La mutualité de santé

La mutualité de santé a récemment elle aussi connu une évolution décisive. L'évolution actuelle de la mutualité française est indissociable de deux faits majeurs qui la situent dans un contexte concurrentiel nouveau : le Code de la mutualité et la construction européenne. Ces deux faits interviennent alors que les mutuelles ont déjà eu à faire face au cours des deux dernières décennies à une mise en concurrence redoutable. Dans un article déjà ancien Hervé Mauroy faisait le constat de l'évolution des mutuelles en lien avec l'accroissement de la concurrence au cours des années quatre-vingts[2]. Il soulignait à cette occasion l'aspect décisif de l'éthique solidariste.

L'ordonnance du 19 avril 2001 qui transpose dans le cercle de la mutualité les directives européennes « assurances » procède en fait à sa refonte complète. En bref, elle introduit au sein de la mutualité la séparation de ses activités d'assurances et de gestion de ses réalisations sanitaires et sociales ainsi que son alignement sur la gestion des assurances commerciales, qui n'est pas sans questionner son éthique.

La modernisation provoque la diminution des contrôles *a priori* et un renforcement des contrôles *a posteriori*. Elle donne aux mutuelles de nouveaux moyens qui sont la substitution, la mutuelle dédiée et la notion de groupe. Elle renforce le rôle de l'adhérent, développe la transparence et instaure un statut des élus.

---

1. Battesti N., Les banques coopératives en France : entre banalisation et reconquête identitaire ? in *Rapport moral sur l'argent dans le monde, édition 2007*, Association d'économie financière, p. 103-114.
2. Mauroy H., « L'adaptation des mutuelles ouvertes à la concurrence », *Recma*, n° 262, 1996.

En vertu de l'article L. 111-1 du Code, les mutuelles peuvent avoir cinq activités identifiées : la couverture des risques de dommages corporels liés à des accidents ou de la maladie, les engagements dont l'exécution dépend de la vie humaine, la réalisation des opérations de protection juridique et d'assistance aux personnes, la couverture du risque de perte de revenus lié au chômage, et enfin, la caution mutualiste. À côté de ces activités d'assurance, les organismes mutualistes peuvent pratiquer des activités de prévention, de gestion de réalisations sanitaires et sociales, de gestion d'un régime légal d'assurance-maladie et maternité et enfin accepter les activités d'assurance en réassurance, qui sont renforcées.

Le principe de séparation des activités implique qu'un même organisme mutualiste ne puisse pratiquer en son sein des activités d'assurance et de capitalisation (Livre II) et des activités « œuvres sociales » (Livre III). Mais ce même principe implique également qu'au sein d'une même entité juridique ne peuvent être pratiquées toutes les activités d'assurance et plus précisément que doivent être juridiquement distinguées les activités d'assurance-vie des activités d'assurance non-vie[1].

Ingo Bode a étudié le devenir de la solidarité en France et en Allemagne à partir de l'évolution de l'assurance-maladie. Après avoir souligné le caractère central de la solidarité dans l'économie sociale, l'auteur montre les effets contrastés de la mise en concurrence des mutuelles. Certes celles-ci ont parfois tenté de mettre en place des stratégies commerciales semblant tourner le dos à la solidarité, mais simultanément elles ont organisé, en France comme en Allemagne, la riposte à la dérive assurantielle. Ces luttes montrent que l'on peut sortir de la crise autrement que par la privatisation des systèmes de santé, à condition de se battre et d'innover pour faire face aux nouveaux défis liés à la pression économique[2]. C'est la conclusion de l'analyse de Philippe Kaminski : « La nouvelle législation met en effet à la disposition des mutuelles deux outils à double tranchant, d'où pourront naître, sinon le meilleur ou le pire, du moins le maintien de l'esprit de solidarité mutualiste ou sa disparition programmée : la substitution et le transfert de portefeuille. Par ces dispositions, tout mutualiste pourra, sans le savoir sinon à participer effectivement aux débats de l'assemblée générale, voir son compte géré par un organisme cessionnaire plus ou moins lointain (en fait n'importe quel assureur exerçant comme tel dans

1. Hélary-Olivier C., Barmon, H. de, *Droits des sociétés*, Juris-Classeur, août-septembre 2001.
2. Bode I., « De la solidarité au marché ? », *Recma*, n° 278, 2000.

l'Union européenne) et sa mutuelle réduite au rang de simple boîte aux lettres »[1]. Se penchant sur les mutuelles servant une protection sociale d'entreprise, Pascale Turquet note le maintien d'une solidarité intergénérationnelle, y compris entre actifs et retraités, une cotisation en pourcentage du salaire et une plus grande solidarité familiale[2]. En fin de compte, la déréglementation « pourrait rendre (aux mutuelles) le sens social indispensable à leur pérennité » et représente ainsi « une nouvelle chance de survivre »[3]. Certes, encore faudrait-il que le « sociétaire accepte, au final, d'être un acteur responsable et conscient de son rôle au sein de la collectivité humaine que constitue la mutuelle »[4].

Les assurances mutuelles

Les assurances mutuelles se situent à un tournant de leur histoire qui leur offre trois solutions : la marginalisation, la banalisation, le développement. La marginalisation peut concerner les petites mutuelles qui poursuivent leur activité en relation avec une base sociale ou/et géographique privilégiée. Bien entendu le risque principal qui les menace est de perdre ce sociétariat : il suffit que ces mutualistes soient la cible d'une assurance concurrente pour les affaiblir de façon déterminante. L'expérience de l'indépendance et de la protection de leurs membres tentées dans d'autres secteurs, par exemple dans la coopération de consommation, incite à la prudence. La banalisation concerne les grandes mutuelles qui progressivement ont justement affronté la concurrence. Après avoir conquis une population par la qualité, la simplicité et « l'humanisation » des relations assurantielles, les mutuelles se sont trouvées confrontées à l'arrivée de nouveaux comportements consuméristes et la concurrence de la bancassurance[5]. La bancassurance dispose d'avantages concurrentiels importants puisqu'elles ont déjà les clients dans la relation bancaire. Elles sont en capacité d'offrir au même guichet la gestion de l'épargne, le financement, l'assurance. Elles disposent d'une marge par une organisation déjà existante qui leur permet de développer l'assurance

1. Kaminski P., « L'effort commercial des mutuelles de santé », *Recma*, n° 287, 2003.
2. Turquet P., « Les mutuelles de santé face à la concurrence sur le marché de la protection sociale d'entreprise », *Recma*, n° 288, 2003, p. 19.
3. Bode I., « De la solidarité au marché ? », *Recma*, n° 278, 2000.
4. Belot R., « Sociétaire mutualiste », *L'économie sociale de A à Z, Alternatives Économiques*, 2006, p. 197.
5. De Boissieu J.-L., « L'avenir du modèle mutualiste dans le domaine de l'assurance », in *Rapport moral sur l'argent dans le monde, édition 2007*, Association d'économie financièrc, p. 143-153.

au coût marginal. Il est difficile de penser que les banques ne viendront pas un jour plus franchement sur ce terrain. Deux ensembles de réponses de nature différente ouvrent aujourd'hui des perspectives pour éviter à la fois la marginalisation et la banalisation : Jean-Luc de Boissieu nomme « l'ère des archipels » la possibilité qu'ont les mutuelles de se rapprocher en mutualisant certains services, comme la réassurance, les politiques d'achats, les services de gestions de sinistres... au sein d'une Société de groupe d'assurance mutuelle (SGAM). L'archipel désigne le fait que les mutuelles membres de ce groupe gardent leur identité. Cette innovation témoigne de la capacité des mutuelles d'assurance de se donner les outils juridiques adaptés (le SGAM a été juridiquement créé en 2001, Code des assurances, article L. 322-1-3) sans nécessairement se tourner vers des structures de type capitaliste. Il n'en reste pas moins que cette évolution s'inscrit dans une inévitable course à la croissance, dont on peut se demander si elle est dans son essence en harmonie avec le projet de l'économie sociale, qui est, avant tout, de répondre aux besoins et aux attentes de la population. C'est pourquoi les mesures prises par certaines mutuelles pour établir un lien original avec leurs sociétaires sont particulièrement intéressantes. En effet, la banalisation a pour source le fait qu'on admet que le consommateur cherche uniquement le meilleur rapport qualité/prix. Ce qui paraît évident. Mais s'il est aisé de comparer les prix, il est toujours difficile de comparer des qualités. Or, établir une relation mutualiste incluant la solidarité et permettre au « client » de conforter ses valeurs humaines par un comportement responsable et citoyen peut faire partie de la qualité mutualiste. L'essor de nouvelles normes de consommation qui ne sont pas centrées uniquement sur l'intérêt étroit du consommateur et analysées comme étant motivée non par l'altruisme mais par la responsabilité, invite à explorer ces voies. La MAIF, par exemple, s'y est d'ores et déjà franchement engagée.

BANALISATION PAR LE MARCHÉ ET BANALISATION PAR L'ÉTAT

Plusieurs auteurs ont montré que la place du marché est centrale pour expliquer l'évolution des entreprises d'économie sociale et cette question est une interrogation majeure considérée comme prioritaire par l'Alliance coopérative internationale[1]. Le problème du marché est abordé en termes d'adaptation, mais aussi en termes de participation coopérative à la construction du marché. Ce type d'approche a été ouvert par Lambert et Peters[2] en 1972. Les auteurs montrent, d'une part que le prix ne naît pas exclusivement du marché, et d'autre part que la répartition des moyens de production échappe aux coûts relatifs des ressources et est largement déterminée par les politiques de multinationales.

L'analyse de la banalisation que fait J. Moreau est sans doute la plus précise. Il distingue deux causes majeures à la banalisation : par le marché et par l'État. Deux cas majeurs de banalisation par le marché existent : par le biais de la techno-structure, souvent lié au caractère technique des fonctions de direction, et par le biais du cadre financier qui implique fréquemment la création de structure de droit privé classique. Ce choix provient souvent de la difficulté à collecter des fonds propres. De façon générale, l'économie de marché a « pour effet de tendre à gommer les spécificités de l'entreprise dans ses relations avec ses usagers » et « imposer des contraintes de gestion qui tendent à déformer les règles de son fonctionnement interne »[3]. L'entreprise d'économie sociale ne peut échapper à certaines contraintes et aux difficultés qu'elles provoquent, mais les risques de banalisation varient selon les activités, les marchés, les types d'entreprises.

La banalisation par l'État comprend également deux formes : l'État la provoque en fixant le cadre juridique et en donnant des missions de service public à l'entreprise du troisième secteur, comme dans la banque ou le secteur sanitaire et social. Moreau précise que cette politique est d'esprit libéral : « L'État préfère faire faire que faire ».

Cette analyse sera souvent reprise après J. Moreau, sans d'ailleurs qu'il soit cité (non pas qu'il fut pillé, mais simplement ignoré). Il faut reconnaître à J. Moreau la précocité et la pertinence de son analyse de la banalisation. Les meilleurs spécialistes de la question comme C. Vienney et A. Chomel ne l'ignorent d'ailleurs pas.

J. Moreau précise immédiatement que la banalisation n'est pas irrépressible et « il faut apprécier les limites » des risques de banalisation, ce risque fut-il le risque le plus élevé, c'est-à-dire celui provenant de

1. Zévi A., Monzon Campos J.-L., *Coopératives, marchés, principes coopératifs*, DeBoeck-CIRIEC, 1995 ; Spear R., (coordinateur), *Co-operative Innovation and Change*, REC, ACI, rapport de Tartu (Estonie), 26-29 sept. 1996.

2. Lambert P., Peters W., Les entreprises multinationales et le Mouvement coopératif international : les impératifs financiers et de gestion, Rapport à l'ACI, Varsovie, 1972.

3. Moreau J., *Essai sur une politique de l'économie sociale*, CIEM, 1982, p. 51.

l'État attribuant une mission de service public. D'abord, « l'intervention de l'État ne peut concerner qu'une fraction de l'activité de l'entreprise (...). Ensuite, le statut même de l'entreprise lui donne une réelle liberté d'initiative pour s'adapter ». Enfin – mais seulement enfin – « il ne faut pas négliger le poids de la base, usagers du service ou simplement hommes et femmes dévoués à son fonctionnement, dont l'action ne peut pas ne pas être prise en compte par l'État, surtout lorsqu'ils sont nombreux ou représentatifs » (p. 53-55). L'auteur revient plus loin sur cette question en précisant qu'il existe trois obstacles essentiels à la banalisation : une entreprise qui se banalise rencontre des difficultés (elle perd ses adhérents, ses sociétaires et ses soutiens extérieurs), la transformation juridique en entreprise classique est difficile, voire illégale, et enfin, la pression sociale est très forte sur les entreprises du troisième secteur. On note que ce ne sont pas les sociétaires détenant un pouvoir démocratique qui agissent : c'est la société qui fait pression, dont les sociétaires. « Mais on ne peut résister à ces forces qu'en prenant appui sur une volonté collective, qui soit idéologiquement motivée. D'où l'importance, pour la survie et le développement du troisième secteur, de la définition d'une politique de l'économie sociale » (p. 59).

Au contraire de la quasi-totalité des spécialistes de la question, J. Moreau n'explique pas le fonctionnement de l'entreprise d'économie sociale à partir de l'analyse du mouvement d'économie sociale. En effet, ce mouvement n'est pas spontané, il ne peut résulter que de la définition d'une politique et d'une doctrine d'économie sociale visant à mobiliser des militants. L'économie sociale doit être sans rivage, et définir une doctrine répondant aux besoins de la société. J. Moreau ne trouve cette doctrine dans aucun spécialiste de la coopération et de l'économie sociale, et spécialement ni dans Charles Gide, ni dans Henri Desroche, qui s'appuient sur des doctrines intrinsèques au mouvement coopératif ou à l'économie sociale. La dynamique de l'économie sociale est en interaction permanente avec les évolutions sociales et il faut répondre à la question : « pourquoi recourir à l'économie sociale ? »

Il faut noter qu'alors que G. Fauquet affirme que la coopération a des affinités avec le secteur proprement privé, Jacques Moreau lui en trouve avec le secteur public, à l'image d'un Albert Thomas, sans toutefois rejoindre le courant de l'économie collective, pour qui la coopération est susceptible d'embrasser également le secteur public. Ceci dit, l'approche de Moreau de l'économie sociale n'est pas si différente de celle de Vienney qu'on pourrait le croire. L'entreprise d'économie sociale « est gérée par une association » et met en avant le « caractère spontané de la création », la « réalité de la base sociologique de l'entreprise, et sa participation au fonctionnement de celle-ci », « les conditions de gestion », « les objectifs assignés à l'entreprise », « le caractère désintéressé de la gestion », « la démocratie interne » et enfin « le statut juridique » de l'entreprise[1]. S'ils sont sensiblement différents des caractères définis par Georges Fauquet, ces « indices » comme les appelle l'auteur, révèlent d'une méthode d'analyse proche de Georges Fauquet : les statuts juridiques sont essentiels mais ne suffisent pas : il faut analyser la réalité concrète de la vie de l'entreprise pour mesurer sa coopérativité. Ce sont les pratiques mises en œuvre dans le cadre juridique qui définissent la « qualité économie sociale » de l'entreprise. C'est essentiellement par la participation à la vie démocratique que l'entreprise rejoint le projet d'économie sociale et simultanément répond aux problèmes posés par la banalisation.

LA DÉLOCALISATION

La délocalisation qui désigne le déplacement d'une activité, provoque une perte d'emplois locaux et, fréquemment, la perte d'un savoir faire. Selon le territoire de référence, c'est également l'arrivée d'une activité et une création d'emplois. Derrière le terme générique de délocalisation, on trouve une grande diversité de situations que déterminent les raisons du transfert. Pour évaluer les conséquences d'une délocalisation, il faut tout d'abord répondre à la question de savoir pourquoi une entreprise délocalise des activités. Quel est son projet ? Si elle délocalise des activités, est-ce pour réaliser de plus larges profits, pour maintenir une activité complémentaire sur place, pour développer des échanges équitables, pour promouvoir la forme coopérative dans le pays d'accueil, pour susciter un essor économique dans un autre pays ? La délocalisation n'est pas la même selon qu'elle vise l'un ou l'autre de ces buts et elle prendra effectivement des formes très différentes. Sous cet angle, ce n'est pas la délocalisation en tant que telle qui constitue un problème mais la nature des relations et des échanges entre les territoires car elle peut contribuer à renforcer les inégalités comme elle peut, au contraire, soutenir un développement aussi bien au Nord qu'au sud[2].

La délocalisation renforce les inégalités lorsqu'une entreprise profite du bas niveau des salaires d'un pays sans chercher à améliorer ces salaires et conditions de travail ou qu'elle se contente d'y exploiter une

1. Moreau J., *Essai sur une politique de l'économie sociale*, CIEM, 1982, p. 23-39.
2. *Cf.* par exemple, la stratégie de développement de la Scop Moulin Roty.

richesse naturelle. Simultanément, elle fragilise le tissu industriel du pays d'origine, qui certes gagne en niveau de vie – les produits sont moins chers – mais perd en termes d'emplois dans la filière délocalisée. C'est sans aucun doute la situation la plus fréquente.

La délocalisation peut aussi soutenir le développement quand elle organise la complémentarité entre le Nord et le Sud, qu'elle permet une meilleure valorisation d'un savoir faire ou d'une ressource naturelle locale, qu'elle permet le maintien d'activités au Nord, qu'elle intervient sur la qualité des emplois et de leur rémunération au Sud, etc. Le développement ne nécessite pas la délocalisation, mais dans le cadre de mondialisation accrue que nous connaissons, la délocalisation peut également constituer une opportunité d'instaurer des liens nouveaux fondés sur la complémentarité et l'équité plutôt que sur l'exploitation.

Un enjeu majeur du mouvement coopératif international réside dans sa capacité à bâtir des filières de production, distribution et consommation équitables, que ce soit dans des filières artisanales (secteur dans lequel le mouvement coopératif agit depuis plusieurs décennies, en Amérique Latine par exemple), les filières de production biologiques (qui sont en voie d'organisation) ou les filières agro-industrielles (comme le sucre et l'éthanol), bancaires, etc. Le mouvement coopératif est puissant et présent dans le monde entier. Il est cependant limité par la difficulté qu'il rencontre à peser sur la définition des règles économiques et commerciales au niveau international.

LES CAPITAUX EXTÉRIEURS ET LA FILIALISATION

Le manque de capitaux constitue une faiblesse quasi structurelle des coopératives que ce soit au moment de la création ou à celui du développement de l'entreprise. Ce manque de capitaux est l'une des raisons de la place extrêmement modeste qu'occupent les coopératives dans le secteur industriel où la disposition de capitaux importants est nécessaire pour réussir. Si les coopératives veulent ainsi se maintenir dans des secteurs très capitalistiques, comme l'agro-industrie, ou très concentrés, comme la banque ou l'assurance, si elles veulent se développer dans le secteur industriel, elles doivent se donner les moyens de se renforcer en capital. Là encore, ce n'est pas l'appel aux capitaux qui constitue un problème au regard de la finalité des coopératives, mais la place que les coopératives réservent au pouvoir lié à la propriété de capital et au-delà de cette place, le projet coopératif lui-même. Les banques coopératives françaises qui font appel au marché boursier, comme le Crédit Agricole, les Banques populaires ou la Caisse d'Épargne, n'octroient aux actionnaires qu'un pouvoir très limité qui ne menace pas le pouvoir des sociétaires[1]. De même quand une coopérative agricole se dote d'une filiale qui a le statut juridique d'une société de capitaux, le pouvoir des sociétaires de la coopérative n'est généralement pas directement menacé. Mais il le devient si ces sociétaires se départissent de l'exercice du pouvoir et de leur responsabilité de définir un projet coopératif[2]. L'absence de projet coopératif répondant à des besoins sociaux ou/et économiques spécifiques, a pour conséquence de laisser l'entreprise répondre aux besoins qui paraissent les plus impérieux pour son avenir et dès lors qu'il existe des partenaires financiers extérieurs, ce sont les besoins financiers. Ainsi, dans les coopératives faisant appel au marché boursier ou à des capitaux externes à la coopérative, le risque lié à la faiblesse de la vie démocratique est plus grand que dans les autres coopératives. De fait, il est fréquent dans les grandes coopératives que le pouvoir des sociétaires soit insuffisant pour qu'elles définissent des stratégies économiques originales qui permettraient de les distinguer clairement de leurs concurrentes capitalistes. En même temps, cette raison ne suffit pas à les assimiler aux sociétés de capitaux. Elles gardent des caractères spécifiques, y compris au-delà de leur statut juridique. Par exemple, au niveau des services qu'elles rendent, les banques coopératives sont celles qui se sont engagées les premières et sont toujours les plus impliquées dans les placements éthiques. Même si les situations sont très variées, les mutuelles sont nettement moins engagées dans la sélection des risques que les sociétés d'assurance, ce qui se traduit par des écarts de cotisation nettement atténués. Ce n'est pas une règle toujours vérifiable : au-delà du statut, c'est le projet de l'entreprise qui donne sens à sa stratégie.

LA DÉMUTUALISATION OU L'ABOUTISSEMENT DE LA BANALISATION

Il existe enfin un cas précis où l'entreprise coopérative peut disparaître en tant que telle : lorsque les sociétaires eux-mêmes souhaitent mener un projet financier équivalent à celui que concevraient des actionnaires. Dans ce cas, l'identité coopérative est directement mise en question

1. Ory J.N., Gurtner E., Jaeger M., « Les enjeux des mutations récentes des groupes bancaires coopératifs français », *Recma*, n° 301, 2006.
2. Mauget R., Koulytchizky S., « Un siècle de développement des coopératives agricoles en France », in *Les coopératives entre territoires et mondialisation*, L'Harmattan-IES, 2003, p. 51-76.

par les stratégies de croissance. En Grande-Bretagne, au Québec, aux États-Unis, l'entreprise coopérative ou mutualiste peut se transformer aisément en société par actions. La démutualisation est tout simplement la transformation d'une société coopérative ou mutualiste en société par actions. Au cours des dix dernières années, elle a concerné environ un tiers des coopératives et des mutuelles d'assurance en Europe. Si elle n'a pas touché la France, c'est essentiellement pour des raisons juridiques : la démutualisation est soit plus difficile, soit inintéressante en raison de l'absence ou la faiblesse des gains financiers qui y sont attachés. Le problème est cependant bien réel. Une étude de l'Association européenne des mutuelles d'assurance (ACME) de 2001 s'est penchée sur les causes et les effets des démutualisations. Lorsque des sociétaires abandonnent le projet qui a suscité la fondation initiale de leur coopérative ou leur mutuelle et poursuivent une logique essentiellement financière, l'adoption d'un statut de société de capitaux leur devient favorable[1]. Comme le souligne Jean-Louis Bancel, les démutualisations ont lieu avec le consentement des sociétaires, même si, généralement, il ne leur est présenté qu'une partie de ce que représente la démutualisation[2], comme l'illustre l'exemple suivant.

EXEMPLE : LA DÉMUTUALISATION DE L'INDUSTRIELLE ALLIANCE (CANADA, 2000)

Avant 2000, l'Industrielle Alliance est une société mutuelle d'assurance de personnes fondée en 1892. Sa mission première est d'offrir à ses membres une protection financière en cas de décès, d'invalidité et de maladie et de les aider à atteindre une autonomie financière en vue de la retraite ou de la réalisation de projets spéciaux. L'Industrielle Alliance est la cinquième plus importante société d'assurance de personnes au Canada. Elle assure plus de 2 millions de Canadiens et de Canadiennes, emploie plus de 2 800 personnes et compte un réseau de plus de 13 000 représentants exclusifs et courtiers. Son actif sous gestion et sous administration s'élève à plus de 44 milliards de dollars.

En l'an 2000, la mutuelle décide de se transformer en société par actions cotée à la bourse de Toronto (Canada). On trouvera ci-dessous

1. ACME, *Valuing our Mutuality*, 2001.
2. Bancel J.-L., « La mutualité face à la rétractation de l'État providence », in *Rapport moral sur l'argent dans le monde, édition 2007*, Association d'économie financière, p. 203.

des extraits du Guide du membre qui expliquent en quoi consiste la démutualisation.

GUIDE DU MEMBRE DE L'INDUSTRIELLE ALLIANCE

Qu'est-ce que la transformation en compagnie à capital-actions ?

Il s'agit tout simplement d'une opération visant à transformer le régime de propriété de l'Industrielle-Alliance, de compagnie mutuelle en compagnie à capital-actions.

Qu'est-ce qu'une compagnie mutuelle ?

Une compagnie mutuelle, c'est une compagnie qui appartient en quelque sorte à ses titulaires de contrat, que l'on appelle aussi « membres » ou tout simplement « mutualistes ». En effet, en souscrivant un contrat auprès de L'Industrielle Alliance, le titulaire se procure non seulement une protection d'assurance ou un contrat de rente, mais il devient aussi, bien souvent sans le savoir, un des « propriétaires » de l'entreprise.

Quels sont les droits associés à votre statut de membre ?

Comme membre de la mutuelle, vous avez le droit de voter aux assemblées générales ou spéciales de la compagnie et d'en élire les administrateurs. Le droit de « propriété » que vous détenez est cependant limité puisque vous ne pouvez ni le vendre ni l'échanger et qu'il s'éteint lorsque votre contrat d'assurance ou de rente prend fin. Vous ne pouvez donc profiter financièrement de la valeur de ce droit de « propriété ».

Qu'est-ce qu'une compagnie à capital-actions ?

Une compagnie à capital-actions est une compagnie qui appartient à ses actionnaires. C'est la forme de propriété la plus répandue dans le milieu des affaires. Les actionnaires ont la possibilité de voter aux assemblées de la compagnie et d'en élire les administrateurs, comme dans le cas d'une mutuelle. Mais ils peuvent en plus vendre ou échanger leurs actions et ainsi toucher la valeur de leur droit de propriété s'ils le désirent.

Qu'est-ce que la transformation de l'Industrielle Alliance changera ?

La proposition qui vous est soumise vise à transformer le régime de propriété de l'Industrielle Alliance, de compagnie mutuelle en compagnie à capital-actions. Les spécialistes appellent ce processus de transformation « démutualisation ». Or, en vertu de ce projet, les quelque 700 000 titulaires de contrat admissibles de l'Industrielle Alliance se verront attribuer des actions de l'entreprise. Si vous êtes un titulaire de contrat admissible, vous aurez donc désormais la possibilité de profiter concrètement de la valeur de votre droit de « propriété », converti sous forme d'actions ou sous forme de montant en argent.

☞

☞

Votre contrat d'assurance ou de rente sera-t-il touché ou modifié par cette transformation ?

Non ! Il est bien important de comprendre que la transformation du régime de propriété se réalise sans qu'aucune modification ne soit apportée à vos protections d'assurance ou de rente. Ainsi, toutes les garanties prévues à votre contrat resteront exactement les mêmes. La transformation n'a aucune incidence sur vos primes ou sur vos prestations.

(Extrait du document Guide du membre, 2000)

En affirmant simultanément aux sociétaires qu'ils seront toujours propriétaires de l'entreprise, qu'ils accéderont à un vrai droit de propriété (avec la possibilité de revendre leur part de capital), qu'ils pourront toucher ce droit en argent s'ils le souhaitent, qu'ils pourront toujours voter en assemblée générale, qu'ils rejoindront le statut « le plus répandu dans le milieu des affaires » (donc rassurant) et que leurs garanties de protection ne seront pas diminuées, la direction de Industrielle Alliance présente de façon avantageuse le statut de société par actions.

Les associés peuvent d'autant plus être sensibles à cet argumentaire qu'ils semblent ignorer leurs droits d'associés. Le texte donne l'impression qu'ils n'ont rien à perdre et tout à gagner.

Or, le fait que les mutualistes ne soient pas intéressés individuellement à l'augmentation de la valeur du capital de l'entreprise évite que celle-ci soit gérée précisément en vue de valoriser le capital. Lorsque les mutualistes deviennent actionnaires, leur intérêt est de valoriser leur action. La représentation en assemblée générale change (non plus un homme = une voix, mais une action = une voix). Seuls les propriétaires de nombreuses actions pourront se faire entendre, c'est-à-dire ceux qui poursuivent précisément une logique financière. Tôt ou tard, cette finalité remplace celle d'assurance mutuelle qui prévalait avant et qui était centrée sur la qualité de l'assurance rendue. La maximalisation du revenu des actions induit une plus grande sélection des risques assurés et une différenciation plus importante des tarifs d'assurance qui pénalise les bas revenus. Le transfert de l'intérêt des membres sur le placement financier et l'individualisation de l'intérêt induit une rupture avec la solidarité mutualiste. Enfin, le statut mutualiste explique la stabilité et la longévité des mutuelles d'assurance – L'Industrielle Alliance et née en 1892 – car il les rend indépendantes du marché des actions et non achetables (« non opéables »).

Ajoutons que les dirigeants salariés et les consultants qui les conseillent ont tout à gagner, en termes financiers de la démutualisation. Dans son étude sur les démutualisations en Europe, l'ACME précise qu'aucun cabinet de consultants appelé pour un audit n'a conseillé de garder la forme mutualiste.

NOUVEAUX ENJEUX DE L'ÉCONOMIE SOCIALE

Nous avons présenté dans le chapitre précédent les différences formelles entre la société de capitaux et l'entreprise d'économie sociale sous l'angle de la gouvernance et des rapports avec la société. Le fait que la gouvernance coopérative poursuive des buts économiques et sociaux et non pas des buts financiers réduit également le risque de conflit avec les parties prenantes (ou partenaires). Elle ajoute ainsi à son résultat une plus-value sociale ou sociétale. Alors que la société de capitaux met en présence des acteurs dont les intérêts peuvent être divergents, la coopérative tend à organiser les pouvoirs en faisant converger les intérêts des acteurs.

Nous venons de voir que dans le fonctionnement des entreprises, ces différences de gouvernance ne sont pas toujours aussi nettes : les entreprises d'économie sociale sont, comme les sociétés de capitaux, soumises à des pressions très fortes des marchés. Ces pressions contraignent les entreprises d'économie sociale, à croître. Dans le cadre actuel de la mondialisation, la croissance des sociétés de capitaux passe fréquemment par la délocalisation, l'externalisation de certaines activités, par l'appel à des capitaux extérieurs (la cotation boursière en particulier) et/ou par la croissance externe (ou filialisation : création ou achat de filiales). Certaines coopératives sont, elles aussi, amenées dans certains cas à délocaliser des activités, à rémunérer des capitaux ou à filialiser. Mettent-elles en péril leur statut coopératif pour autant ? Elles gardent généralement leur statut juridique mais gardent-elles leur finalité de service économique et/ou social, ou, au contraire, se tournent-elles plutôt vers une logique de rémunération financière comme les sociétés de capitaux ? Ces choix peuvent ne pas être incompatibles avec la finalité coopérative, à condition toutefois d'être maîtrisés et inclus dans un fonctionnement d'économie sociale.

La question n'est donc pas tout à fait tranchée. Étudiant le renouveau des coopératives d'entreprises Michel Auvolat montre qu'elles sont aujourd'hui porteuses de modèles coopératifs complexes, parfois difficilement identifiables, mais « pour le consommateur final, il peut y avoir indifférenciation entre le service de Carrefour et celui de Système U, entre la boîte de céréales "petit-déjeuner" d'une multinationale de l'agroalimentaire et celle d'un groupe coopératif céréalier, mais la répartition de la valeur dans le deuxième terme des alternatives favorise des entrepreneurs coopérateurs enracinés dans les territoires, et donc, dirait-on aujourd'hui, facteurs de développement durable »[1].

Les fusions, la croissance externe, l'appel aux capitaux extérieurs peuvent avoir des significations diverses. Dans les sociétés de capitaux, les fusions se traduisent inévitablement par des suppressions d'emplois : il s'agit de justifier auprès des actionnaires la fusion en des termes de « création de valeur ». La croissance externe, les réorganisations structurelles, les cessions d'activités visent toujours l'accroissement des bénéfices. Dans les secteurs coopératifs et mutualistes la motivation est généralement différente. Les prises de contrôle de sociétés d'assurances ou bancaire par des mutuelles ou des coopératives ne s'accompagnent pas de suppressions d'emploi. Les emplois sont ainsi plus stables dans les grandes entreprises coopératives et mutualistes que dans leurs homologues capitalistes et les recours aux délocalisations sont plus rares[2].

Il n'en reste pas moins que certaines entreprises d'économie sociale adoptent des stratégies similaires à celles des sociétés de capitaux, stratégies qui peuvent aller jusqu'à la démutualisation. D. Côté se demande ce qui pourrait inciter un gestionnaire, un salarié, un administrateur ou un membre de l'entreprise d'économie sociale à se recentrer sur les valeurs et les pratiques coopératives plutôt que de se tourner vers la démutualisation, vers quoi semblent le pousser l'évolution des marchés et l'idéologie individualiste. Selon l'auteur, les quêtes de sens, de confiance, d'éthique, d'intégrité, de légitimité jouent un rôle central et font émerger un « nouveau paradigme coopératif[3] ».

1. Auvolat M., « Les coopératives d'entreprises : développement ou éclatement », *Recma*, n° 291, 2004.
2. Gallois D., « Ecofrictions. L'exception mutualiste ? », *Le Monde*, 13 juin 2007, p. 37.
3. Côté D., « Fondements d'un nouveau paradigme coopératif », *Recma*, n° 305, 2007.

Chapitre 12

La vie démocratique de l'entreprise d'économie sociale

APRÈS L'ÉROSION DE LA VIE DÉMOCRATIQUE, LE RETOUR DU SOCIÉTAIRE ?

S'il est acquis que la vie démocratique s'était globalement délitée dans la majorité des grandes entreprises de l'économie sociale pendant la seconde moitié du XXe siècle, un retournement s'est opéré au tournant du XXe et du XXIe siècle. De fait on observe depuis le début des années 2000 de nouvelles pratiques de cette économie sociale historique :

- des recrutements intégrant un positionnement sur les valeurs (Scop, mutuelles) ;
- des programmes de formation des salariés et des administrateurs (Scop, mutuelles) ;
- un renforcement de la participation (Scop, mutuelles) ;
- concernant les pratiques bancaires, l'émergence de pratiques solidaires avec des populations défavorisées ou la promotion de banques alternatives (crédit coopératif) ;

- concernant les coopératives agricoles, mais également des mutuelles d'assurance, une réflexion et la mise en œuvre du « bilan sociétal » (Cariou Y., 2002, Chomel C. – Couturier, 2003) ;
- la réorganisation de la représentation démocratique dans de grandes structures fédératives (des mutuelles régionales) ;
- une inscription dans un développement plus territorial et moins sectoriel témoignant d'une recherche de ré-appropriation des marchés par les acteurs locaux (dans les Cuma par exemple, mais aussi des Scop) ;
- la promotion (par la publicité grand public par exemple) de la coopération et de l'économie sociale comme alternative (mutuelles d'assurances, crédit coopératif) ;
- la présentation de listes spécifiques de l'économie sociale aux élections prud'homales.

Ces nouvelles évolutions ne concernent pas toutes les entreprises d'économie sociale, mais il est indéniable que nombre d'entre elles considèrent aujourd'hui plus qu'hier que leur avenir s'inscrit dans une démarche d'économie non capitaliste. Dans tous les cas, la question de la démocratie dans l'entreprise est centrale. Le pourcentage de votant à l'assemblée générale de la MAIF est ainsi remonté significativement au cours des dernières années, pour atteindre 36 %. La possibilité prochaine de pouvoir voter par internet prochainement augmentera encore sensiblement ce taux. Autre exemple tout à fait différent : au cours d'une assemblée générale extraordinaire, la direction régionale d'une grande banque coopérative présentait la restructuration de ses agences, qui devait aboutir à la fermeture de l'une d'entre elles. La participation et le vote de membres se comportant habituellement non pas comme sociétaires mais comme clients – c'était pour certains leur première assemblée générale – a évité cette fermeture. Cet exemple n'est pas isolé : tout se passe comme si le retour des actionnaires dans les sociétés de capitaux trouvait un écho dans l'économie sociale à travers le retour des sociétaires. Le processus d'individualisation croissant toucherait l'ensemble des collectifs, selon bien sûr, deux modèles de référence de l'individu : dans un cas l'individu visant à fortifier sa rente, dans l'autre celui visant à fortifier sa personnalité. Bien entendu les grandes entreprises de l'économie sociale peuvent soit se saisir de cette nouvelle participation et l'encourager[1], soit au contraire, tente de s'y

1. Comme à la MAIF par exemple, où depuis plusieurs années, une très active cellule mutualiste met en place des actions spécifiques de sensibilisation : colloques, séminaires, livres, à l'attention des sociétaires, des mandataires, des administrateurs et des salariés.

soustraire. Nous n'avons pas cherché à observer ce double mouvement, qui est peut-être trop récent pour pouvoir être évalué. Nous avons tenté de repérer les fonctionnements démocratiques les plus fréquents, et généralement institutionnalisés dans des mutuelles de santé qui sont aujourd'hui confrontées à un puissant processus de normalisation.

Le fonctionnement interne des entreprises d'économie sociale, en particulier sous l'angle de la vie démocratique ou coopérative, est-il original ? La démocratie économique est-elle possible ? Les statuts sont-ils déterminants ou ne constituent-ils qu'un cadre permettant de justifier des valeurs qu'ils valident certes, mais de façon strictement formelle ?

Cette question a été étudiée essentiellement dans le cadre des petites entreprises et plus spécifiquement dans les coopératives de travail, qui représentent le lieu par excellence de l'exercice de l'autogestion. Des travaux anciens de Marcel Mermoz aux colloques récents, il existe d'assez nombreux travaux sur ce sujet. La grande entreprise d'économie sociale est toutefois ignorée, alors même que l'on s'accorde généralement à considérer que c'est précisément dans la grande entreprise que le problème de la démocratie se pose. Il va assez souvent de soi dans les débats que la démocratie n'est pas possible à partir d'une certaine taille. La raison est certainement liée au fait que l'on considère souvent que seule la démocratie des salariés est d'importance. Or il n'existe que très peu de grandes coopératives de travail, alors que la majorité des autres formes d'entreprises d'économie sociale qui réunissent des membres usagers (ou bénéficiaires ou consommateurs), qu'elles soient coopératives, mutuelles ou association, sont fréquemment de grande taille.

LA PARTICIPATION DES SALARIÉS

Formellement, on est tenté de dire avec Vienney que la question de la participation des salariés n'intéresse de façon spécifique les entreprises d'économie sociale que lorsque les salariés sont sociétaires comme dans les Scop. En effet, ces entreprises défendent l'intérêt collectif de leurs sociétaires, dont les relations avec l'intérêt des salariés ne diffèrent pas fondamentalement de celles qui prévalent dans l'entreprise capitaliste. Les salariés disposent des moyens classiques de représentation qui négocient avec la direction et le conseil d'administration de l'entreprise,

---

Voir par ailleurs au Québec : Levesque B., *Desjardins : une entreprise et un mouvement*, PUQ, 2005.

selon les mêmes règles juridiques que dans l'entreprise capitaliste. Selon Vienney l'absence de spécificité de l'entreprise d'économie sociale sur cette question ne disqualifie pas celle-ci du point de vue du respect de ses valeurs et de son projet car l'objet de celui-ci ne concerne pas l'intérêt général, mais « l'intérêt collectif » des associés. On se souvient que la question de la participation des salariés fut l'un des débats internes les plus essentiels du mouvement coopératif. Ainsi Bernard Lavergne souligne que dans l'entreprise capitaliste, le profit ne peut pas ne pas faire l'objet d'une discorde entre ouvriers et capitalistes. « C'est, dit-il, cet écueil du partage du profit capitaliste qui fait de tout projet de participation du personnel aux bénéfices un palliatif utile, méritoire, mais non une solution à la question sociale »[1]. Dans la coopérative, poursuit-il, « il n'y a pas de prélèvement capitaliste puisque le profit net annuel est soit versé aux réserves sociales, soit restitué aux acheteurs » (p. 159). Mais il n'y a pas, du même coup, de possibilité pour le personnel de participer aux bénéfices. Lavergne perçoit cette difficulté et précise que les ouvriers trouveront « dans une vie meilleur marché l'équivalent de la rémunération supplémentaire qui ne lui aura pas été remise ». Cependant il conseille aux coopératives de verser 15 à 20 % du profit net obtenu (le « trop perçu ») à leur personnel pour stimuler son effort et « effacer tout à fait ce complexe d'infériorité dont souffre l'ouvrier » depuis l'avènement de la grande industrie.

Si le style semble dépassé, il n'en reste pas moins que la problématique est toujours actuelle : pour la très grande majorité de la population, une entreprise qui ambitionne de représenter une alternative à l'entreprise capitaliste ne peut faire l'impasse sur le statut des salariés. Alors que nous vivons une nouvelle phase d'extension du salariat et simultanément une nouvelle dégradation de la situation salariale, l'entreprise d'économie sociale ne peut se contenter de la réponse de C. Vienney : l'intérêt des sociétaires ne peut plus être perçu comme antagonique à celui des salariés. On retrouve ainsi les premières intuitions coopératives qui attachaient la coopérative à une économie d'intérêt général, que celle-ci exprime l'intérêt premier des producteurs ou celui des consommateurs.

1. Lavergne B., *La révolution coopérative*, PUF, 1949, p. 158.

La participation des sociétaires et la taille de l'entreprise

Le problème de la faiblesse de la participation des sociétaires est complexe, et se pose, dans son principe de façon identique à toutes les formes de coopérations. Georges Lasserre avait déjà analysé longuement ce qu'il appelait « l'apathie des coopérateurs », en particulier dans les coopératives de consommation, qu'il considérait avant tout comme « un signe de confiance »[1]. Gueslin a montré qu'il s'agit d'un problème traditionnel de l'entreprise coopérative, détruisant à sa façon le mythe d'un âge d'or de l'économie sociale : dans les coopératives du début du siècle « la participation aux assemblées générales est souvent faible. (...), les règles statutaires ne sont pas toujours observées »[2]. Par exemple, le capital est parfois rémunéré sous forme de dividende, la vente au comptant, principe de base de Rochdale, n'est que peu suivie. Mais la faiblesse de la participation est aussi constitutive d'entreprises qui obtenaient souvent leurs capitaux de départ par subvention ou par une aide philanthropique. « On est loin de l'idéal mutualiste » (p. 344). Cette faiblesse provoque fréquemment une insuffisance administrative. L'auteur montre que non seulement le problème n'est pas nouveau, mais qu'il est permanent dans l'histoire des organisations coopératives, et que les carences en matière de gestion et d'administration découlant de la faiblesse de la participation constituent une véritable « plaie du fonctionnement coopératif ou mutualiste ».

Pourtant, l'idée selon laquelle la faiblesse de la participation résulterait de la grande taille des entreprises est toujours largement partagée aussi bien dans le public que chez les spécialistes.

On peut dire à coup sûr que la taille des associations est un facteur certain de l'orientation de la participation. Les fondateurs du mouvement des communautés de travail ne s'y trompaient pas. Affirmant que « le but de toute organisation est l'homme (...), la société communautaire met tout au service des hommes », ils précisaient dans les statuts de la première communauté : « La communauté devra être organisée de telle façon que tous les membres qui la composent se connaissent »[3].

1. Lasserre, G., *L'expérience coopérative de démocratie économique*, Cours à la Faculté de Droit de Paris de 1957, FNCC, 1957, p. 71.
2. Gueslin A., *L'invention de l'économie sociale*, Economica, 1987, p. 318.
3. Boitiers de montres du Dauphiné, Communauté de travail Marcel Barbu, *Règle au premier janvier 1944*, p. 8 et p. 69.

La communauté de travail Boimondau rassemblait environ 150 personnes, qui se réunissaient de façon hebdomadaire en assemblée générale. L'organisation communautaire permettait ainsi que la démocratie élective soit sous contrôle permanent de la démocratie directe.

C'est également le cas de la majorité des communautés libertaires américaines, même si certaines d'entre elles restèrent embryonniares, alors que d'autres ont connu des développements plus importants : créée en 1897, Home Colony comptait 200 personnes en 1910 et autour de 500 en 1917[1].

Cependant la taille maximale tolérée par la démocratie directe reste largement indéterminée. Le familistère de J.-B. A. Godin à Guise compte, à l'image de l'utopie phalanstérienne ou du village d'harmonie d'Owen entre 1 500 et 2 000 personnes.

C. Vienney procède à une analyse inspirée de l'analyse stratégique qui permet de montrer le caractère inéluctable de la faiblesse de la participation, en particulier dans des grandes organisations. Mais l'analyse selon laquelle la réussite économique ne passe pas nécessairement par l'accroissement de la participation des sociétaires, concerne avant tout les entreprises instituées, qui sont sous l'autorité première du directeur. C'est d'ailleurs ce que vérifie également Mintzberg à propos des grands groupes non coopératifs[2].

Observant les difficultés de fonctionnement démocratique des grandes coopératives de consommation, Lasserre définissait trois moyens pour améliorer la démocratie coopérative : un moyen organisationnel en particulier par l'organisation de la démocratie militante parallèle, un moyen économique par un meilleur intéressement et un moyen éducatif par une éducation systématique des coopérateurs[3]. La démocratie militante parallèle consiste en l'organisation d'une seconde organisation élective par laquelle des militants constituent une structure de surveillance qui fait contrepoids à « l'apathie des coopérateurs » et « la technocratie des dirigeants ». La proposition organisationnelle de Lasserre, qui s'ancre dans l'expérience de l'Union des Coopérateurs de Paris, n'est pas sans rappeler, comme il le dit lui-même, la thèse anarcho-syndicaliste sur les minorités agissantes selon laquelle le pouvoir n'appartient pas

1. Creagh R., *Laboratoires de l'utopie ; les communautés libertaires aux États-Unis*, Payot, 1983, p. 52 et p. 101.

2. Mintzberg H., *Le pouvoir dans les organisations*, 1986 (éd. originale, 1983). Voir en particulier le chap. 6.

3. Lasserre G., *L'expérience coopérative de démocratie économique*, Cours à la Faculté de Droit de Paris de 1957, FNCC, 1957, p. 73 et suivantes.

aux masses mais aux noyaux actifs de militants. Elle reprend ainsi partiellement l'idée que la représentation, syndicale ou coopérative, ne se fonde pas sur le nombre d'adhérents ou de voix, mais sur l'existence d'une organisation. Elle est d'autant plus intéressante qu'elle vient d'un « éminent universitaire et un fidèle militant coopérateur »[1], qui considère qu'à côté du principe « un homme, une voix » fondant l'organisation formelle de la coopérative, il y a place pour un principe différent, reconnaissant l'inégalité de fait entre différents militants, servant une organisation non formelle ou « parallèle ».

En vue d'étudier la démocratie d'entreprise, Albert Meister distingue quatre stades dans la vie de l'entreprise coopérative : la conquête, la consolidation économique, la coexistence, le pouvoir des administrateurs[2]. Cette typologie est élaborée sur la base du critère de l'évolution des formes d'autorité et de démocratie. À mesure que la coopérative croît, la démocratie directe disparaît au bénéfice de la délégation (qui définit le stade de la coexistence), ce processus aboutissant au pouvoir des administrateurs, stade caractérisé par l'abandon du schéma démocratique originel. Bien qu'il considère comme hasardeux la généralisation de ce modèle interprétatif, l'auteur pense qu'on pourrait en étendre les principaux traits à l'ensemble des groupes volontaires. C'est même là, affirme-t-il, la cause du désintérêt envers l'éducation coopérative qui n'a finalement aucune utilité compte tenu des « conditions de gestion et la portée de travail de ces groupes »[3]. Ce désintérêt provient d'une part de la discipline à laquelle on doit s'astreindre dans ces activités et qui rappelle la vie au travail, et d'autre part, de la perte du lien de la coopération avec le mouvement ouvrier : « Partis d'un tronc commun, la coopération, le syndicalisme et les partis ouvriers se sont diversifiés et chacun d'eux se trouve aux prises avec ses propres vicissitudes. Mais ils semblent rencontrer dans la désaffection de leurs membres un obstacle commun. Pour eux tous, les possibilités de consommation apportées aux individus par l'augmentation de leur niveau de vie ont affaibli l'esprit de participation et personne ne voit bien aujourd'hui comment ils surmonteront cet obstacle, comment ils ajusteront leurs buts à ces conditions nouvelles ». À travers l'analyse de l'intégration économique des coopératives, Meister se penche ainsi sur l'évolution

1. Chomel A., « Georges Lasserre (1902-1985) », *Recma*, hors série, 1985, p. 5.

2. Meister A., « Quelques aspects méthodologiques de la recherche sociologique dans les associations volontaires et les groupes coopératifs », BECC, Paris, 1962, ronéo, p. 91-113 ; Meister A., « Démocratie et participation », *Sociologie du travail*, n° 61-3, p. 236-252.

3. Meister A., « Démocratie et participation », *Sociologie du travail*, n° 61-3, p. 252.

récente du mouvement ouvrier, et en décrit l'affaiblissement sur le plan de la mobilisation. Concernant la composante coopérative, Meister, qui s'intéresse avant tout à la coopération ouvrière de production, sous-estime l'importance des mouvements de coopération agricole et bancaire, qui ne sont pas directement liés au mouvement ouvrier. Ceci ne remet pas en question ses conclusions relatives à la faiblesse de la participation, puisque la coopération bancaire et la coopération agricole qui sont les plus puissantes sur le plan économique sont également parmi celles où la participation est la plus faible. Mais leur présence témoigne du fait que la coopération n'est pas seulement une composante du mouvement ouvrier, mais une composante d'un mouvement social bien plus large, qui touche la quasi-totalité des classes sociales, y compris dans les pays qui n'ont pas connu de révolution industrielle.

LA DÉMOCRATIE DANS LES GRANDES ENTREPRISES : L'EXEMPLE DE MUTUELLES DE SANTÉ

Le regroupement des mutuelles

Encore plusieurs milliers il y a quelques années, les mutuelles de santé ont amorcé un mouvement de regroupements qui est encore moins d'être achevé. Par exemple, 33 mutuelles de Loire-Atlantique se sont réunies pour fonder Loire-Atlantique Mutualité qui mène des activités aussi diverses que les garanties médico-chirurgicales, la prévoyance, l'éducation tous publics, la participation à des réseaux sanitaire et social (deux cliniques, cinq centres dentaires, un centre d'optique), une plateforme de services, un centre de vacances, une mutualité retraite avec gestion de centres d'accueil, deux pharmacies.

De nombreuses mutuelles comptent désormais plusieurs centaines de milliers de membres et couvrent un ou plusieurs départements. La plus étendue est la Mutuelle générale de l'éducation nationale. Les mutuelles sont fédérées au sein de la Fédération national de la mutualité française (environ 2 000 mutuelles) et couvrent environ 38 millions de personnes.

L'accroissement de la taille des mutuelles pose de nouveaux problèmes à leurs dirigeants comme, par exemple, la réactivité dans la prise de décision, la vie démocratique, la communication externe, l'intérêt général, les relations mouvement, entreprise, salariés, l'innovation et le développement des activités, les relations avec la fédération... Dans un tel contexte, l'assemblée générale n'est pas le lieu privilégié de vie démocratique de la grande entreprise. Les assemblées générales régionales ou d'établissement, les travaux menés dans des commissions, des groupes de travail, des échanges entre établissements, les tutorats, les parrainages de nouveaux membres, les formes de sensibilisations aux valeurs coopératives ou mutualistes, les structures fédératives, de réseaux, etc., sont autant de lieux de participation.

Mais faut-il rappeler que dans la petite entreprise également, l'assemblée générale n'est pas le lieu essentiel de la vie démocratique. Que l'assemblée générale se déroule en respect des statuts est bien entendu à la fois nécessaire et essentiel. Mais, quelle que soit la taille de l'entreprise, c'est bien dans des réunions formelles ou informelles que vit la démocratie. On observe en général des réunions trimestrielles ou mensuelles (voire hebdomadaires), réunissant tous les membres (d'une Scop par exemple) à l'image d'une assemblée générale, et des rencontres fréquentes moins formelles où sont prises les décisions.

Dans les grandes entreprises, ce qui est en jeu est l'apprentissage de la démocratie entre plusieurs milliers, voire plusieurs millions de membres. De nombreux mouvements de l'économie sociale ont produit des rapports ou des guides[1]. L'Institut Français des Administrations a initié plusieurs travaux sur le rôle des administrateurs[2] Nous présentons ci-dessous des pratiques démocratiques que l'accroissement récent de la taille des mutuelles a suscité[3].

Organisation de la prise de décision et démocratie

Le premier problème qui se pose est celui de l'harmonisation des différents modes de prises de décision. En règle générale, les principaux sont les suivants :

1. Au quotidien, les décisions sont prises par le binôme président/directeur. Les réunions régulières président-directeur général sont si besoin élargies au groupe de direction (directeur général adjoint, directeur commercial, directeur général départementaux si la mutuelle est régionale).
2. Le bureau a en réalité deux fonctions.

1. *Cf.* par exemple l'excellent Guide de l'administrateur produit par la Confédération française de la coopération agricole, aujourd'hui Coop de France.
2. *Cf.* Bloch-Lainé J.-M., « La gouvernance dans les grandes associations et fondations », in *Rapport moral sur l'argent dans le monde, édition 2007*, Association d'économie financière.
3. Informations recueillies par interview d'administrateurs mutualistes.

- Un rôle exécutif : il se réunit en présence du directeur, et de responsables de commissions spécialisées ; lorsqu'ils existent, les vice-présidents suivent une activité particulière. Le bureau se réunit généralement mensuellement. Si besoin une réunion exceptionnelle peut être convoquée.
- Un rôle politique : il comprend des membres représentatifs du tissu géographique, qui prennent aussi en charge des dossiers ou des commissions ; dans certains cas des réunions du « bureau politique » ont lieu sans le directeur, au rythme de quelques réunions annelles.

3. Le conseil d'administration prend les décisions importantes. Il se réunit en général une fois par trimestre ; il donne l'orientation stratégique. Il peut donner une délégation partielle de pouvoir à des commissions spécialisées. Les salariés y sont représentés.
4. Les orientations générales sont définies en assemblée générale. Celle-ci se réunit annuellement. Dans les plus grandes mutuelles qui couvrent un territoire national, il existe des AG régionales qui envoient des délégués en AG nationales. Il est fréquent que les AG régionales et l'AG nationales réunissent, chacune, plusieurs centaines de membres.
5. Des commissions spécialisées permettent d'informer tous les leaders avant une décision importante (exemple commission clinique ou sanitaire).

   Les commissions se réunissent selon les besoins, en général 3 à 4 fois par an. Elles font office de ministères : la prévention, les finances, le développement... Souvent permanentes, parfois occasionnelles, elles sont souvent le lieu d'articulation de la logique démocratique et de la logique professionnelle. Mais elles offrent également des lieux d'expression démocratique spécifiques. Leur fonction en termes de réactivité est d'être « un laboratoire d'idées » et de préparer des dossiers « pointus » ensuite soumis à l'approbation du Conseil d'administration.
6. Les élus ont également des mandats dans les fédérations : FNMF, FNMI, UNMH... dont ils rendent compte. Dans la société moderne qui est avant tout « ouverte », le message mutualiste ne peut passer dans le corps social que s'il est unifié, relayé à un plan national et international. La participation à la vie des fédérations est la condition indispensable pour que ce message ne soit pas produit par une technocratie orpheline de sa raison d'être, qu'il soit l'expression de la réalité des adhérents.
7. On observe fréquemment un emboîtement des représentations électives. Ainsi à Mutouest, il existe 13 pays avec des assemblées locales. Les pays sont représentés en désignant dans le cadre de « primaires »

les membres délégués pour le conseil de gestion local et les membres au conseil d'administration départemental ; au niveau départemental, on désigne les membres du conseil d'administration et de l'assemblée générale de la mutuelle (régionale). L'assemblée générale régionale élit à son tour le conseil d'administration régional. La mise en place des pays avec participation de militants élus est considérée comme un facteur clef de la vie démocratique. Après validation par le conseil d'administration, les pays peuvent réaliser des actions locales. Cet échelon doit faciliter les relations entre les adhérents et le conseil d'administration.

Finalement on obtient pour une mutuelle « moyenne » :

- au niveau régional : une assemblée générale annuelle, un conseil d'administration trimestriel, parfois bimensuel avec représentation des salariés, un bureau mensuel au minimum et visioconférences, un bureau qui entre autre, se charge des comptes rendus des mandats aux fédérations (FNMF, FNMI, UNMH) ;
- au niveau départemental : bureau départemental (membres du conseil d'administration régional), conseil d'administration départemental (membres du conseil d'administration régional), comptes rendus des mandats (UD et autres départements) ;
- au niveau des pays ou secteurs géographiques ou entreprises : trois sections de pays avec assemblées locales, commissions diverses : statuts, finances, élus, santé/prévoyance...

Selon les nouveaux statuts de la mutualité, les salariés ne peuvent devenir administrateurs, mais sont représentés dans les instances. Des journaux, lettres, bulletins de liaisons relient ces différentes instances et les membres. Les élus s'accordent pour considérer que l'intervention, l'information et la participation sont essentielles. La représentation par pays ou par entreprise est sans doute le maillon essentiel de la vie démocratique. C'est également celui qui permet de passer d'une problématique d'entreprise à celle d'un mouvement : le service n'est pas seulement la santé, c'est la mutualisation de tous les problèmes qui se posent aux personnes dans leur environnement de vie : logement, précarité, lien social, sport, loisirs... L'assemblée générale annuelle n'est pas considérée comme le lieu d'expression démocratique, mais bien plus les assemblées locales, les activités sociales, les commissions spécialisées, les groupes de réflexions informels et les sessions de formations ou de sensibilisation.

La démocratie face à un problème complexe

L'évolution rapide de l'environnement social, politique, économique et culturel impose une réactivité plus grande, plus rapide de l'organisation mutualiste, suscitant l'adaptation de l'organisation. La permanence de la transformation des organisations constitue, selon V. De Gaulejac, un caractère singulier qui doit être étudié en tant que tel. La distance entre la production d'un service et la projection dans l'avenir de l'organisation que rendent nécessaire l'anticipation et la production d'un service nouveau, crée une disjonction : l'organisation actuelle ne peut convenir pour mettre en œuvre les projets d'avenir. Peut-on concevoir une organisation qui soit adaptée à la fois à la production du service déjà conçu et la mise en œuvre de nouveaux services ? De Gaulejac est relativement pessimiste : les hommes ne peuvent pas travailler ensemble et durablement dans une organisation qui se transforme en permanence. Cette difficulté est source d'une usure mentale comme l'explique Christophe Dejours, que les hommes ne supportent pas longtemps. Cette question touche davantage les salariés que les administrateurs, mais c'est un problème pour les administrateurs, qui revêt dans l'entreprise d'économie sociale deux aspects. Le premier est un problème de management commun à toutes les entreprises : comment gérer ce hiatus entre les besoins de l'homme et ceux de l'organisation ? Le second touche spécifiquement les entreprises d'économie sociale dans la mesure où ce problème heurte directement l'éthique et les principes mutualistes, associatifs et coopératifs. Il semble qu'une des façons de sortir de cette difficulté pourrait être trouvée dans un management autoritaire provoquant une obéissance obtenue sous contrainte. Mais J. Munoz et P. Guiol montrent qu'une gestion autoritaire des ressources humaines et un mauvais climat social ont un impact sur la santé des travailleurs, notamment dans le registre des pathologies à composante anxio-dépressive. À l'inverse, un management participatif a un effet favorable sur la santé[1]. Ce qui montre tout l'intérêt de la vie démocratique, au-delà de la question du pouvoir, comme mode de participation active à la vie de l'entreprise faisant se rejoindre l'intérêt de l'organisation et celui de l'homme au travail. C'est dans la mesure même où elle est spécifiquement touchée que l'entreprise d'économie sociale est simultanément en mesure d'apporter une réponse à ce problème : la réactivité serait liée à l'intensité de la vie démocratique. Toutefois, si d'un point de vue théorique, on peut aisément montrer ce lien – les adhérents sont également les hommes et

1. Guiol P., Muñoz J., « Management, participation et santé des salariés : des médecins et des salariés parlent », *Recma*, 304, 2007.

les femmes qui rendent nécessaire la transformation de l'organisation parce qu'ils sont les producteurs des attentes sociales auxquelles la mutuelle, la coopérative, l'association ambitionne de répondre –, il en va tout autrement d'un point de vue pratique car cette conjonction entre homme et entreprise ne débouche pas nécessairement sur la règle qui voudrait que plus de démocratie engendrerait plus de réactivité. On observe fréquemment que le fonctionnement démocratique est d'autant plus praticable que le délai de réponse dont l'entreprise dispose pour répondre à un problème est long : il est difficile à mettre en œuvre pour les questions de court terme et plus aisé pour les questions de long terme.

Une problématique commune avec de nombreuses associations : l'innovation pour mieux servir l'intérêt général[1]

Les mutuelles prennent en charge des activités en relation avec l'État : RSS, CMU en particulier. Il s'agit bien de produire un service considéré par l'État lui-même d'intérêt général. Ensuite, elles prennent en charge des activités de façon volontaire, indépendamment de toute convention, et qui s'adressent à tout public (prévention santé) ou à un public en situation de risque potentiel (saisonniers des stations de sports d'hiver par exemple) ou encore en difficulté réelle (toxicomanes, personnes isolées...), qui sont financées par les adhérents.

Il existe d'ailleurs une relation entre ces divers services, qui donne tout le sens de l'action mutualiste : un service proposé initialement par les mutuelles peut ensuite devenir, par la reconnaissance de l'État, un service d'intérêt général dûment reconnu comme tel : c'est le cas, entre autres, de la Couverture sociale universelle, qui est à l'origine une idée mutualiste.

Mais peut-on servir l'intérêt général sans le dire et même le revendiquer ? Ou, au contraire, pour le servir réellement, doit-on ne pas le dire ?

Cette question touche bien entendu le cœur de la communication mutualiste : Vivendi s'offre une image d'entreprise solidaire en donnant un chèque le jour du téléthon, mais de nombreuses mutuelles ne communiquent pas sur la solidarité qu'elles mettent en œuvre au quotidien. Ainsi une mutuelle fait un chèque à la Banque Alimentaire en conditionnant ce don à l'absence de publicité. C'est que le don de Vivendi et celui de la

1. Bancel J.-L., « La mutualité face à la rétractation de l'État providence », in *Rapport moral sur l'argent dans le monde, édition 2007*, Association d'économie financière.

mutualité ne sont pas de même nature : le premier est support de publicité alors que la solidarité mutualiste est une finalité. L'éthique mutualiste se perd en faisant parler d'elle : la publicité ne va-t-elle pas contribuer à stigmatiser la population bénéficiaire en la plaçant dans une situation de dépendance, voire de victime secourue ? Auquel cas on agit contre l'intérêt de la personne. C'est pourquoi, historiquement, on ne fait pas commerce de la solidarité mutualiste.

Mais inversement, le fait que les mutuelles interviennent aujourd'hui dans le cadre concurrentiel, face à des sociétés d'assurance classiques modifie l'environnement dans lequel le message mutualiste est reçu, à un point tel que l'argumentation qui précède peut être retournée. Le message mutualiste, s'il s'en tient à l'affirmation d'une finalité dont il ne présente pas les moyens, peut être tenu pour... un discours. La publicité de Vivendi, disant « Voilà pour le téléthon » peut être entendue et vue comme un fait réel. On voit mal comment les mutuelles pourraient échapper à ce problème autrement qu'en expliquant non seulement aux adhérents mais aussi au grand public, ce qu'elles font. « Dire ce que nous faisons, faire ce que nous disons » affirme, en écho à de nombreux coopérateurs, un responsable de mutuelle. Si la mutuelle sert l'intérêt général, tout citoyen est en droit de savoir comment, et doit être considéré comme un mutualiste potentiel. Aujourd'hui bénéficiaire, demain mutualiste, parce que le devoir de solidarité est l'autre face du droit à la solidarité. Ou comme le dit Michèle Boulègue, « rebâtir un pacte avec la société civile », qui déborde la démocratie politique.

Pour des motifs historiques comme pour des raisons stratégiques, le partenaire de l'économie sociale dans le nouveau contrat à bâtir est non pas d'abord l'État mais la société civile. Dans ce contexte, les mutuelles ont une mission d'information et de formation à la démocratie, afin que le grand public, mais aussi un grand nombre de leurs adhérents, ne les considèrent pas comme des assurances dont ils seraient des clients, mais un bien commun dont ils sont membres. De nombreuses actions sont d'ores et déjà réalisées : l'aide bénévole de sociétaires dans les problèmes de solitude, de handicap, d'exclusion, de prévention dentaire, l'organisation de rencontres ludiques, remplaçant en quelque sorte la fonction de la mutuelle de base, la formation des administrateurs, la promotion de rencontres avec des délégués de base en vue de renforcer des liens non fonctionnels, l'organisation de journées de rentrée, formatives et conviviales...

La taille de l'entreprise ne constitue pas un obstacle à la participation. Il s'agit de définir de nouvelles voies... tout comme la démocratie politique représentative l'a fait à partir de 1870, après près d'un siècle de tâtonnements cherchant à dépasser les formes de la démocratie directe. Qui aujourd'hui ne défendrait que la démocratie locale directe sans juger nécessaire l'établissement d'une démocratie politique nationale et internationale ?

Chapitre 13

Les structures d'insertion, espaces d'exploitation ou de solidarités ?

L'ENTREPRISE SOCIALE ET LA DYNAMIQUE DE L'ÉCONOMIE SOCIALE

L'entreprise[1] sociale a fait irruption au cours des dix dernières années dans le vocabulaire de l'économie sociale. Comme le rappelle Hugues Sibille, les premières études qui identifient l'entreprise sociale sont produites à la Harvard Business School aux États-Unis en 1993. Des travaux sont repris dans plusieurs universités américaines avant que soit créée en 1998 la Fondation Schwab pour l'entrepreneuriat social en 1998. La même année, l'OCDE publiait un rapport sur les entreprises sociales en Europe. Sous l'impulsion de Tony Blair, une unité de l'entreprise sociale est créée au sein du ministère de l'Industrie et du Commerce anglais (2002), puis six écoles d'entrepreneurs sociaux. Le terme commence

1. Une partie de ce chapitre a été initialement publiée dans *Les inemployables. Éducation permanente*, n° 156, 2003.

à être repris en France, par des écoles (chaire à l'Essec), des assises, une fondation (Ashoka)[1]. De quoi s'agit-il ? Une définition produite par le réseau EMES, présidé par Jacques Defourny, fait aujourd'hui autorité. Il définit l'entreprise sociale à partir de neuf indicateurs, quatre relatifs à la dimension économique et entrepreneuriale et cinq relatifs à la dimension sociale. Il faut immédiatement spécifier que ces neufs indicateurs ne prétendent pas « cerner toute la réalité des entreprises sociales », mais constituent des faisceaux d'indices. Les quatre indicateurs économiques sont une activité continue de production de biens et/ou de services, un degré élevé d'autonomie, un niveau significatif de risque économique, un niveau minimum d'emploi rémunéré ; les indicateurs sociaux sont une initiative émanant d'un groupe de citoyens, un pouvoir de décision non basé sur la détention du capital, une dynamique participative, impliquant différentes parties concernées par l'activité, une limitation de la distribution des bénéfices, un objectif explicite de service à la communauté[2]. Les coopératives sociales italiennes, la société coopérative d'intérêt collectif française, les coopératives d'activités et les coopératives d'emploi françaises, les sociétés à finalité sociale belges, témoignent, entre autres, de l'émergence de l'entreprise sociale[3]. Le réseau EMES considère ces entreprises comme des entreprises de l'économie sociale. Il faut préciser néanmoins que toute l'économie sociale ne peut se reconnaître dans l'entreprise sociale, dont l'objet est limité au regard de la diversité des champs de l'économie sociale. Cette précision nous paraît utile. La vogue annoncée de l'entreprise sociale pourrait être un nouvel avatar enfermant, une fois de plus, l'économie sociale dans une économie du social. Le risque est réel en raison de la définition très large de l'entreprise sociale, qui certes « laisse le champ

1. Sibille H., « L'entrepreneuriat social, un mouvement durable », in *Rapport moral sur l'argent dans le monde, édition 2007*, Association d'économie financière.

2. Borzaga C., Defourny J., Adam S., *The Emergence of the Social Enterprise*, Routledge, Londres, 2001, EMES, L'émergence des entreprises sociales en Europe, Centre d'économie sociale, Université de Liège, 1999.

3. *Cf.* outre les travaux du réseau EMES autour de J. Defourny (Université de Liège), voir les publications dans la *Recma* sur ces thèmes en particulier : sur la Belgique, Ballet J., *Recma*, n° 266, et Simon M., *Recma*, n° 274. Sur l'Italie, Borzaga C, *Recma*, n° 266, et Zandonai F., *Recma*, n° 286, 2003. Sur la France : Dacheux E., Goujon D., *Recma*, n° 284, 2002, Giacometti D., *Recma*, n° 281, 2001, Manoury L., *Recma*, n° 281, 2001, Draperi J.-F., *Recma*, n° 288, 2003. *Cf.* également Sibille H., in *Rapport moral sur l'argent dans le monde, édition 2007*, Association d'économie financière. Sur l'Allemagne, Münkner H., *Recma*, n° 281, 2001. Sur le Canada : Malo M.C., *Recma*, n° 281, 2001, Vézina M., Girard J.P., *Recma*, n° 286, 2002.

ouvert et respecte la "biodiversité" des entrepreneurs sociaux »[1], mais est susceptible de rallier, de proche en proche, des réalités partageant un autre projet politique que les entreprises sociales. Il est dit que les Coopératives d'Activité et d'Emploi sont des entreprises sociales ; mais les fondateurs des CAE, leurs membres, leurs fédérations l'accordent-ils ou revendiquent-ils plutôt leur appartenance au mouvement coopératif et plus largement à l'économie sociale ? C'est la seconde proposition qui est la bonne. Les Scic sont-elles des entreprises sociales ? Certaines, sans doute, mais pas toutes assurément. Et les mutuelles, les assurances mutuelles, les Scop ?

La force idéologique d'un mot est souvent conditionnée par une certaine faiblesse conceptuelle. C'est pourquoi il nous semble important de poursuivre la validation empirique du terme d'entreprise sociale et de mieux situer ses limites. Que désigne-t-on empiriquement par entreprise sociale ? Si les classifications peuvent différer les une des autres selon que l'on privilégie la finalité, le public, le fonctionnement, le statut juridique etc., les entreprises sociales partagent le trait commun de s'appliquer à l'action sociale au sens large : le logement, l'insertion professionnelle, l'action en direction des personnes handicapées, la vie de quartier...[2] Observer les entreprises sociales sous l'angle de la confrontation aux principes de l'économie sociale, c'est donc étudier les modalités de la rencontre actuelle de deux traditions de pratiques : celle de l'action sociale et celle de l'économie sociale[3].

L'exemple des structures travaillant dans le champ de l'insertion constitue l'exemple le plus remarquable de la rencontre du travail social et de l'économie sociale. Les structures d'insertion[4] peuvent être analysées comme des lieux d'exploitation du travail qui contribuent à réguler les processus d'exclusion en définissant les exclus sociaux avant tout à partir de leur employabilité. Mais elles constituent également des lieux de solidarité innovants qui définissent des pratiques associatives et coopératives originales. Les structures d'insertion sociale sont ainsi le lieu de nouvelles pratiques sociales. Hier interrogé sur ses modes opératoires, le travail social est aujourd'hui confronté à la définition même de

1. Sibille H., « L'entrepreneuriat social, un mouvement durable », in *Rapport moral sur l'argent dans le monde, édition 2007*, Association d'économie financière, p. 260.

2. *Cf.* Chopart J.N., Outin J.L., Palier B., Produire les solidarités : la part des associations, MIRE, Coll. « Rencontres et recherche », 1997.

3. *Cf.* Draperi J.-F., « Action sociale, économie sociale et solidarité : du travail social et l'économie sociale », in Prieur E. et Jovelin E., *Quel social pour quelle société ?* L'Harmattan, 2001, p. 273-285.

4. Publié dans *Éducation permanente*, n° 156, 2003.

son cadre institutionnel. Il ne peut poursuivre son œuvre éducative qu'à la condition de ne pas se laisser subordonner à la logique économique. Les pressions croissantes qu'exercent aussi bien la puissance publique – par le biais, entre autres, des évaluations – que l'économie dominante – par le biais du marché – le contraignent à innover à travers la recherche d'alternatives en termes d'économie sociale. Ce déplacement suppose un renforcement des rapports de solidarité entre travailleurs sociaux et bénéficiaires de l'action sociale.

LES STRUCTURES D'INSERTION AU CŒUR DE LA SOCIÉTÉ

En deux décennies, les structures d'insertion sont devenues une réalité importante de la société française. Jusque dans les années soixante-dix, les structures d'insertion s'adressaient quasi exclusivement aux personnes handicapées mentales et physiques. Les Centres d'aide par le travail (CAT) et les Ateliers protégées (AP) se créent au cours des années cinquante et sont reconnus en 1957. Parallèlement, les Centres d'hébergement et de réadaptation sociale (CHRS) ont prolongé l'hébergement qu'ils proposent par l'accompagnement social et l'insertion par le travail.

À la fin des années soixante-dix, des éducateurs de prévention conçoivent les premières entreprises intermédiaires à l'attention d'un public différent. Reconnues en 1985, elles connaissent quelques vicissitudes avec les pouvoirs publics, et sont à nouveau reconnues en 1988, sous le nom d'entreprise d'insertion. Simultanément, après l'expérience fondatrice de l'Alma Gare (Roubaix) naissaient les premières régies de quartiers. Enfin, les associations intermédiaires voient le jour dans un contexte politique et législatif différent, en 1987. Au cours de cette décade se développent également les stages de formation alternée – d'insertion, de qualification –, ainsi que les mesures proposant des statuts intermédiaires ou de « transition » : les travaux d'utilité collective, les contrats emploi consolidé, les contrats emplois solidarité, les contrats d'initiative emploi, les contrats d'initiative locale.

La rupture des années quatre-vingts est essentielle. Avant cette décade, les structures d'insertion s'inscrivent dans la longue histoire de la folie et du handicap, c'est-à-dire dans la réponse sociale au pathologique ; après les années quatre-vingts, elles sont la réponse sociale à de multiples formes d'exclusions essentiellement économiques et sociales.

On attribue cette rupture à la nécessité de refonder le social après la crise de l'État providence[1]. Dans cette contribution, nous souhaitons montrer que l'action sociale œuvrant dans l'insertion depuis les années quatre-vingts va plus loin encore, allant jusqu'à définir une nouvelle forme d'entreprise au sein de laquelle le rapport social fondamental est un rapport de solidarité propre à l'économie sociale et non le rapport d'exploitation typique de l'entreprise capitaliste.

Les structures d'insertion sont généralement abordées dans le cadre d'une problématique de travail social : en effet, elles sont dans la majorité des cas portées par des travailleurs sociaux s'inscrivant soit dans les cadres traditionnels du travail social soit dans les nouveaux métiers de l'action sociale, et elles poursuivent une finalité sociale d'accueil, d'orientation, de formation et/ou d'insertion de populations en difficultés[2]. Dans ce cadre, on peut les désigner comme des structures, des organisations, voire des mesures d'une politique publique. Mais on peut également présenter ces initiatives à partir d'une perspective entrepreneuriale. L'entrée est alors celle de l'économie sociale. Considérer ces structures comme des entreprises – ce qu'elles sont en règle générale – induit une approche sensiblement différente et complémentaire de celle privilégiée par le travail social. Nous verrons dans un premier temps pourquoi l'approche en termes de rapports d'exploitation est insuffisante et doit être doublée par une analyse en termes de rapport de solidarité. Dans un second temps, nous préciserons la définition de ce rapport et montrerons les caractères innovants des entreprises sociales ainsi que l'actualité de l'entrepreneuriat coopératif.

Un rapport d'exploitation ?

Si l'on se situe dans le cadre de l'entreprise, on peut légitimement approcher le travail des personnes en insertion à partir de la définition marxiste de l'exploitation. L'exploitation est la production par des travailleurs d'un surproduit accaparé par les propriétaires des moyens de production. On pourrait ajouter que l'exploitation dans les structures d'insertion est souvent plus vive que toute autre, parce que les personnes en insertion sont moins représentées, moins bien payées, et ne jouissent parfois pas même d'un contrat de travail (comme dans les CAT). On

1. Rosanvallon P., *La crise de l'État providence*, « Points », Le Seuil, 1992.
2. Autès M., Ferreol G., *Intégration et exclusion dans la société contemporaine*, Presses Universitaires de Lille, 1998.

observe fréquemment que les personnes en insertion sont dans un rapport d'inégalité au moins aussi important que les salariés des entreprises capitalistes. On peut opposer à ce raisonnement que les responsables des structures d'insertion ne sont pas propriétaires des moyens de production et que leur but n'est pas le profit. Certes. Mais ce serait ignorer que le rapport d'exploitation est plus un rapport social de classe qu'un rapport individuel entre un travailleur et un capitaliste. Sortir du rapport individuel pour définir un rapport de classe permet de ne pas se limiter à la relation de travail dans l'entreprise elle-même, mais au contraire de l'intégrer dans un processus global de production. Ainsi mis en perspective, il n'est guère douteux qu'une partie du travail de nombreuses personnes en insertion est accaparée par des propriétaires de moyens de production clients ou donneurs d'ordre des entreprises d'insertion.

Cette analyse est toutefois insuffisante à expliquer la complexité des rapports sociaux, ceux qui sont vécus au sein de l'entreprise classique sans doute, mais plus encore ceux qui spécifient les structures d'insertion. Que l'on accrédite ou non la thèse des rapports d'exploitation, la norme est bien que chacun s'accommode de gré ou de force à sa situation de travail, et, éventuellement, tente de la faire évoluer. La norme des relations de travail salarié n'est pas la rupture du contrat, mais la négociation en vue de faire évoluer le contrat[1]. Pour comprendre les rapports sociaux de production, il faut donc admettre que les salariés vivent au jour le jour une relation schizophrénique à leur travail ou/et considérer que quelque chose de plus important que le rapport d'exploitation intervient dans les rapports sociaux et rend ce dernier non pas secondaire, mais néanmoins second. Concernant les structures d'insertion, la situation est cependant spécifique dans la mesure où les dirigeants ne sont pas propriétaires des moyens de production et où leur finalité n'est pas celle d'extorsion de la plus-value ni même de profit. Elle est au contraire une finalité de service aux personnes en difficultés. Là encore toutefois, on ne peut pas se limiter à une approche partant de la seule finalité des acteurs. Les dispositifs d'insertion structurent des « sous compartiments du marché du travail » où les personnes peuvent être enfermées[2]. La problématique même de l'insertion définit une hiérarchisation des publics exclus selon leur employabilité, et dans laquelle « l'emploi salarié est érigé au rang de privilège »[3]. En dernier ressort, l'insertion vise « à

1. Reynaud J.-D., *Les règles du jeu*, Armand Colin, 1993.
2. Dayan J.-L., Introduction, *Revue Française des Affaires sociales*, n° 3, 2000.
3. Mauger G., « Les politiques d'insertion », *Actes de la Recherche en Sciences Sociales*, n° 136-137, 2001, p. 12.

éradiquer les habitus caractéristiques des formes contemporaines de la culture de rue propres aux jeunes sans capital scolaire ni expérience professionnelle et sans autre ressource que leur force physique et/ou morale et à inculquer ou conforter une sorte d'habitus entrepreneurial, au sens où chacun(e) est appelé(e) à devenir "entrepreneur de soi-même" » (*idem*, p. 14). On peut néanmoins se demander si l'habitus de la culture de rue n'a pour destin que de s'effacer – dans un rapport d'incompatibilité – face à la culture entrepreneuriale ? C'est ce que laisse entendre une interprétation qui limite les structures d'insertion à la mise en œuvre de dispositifs. Or ces structures constituent aussi des lieux de production sociale qui subordonnent aussi, peu ou prou, les dispositifs publics à leur propre finalité, comme nous l'avons vu dans l'approche empirique des entreprises sociales. C'est ce que montre l'étude des innovations sociales produites par les structures d'insertion, dont les plus innovantes ont modifié leur position vis-à-vis de l'État et du marché[1]. Jusqu'à la fin des années soixante-dix, celles-ci se situent clairement dans une posture alternative qui tourne le dos à toute aide publique ou privée. À partir des années quatre-vingts, en partie en raison de la multiplication des dispositifs publics, elles s'insèrent dans le tissu social et économique. Si elles hybrident dès lors des ressources diverses, l'origine de leurs spécificités et de leurs innovations est ailleurs. Ces innovations sont essentiellement liées à la participation, spontanée ou provoquée, des bénéficiaires. Sans l'apport des habitus de la culture de rue, ou sans le regard différent que procure le handicap, ou encore et plus généralement, sans la présence d'une culture différente de celle du salariat et de l'entrepreneuriat classique –, les structures d'insertion pourraient effectivement être considérées comme des structures de gestion de dispositifs. Mais la nature même de leur action, parce qu'elle associe toujours d'une façon ou d'une autre un bénéficiaire dont l'habitus est par essence différent des habitus des individus « intégrés », déborde en permanence la seule lecture fonctionnelle. Les promoteurs et les dirigeants des structures d'insertion réalisent une analyse critique des rapports sociaux, qui, intervenant dans le cadre même de leur professionnalité, soutient leur action vis-à-vis des personnes en difficultés. Cette action vise moins à substituer un habitus à un autre qu'à permettre une prise de conscience des schèmes intériorisés, en vue de faciliter un processus de dé-détermination sociale. L'analyse critique des rapports sociaux et la pratique qui s'y articule intègrent un rapport de solidarité qui, dans les structures d'insertion, est

1. Draperi J.-F., Jan L., « L'entreprise sociale en France, entre économie social et travail social », *Recma*, n° 288, 2003, p. 48-66.

toujours présent, même s'il est fréquent qu'il se double d'un rapport d'exploitation. Nous allons voir que ce rapport de solidarité peut soutenir la construction d'un autre mode entrepreneurial que celui qui définit l'entreprise classique, fondé non pas sur l'exploitation du travail, mais sur la coopération dans le travail.

UN DOUBLE RAPPORT DE SOLIDARITÉ

« Étymologiquement, le mot (de solidarité) est une déformation du mot *solidum*, qui chez les jurisconsultes romains, servait à désigner l'obligation qui pesait sur les débiteurs lorsque chacun d'eux était tenu pour le tout (*in solidum*) », écrivent Gide et Rist, dans leur Histoire des doctrines économiques[1]. La solidarité est un fait, comme on peut dire de deux éléments qu'ils sont solidaires, et elle désigne une dépendance réciproque. Toute action solidaire fondée sur la mutualisation et l'interdépendance définit une solidarité de ce type, qu'elle s'exerce, selon la classique distinction de Durkheim, sur le modèle d'une solidarité mécanique (fondée sur la ressemblance, la similitude et qui caractérise les communautés traditionnelles) ou sur la solidarité organique (inscrite dans le cadre de la division du travail, de la complémentarité, et qui caractérise la société moderne). Cette dernière solidarité est à l'œuvre dans toute entreprise, y compris au sein des structures d'insertion et contrarie le rapport d'exploitation capitaliste. Plus encore, dans la majorité des structures d'insertion, s'effectue un apprentissage de cette forme de solidarité si nécessaire à l'exercice ultérieur d'un travail dans l'entreprise classique. Qu'on l'appelle apprentissage des rapports d'exploitation ou apprentissage de la vie de l'entreprise, on sait qu'il est une condition majeure de l'insertion, qu'on exprime aussi sous la forme de la prise de conscience du principe de réalité.

À côté de cette conception abordant la solidarité comme un fait, on réfère souvent la solidarité au devoir. La doctrine solidariste définit la solidarité comme un devoir moral d'assistance et la considère comme une valeur, de façon normative. Distinguer ces deux sens – fait et devoir – est essentiel. Comme l'affirmait Léon Bourgeois dans *Philosophie de la solidarité* : il faut constater le premier pour apercevoir la nécessité morale du second. Cette seconde définition de la solidarité intéresse directement les entreprises d'insertion. Instaurer un rapport d'exploitation n'apparaît

1. Gide C., Rist C., Histoire des doctrines économiques, Sirey, 1920, livre V, chapitre 3, p. 671.

pas en règle général comme un bon moyen pour les administrateurs et les directeurs des structures d'insertion de parvenir à leur fin, parce que l'exercice de la profession ou du bénévolat s'appuie sur des valeurs qui s'opposent à l'exploitation.

Le rapport d'exploitation apparaît donc comme le produit d'un compromis consenti à une économie dominante dont on ne peut s'extraire tout à fait. Il ne s'agit pas de livrer à l'entreprise une main-d'œuvre corvéable mais de donner à la personne en difficultés les moyens, y compris critiques, de son insertion sociale et économique. Ne reconnaître dans les structures d'insertion que la reproduction d'un rapport d'exploitation revient en fin de compte à ne saisir à travers elles que la cause qui les rend nécessaire : la nécessité morale d'être solidaire avec des personnes en difficultés est sous-tendue par le caractère inégalitaire de l'économie capitaliste. Mais ce caractère inégalitaire n'implique pas la nécessité économique de la solidarité, elle implique une responsabilité morale qui s'apprécie relativement aux valeurs fondatrices de vie en société et de l'État républicain. Par ailleurs, l'exercice de la solidarité ne saurait être uniforme : au contraire, l'histoire montre la multiplicité des formes de solidarité, de la charité à la philanthropie, de la solidarité à la mutualité, de l'association à la coopération. Si de fait, l'essor de la solidarité comme devoir dans la période récente est largement lié à l'approfondissement des inégalités, quelles que soient d'ailleurs les conceptions des gouvernements et des États en matière de solidarité, il n'en reste pas moins nécessaire d'étudier les modes d'exercice actuels de la solidarité. Sous cet angle, l'exercice de la solidarité considérée comme devoir opposable au principe du rapport d'exploitation soulève un problème pratique : comment accompagner le passage du statut de bénéficiaire de la solidarité nationale non seulement à celui de salarié « exploité », mais aussi à celui d'acteur social ? À cette question, les structures d'insertion apportent des réponses innovantes, dont l'intérêt dépasse largement la question de l'insertion.

Au-delà de la régulation de l'exclusion dont sont objets les personnes « inemployables », les structures d'insertion contribuent à définir une alternative économique dans laquelle ces personnes cessent d'être des « individus par défaut » et ont les moyens d'accéder à « la propriété de soi », comme dit R. Castel. Ces réponses sont aujourd'hui encore largement non instituées. Elles s'appuient au-delà de la bonne volonté et du bon sentiment dans lesquels on a voulu parfois les enfermer, dans un double cadre professionnel et juridique. Le premier cadre, professionnel, est celui d'une professionnalité en devenir, intégrant de façon permanente des innovations sociales. Ces nouvelles pratiques professionnelles définissent un nouveau type d'entreprise, l'entreprise sociale dont nous avons vu la définition théorique en début de chapitre ; nous les aborderons donc à partir de cette notion. Le cadre juridique vient dans un second temps et nous évoquerons ensuite quelques avancées prometteuses.

DES ENTREPRISES À FINALITÉ SOCIALE ET INNOVANTE

Les entreprises sociales partagent le trait commun de s'appliquer à l'action sociale au sens large : le logement, l'insertion professionnelle, l'action en direction des personnes handicapées, la vie de quartier... Observer les entreprises sociales sous l'angle de la confrontation aux principes de l'économie sociale, c'est donc étudier les modalités de la rencontre actuelle de deux traditions de pratiques : celle de l'action sociale et celle de l'économie sociale.

Les innovations de ces entreprises sociales sont nombreuses : en pratiquant un partenariat de proximité avec leurs environnements économiques et humains, elles mettent en œuvre un principe de coopération en lieu et place du sacro-saint principe de compétition qui caractérise les entreprises classiques.

Un lien direct est ainsi établi par ces structures entre le développement personnel des personnes en difficultés et le développement local : l'intégration dans le local[1] est un outil d'insertion, par le biais d'un processus d'appropriation des ressources locales par les personnes en difficultés. Ainsi, l'autonomie de la personne ne passe pas moins par l'intégration dans des réseaux locaux que par l'insertion dans une entreprise classique.

Faut-il souligner que cette intégration résulte non pas d'une simple évolution des rapports sociaux, mais d'une action volontaire soutenue par un projet politique ? L'évolution des formes d'intégration aux États-Unis en témoigne *a contrario*, où la mobilisation des forces locales contribue à renforcer les ghettos[2].

Autre innovation en lien avec la finalité des structures d'insertion : la finalité de service aux personnes s'ajuste mal à des formes hiérarchiques traditionnelles et une organisation du travail rigide. On a vu que le

1. Je n'utilise pas à dessein le terme d'encastrement qu'un excès d'usage a déconceptualisé.

2. Jaillet M.-C., « La discrimination positive dans les politiques de développement social urbain », in Penven A., Bonny Y., Roncin C., *Au cœur de la cité. Vivre ensemble, travailler, s'engager*, Presses universitaires de Rennes, 2002, p. 119-128.

travailleur social est dans l'obligation, pour répondre à la sollicitation de l'usager, de puiser dans des ressources qui excèdent celles qui lui sont allouées : il doit trouver par lui-même les réponses et se trouve en quelque sorte, contraint d'innover.

Cette pratique, souligne M. Jaeger, n'est possible qu'à la condition « qu'à tous les niveaux, le sens de l'action soit sans cesse référé à une préoccupation éthique, qui, elle, doit être une sorte d'invariant »[1].

Cette évolution contribue à reconfigurer l'action sociale. À côté de la responsabilisation économique, les pratiques artistiques et les outils de l'animation sont de plus en plus fréquemment utilisés dans le cadre du travail social. Ces métiers ont en commun de s'appuyer sur les potentialités positives de la personne[2]. Les conditions de leur expression passent par la construction d'une relation qui s'accommode mal d'une pesanteur hiérarchique, d'un organigramme bureaucratique ou d'une obsession du résultat financier. Les relations entre le salarié et l'entreprise sont ainsi fondamentalement différentes dans l'entreprise sociale et dans l'entreprise classique : dans la première, elles s'attachent à favoriser le développement de la personne, dans la seconde, elles visent la rentabilité du capital. Toutefois, les entreprises sociales ne sont pas sans trouver des limites dans la mise en œuvre de leur projet : l'une d'entre elles concerne la participation effective des bénéficiaires à l'orientation de la politique de l'entreprise.

De l'association à la coopérative

L'un des intérêts essentiels de changer le statut juridique du bénéficiaire est de dépasser la phase expérimentale ou innovante pour permettre d'accompagner un mouvement qui s'inscrit dans la durée : d'agir non pas seulement pour intégrer des personnes handicapées ou inemployables mais pour changer la place du handicap dans la société ; ou non pas seulement insérer des personnes victimes d'exclusion sociale, mais également les insérer en vue de définir d'autres modes de gouvernance que la gouvernance capitaliste classique et ainsi contribuer à l'émergence d'une économie qui ne bafoue pas le droit social. Comme l'a montré Elie Alfandari, l'évolution du droit social est largement débiteur de l'action sociale : « L'action sociale est le moteur de l'aide sociale. Elle est le

1. Jaeger M., 2000, « L'impact de l'exclusion sur les formations "traditionnelles" du travail social, in *Les métiers de l'insertion sociale et professionnelle*, Centre Inffo, p. 31.
2. *Cf.* à ce propos les travaux d'Olivier Douard dans la revue *Agora*, L'Harmattan.

terrain d'expérience pour des prestations nouvelles qui, lorsqu'elles auront connu le succès, pourront être intégrées dans les systèmes légaux de protection ». À l'inverse, « l'aide sociale structure l'action sociale. Elle peut en constituer un support juridique et assurer en partie son financement »[1].

L'une des formes les plus répandues de participation est celle du contrat et concerne la majorité des structures ayant un statut associatif. L'association est elle-même un contrat, et elle comprend de nombreuses conventions internes ayant valeur de contrat. « Le contrat est un accord de volontés en principes autonomes en vue de produire des effets sur le droit ; c'est une convention génératrice d'obligations »[2]. La base du contrat est le consensualisme des parties, les principes de bonne foi, d'autonomie des volontés et de respect de la parole donnée.

Brigitte Bouquet souligne que la critique déjà ancienne de l'intervention sociale individualisée a permis de dépasser la dimension moralisatrice du travail social. Ce dépassement se traduit dans la pratique par l'intervention, à côté des travailleurs sociaux, des associations. Les récentes évolutions du travail social témoignent effectivement du développement associatif : la mise en œuvre de la politique de la ville, par exemple, s'appuie largement sur les associations : « Un des objectifs de la politique de la ville est, en effet, de dynamiser la vie civile en suscitant, dans les quartiers où elle s'est affaiblie, un renouveau du secteur associatif »[3]. L'émergence de médiatrices socio-culturelles, à partir de l'engagement militant des « femmes relais »[4] montre que cette dynamique associative s'accompagne d'un essor de la participation des bénéficiaires.

Toutefois, l'inscription de la participation dans le cadre associatif trouve parfois sa limite, ne serait-ce que parce que l'association ne permet pas que les salariés soient associés à la prise de décision (même s'il existe de nombreuses exceptions ce n'est pas l'esprit de la loi de 1901). Elle trouve aussi sa limite dans l'entreprise classique – société anonyme ou société à responsabilité limitée – dans laquelle le pouvoir appartient en dernier ressort aux propriétaires du capital, ce que ne sont qu'exceptionnellement les bénéficiaires des structures d'insertion. Quand

1. Alfandari E., *Action et aide sociales*, Dalloz, 4e éd., 1989, p. 110.
2. Castro S., « L'association est un contrat », *Recma*, n° 264, 1997, p. 71.
3. Bouquet B., *Individu, groupe, communauté, in Informations sociales*, n° 83, 2000, p. 33.
4. Dugué E., Rist B., « Des femmes relais aux médiatrices socio-culturelles : des compétences reconnues, un métier en débat », *Recherche sociale*, n° 163, 2002, p. 38.

bien même ils accéderaient à la participation par ce biais, ils ne le seraient qu'en tant que porteurs de part de capital et non en tant que travailleurs salariés. Cette solution ne résout pas l'inadéquation de l'entreprise de capitaux pour servir les besoins des personnes. Pour permettre d'associer pleinement les personnes bénéficiaires d'une structure d'insertion en tant que travailleurs reconnus, il n'existe que la forme coopérative, qui se spécifie par l'existence de la double qualité d'associé et d'usagers. Les bénéficiaires de l'activité de l'entreprise coopérative sont également les membres de l'association coopérative. Encore faut-il que les entreprises de forme coopérative adoptent une finalité de service social, ce qui n'existait pas jusqu'à cette dernière décennie. Ces coopératives existent actuellement en Italie avec les coopératives sociales, en Belgique avec les coopératives à finalité sociale, en Espagne avec trois types de coopératives à vocation sociale (en Catalogne, dans la région de Valence et en Euskadi), au Portugal avec les coopératives de solidarité sociale. La France a adopté le statut de société coopérative d'intérêt collectif en 2002. (loi 2001-624 du 17 juillet 2001, décret 2002-241 du 21 février 2002). Selon les termes d'Alix Margado, « L'objet social de la Scic est de mener une activité économique génératrice d'emploi dans un but qui satisfait les besoins d'un territoire »[1]. La finalité de la Scic est de servir l'intérêt collectif (dont l'appréciation revient au préfet de département, qui donne également l'agrément préalable au démarrage de l'activité). Parmi les dispositions de la Scic, les sociétaires d'une Scic comprennent au moins trois catégories de personnes (physiques ou morales) ayant un rapport de nature distincte à l'activité, parmi lesquelles seront obligatoirement présents les salariés et les usagers (clients ou bénéficiaires). On compte aujourd'hui une centaine de Scic en France, essentiellement nées de la transformation d'une association.

Parallèlement, l'Organisation internationale du travail a récemment publié une recommandation (recommandation n° 193 du 20 juin 2002) sur la promotion des coopératives qui affirme, pour la première fois dans l'histoire coopérative, la reconnaissance mondiale du concept de coopérative[2]. Elle souligne en particulier « le rôle important (qu'elles ont) à jouer dans la lutte contre l'exclusion sociale » (paragraphe 7.1.).

1. Margado A., « La Société coopérative d'intérêt collectif », *Recma*, n° 284, 2002, p. 22-23.
2. Levin M., « L'action de l'OIT pour la promotion des coopératives », *Recma*, n° 289, 2003 ; Roelants B., « La première norme mondiale sur les coopératives, la recommandation 193/2002 de l'OIT », *Recma*, n° 289, 2003.

UN RENFORCEMENT DES SOLIDARITÉS

On constate en France comme dans plusieurs pays européens un nouvel essor coopératif, qui semble poursuivre les créativités sociales exprimées depuis deux décennies dans le cadre associatif. Tout se passe comme si après l'émergence de nouvelles pratiques sociales, d'abord autour du travail de groupe, plus récemment autour du travail d'insertion et des politiques de la ville, la professionnalisation de ces pratiques déplaçait le questionnement sur le social. Hier interrogé sur ses modes opératoires, le travail social semble aujourd'hui confronté à la définition même de son cadre institutionnel. Il ne peut poursuivre son œuvre éducative qu'à la condition de ne pas se laisser subordonner à la logique économique. Les pressions croissantes qu'exercent aussi bien la puissance publique – par le biais, entre autres, des évaluations – que l'économie dominante – par le biais du marché – le contraignent à innover à travers la recherche d'alternatives non pas seulement en termes de pratiques sociales, mais également en termes d'économie sociale. Ce déplacement suppose un renforcement des rapports de solidarité entre travailleurs sociaux et bénéficiaires de l'action sociale.

Cette évolution des pratiques sociales dépasse largement les enjeux du travail social. Dans son ouvrage de synthèse sur le changement dans les institutions, R. Sainsaulieu conclut que le défi « est donc celui de la démocratie pour toutes les sociétés confrontées aux pressions du changement économiques d'inspiration libérale »[1]. À partir de l'insertion des personnes « inemployables » ou « déclassées », l'action sociale aborde un problème d'économie sociale qui concerne toutes les entreprises et institutions sociales intermédiaires, celui du changement démocratique au sein de l'économie et de la société civile. Les coopératives d'activités et d'emploi fondent leur réussite sur cette articulation : l'émancipation résulte des forces ajoutées de deux traditions de pratiques de l'action sociale et de l'économie sociale.

1. Sainsaulieu R., 2001, *Des sociétés en mouvement. La ressource des institutions intermédiaires*, Desclée de Brouwer, p. 219.

Chapitre 14

Les coopératives d'activités et d'emplois (CAE)

LES COOPÉRATIVES d'activités et d'emplois accueillent des porteurs de projet d'activités et sécurisent leur démarche entrepreneuriale par la mutualisation de moyens et un accompagnement coopératif. Leur activité articule trois axes : l'hébergement juridique, comptable et fiscal de l'activité de la personne, un statut de salarié du porteur de projet avec un contrat à durée indéterminée, un accompagnement individuel et collectif fondé sur l'expérimentation en vraie grandeur. Les CAE connaissent un développement très rapide en France. La première coopérative, Cap Service, a vu le jour à Lyon en 1995 et l'on compte aujourd'hui une soixantaine de CAE en France et en Belgique, dont certaines détiennent plusieurs établissements, aussi bien en milieu urbain (Énergies Alternatives à Marseille et villes de la côte méditerranéenne, Coopaname à Paris, Cap Service à Lyon, Élan Créateur à Rennes, etc.) que rural (Gers Initiatives, Vecteurs d'activités dans le Vercors...). Elles ont accompagné plus de 3 000 projets en 2006 et comptent plus de 2000 « entrepreneurs salariés ». 400 à 500 entrepreneurs salariés ont créé ensuite leur propre entreprise individuelle ou coopérative, ou ont rejoint le sociétariat de la CAE qui les a accueillis.

Les CAE sont représentées par deux fédérations l'une réunissant les coopératives de Rhône Alpes (Copea) et l'autre nationale (Coopérer pour entreprendre). Elles ont bénéficié dans leur phase émergente et sous l'impulsion d'Elisabeth Bost, du soutien de nombreux partenaires, dont la Caisse des dépôts et consignations, la Délégation interministérielle à l'économie sociale, le ministère de l'Emploi et plusieurs fondations et entreprises de l'économie sociale (Fondation Macif, Crédit Coopératif...). Une formation professionnelle des dirigeants de coopératives d'activités et d'emploi certifiée par le Conservatoire national des arts et métiers a vu le jour en 2003.

Les fédérations des CAE affichent des ambitions en rapport avec la dynamique de création des entreprises. L'européanisation des CAE est en cours du fait, selon le président d'UES Coopérer pour entreprendre, « de la mutation de nos sociétés vers de nouvelles réponses à l'emploi face à la précarité et du désir d'une partie croissante de la population européenne d'entreprendre autrement au sein du mouvement coopératif »[1].

DE LA COOPÉRATIVE D'ACTIVITÉS À LA CAE

Il est tentant de se représenter les CAE comme des organisations ayant trouvé leur forme actuelle dès leur conception, de même qu'il est tentant de considérer leur forme actuelle comme un aboutissement. Les coopérateurs des CAE innovent cependant encore suffisamment rapidement, y compris sur le plan institutionnel, pour qu'on puisse affirmer que la forme de la CAE est encore inachevée. Les raisons de cet inachèvement résultent à la fois de la multiplicité des parcours qui aboutissent à la réalisation d'une CAE et à l'importance de l'innovation que représente cette forme de coopération.

Cap Services ne devient une CAE qu'au fil du temps, à mesure que ses concepteurs ajustent leurs réponses aux problèmes des porteurs de projet[2]. Elle est d'abord une couveuse – qui est elle-même l'aboutissement d'une réflexion menée dans un cadre associatif –, puis une coopérative d'activités. Ce parcours initial permet sans aucun doute aux CAE plus récentes de franchir plus rapidement les étapes de maturation. Les CAE n'en demeurent pas moins toutes différentes dans leur origine et dans

1. M'Rad N., *Choisir d'entreprendre autrement*, Avise, 2006, p. 14.
2. Giacometti D. (coord.), *Cap Service, Mode d'emploi*, éd. 10CAP, 2005.

leur histoire. Cap Service est née de la volonté d'acteurs associatifs de soutenir des porteurs de projets d'activités. Les fondateurs d'Ametis (Annecy) visent à « trouver une alternative à l'entreprise individuelle dans un cadre qui permette à la fois de respecter l'autonomie de chacun et de mutualiser les services et les compétences »[1]. Graines d'affaires (Dunkerque) « est née de la volonté politique de la communauté urbaine de Dunkerque et de la ville de Grande-Synthe (...) qui nous ont donné les moyens de nous lancer en finançant une étude de faisabilité »[2].

La coopérative d'activités est une Scop

La coopérative d'activité constitue une articulation entre la coopérative de production et la coopérative artisanale. Elle est une Scop en tant qu'association de salariés. Cette Scop a pour métier unique l'accompagnement de projets, comme d'autres ont pour métier le management, le coaching, la communication. Elle possède cependant une particularité : celle de salarier les bénéficiaires de ses services. Cette particularité provient de la volonté de constituer un environnement tout à fait favorable à l'accompagnement. Elle utilise le droit au service de son projet. C'est sous cet angle qu'elle s'apparente également à une coopérative d'artisans : les porteurs de projets disposent à travers elle d'une structure de services communs, qui sont essentiellement la gestion et l'hébergement administratif. La comparaison avec la coopérative d'artisans s'arrête là, car les porteurs de projets ne sont ni des personnes morales, ni membres de la coopérative, ils en sont simplement bénéficiaires. Ces particularités suffisent-elles à considérer la coopérative d'activités comme une nouvelle forme de coopérative ?

La nature de l'activité occasionne certes des innovations sociales et juridiques. La plus importante est sans aucun doute la définition d'un statut d'entrepreneur salarié. Il est assez rare dans l'histoire de la coopération française moderne que les usagers soient salariés, et *a fortiori*, qu'ils le soient dans un autre but que celui de servir le projet des seuls sociétaires. Il s'agit d'une innovation importante en termes de rapports salariaux[3]. Mais il ne s'agit pas à proprement parler d'une innovation statutaire. Le même processus peut être réalisé dans une

1. Interview de Hallé F., in *Choisir d'entreprendre autrement*, Avise, 2006, p. 8.
2. Interview de Pollet C., in *Choisir d'entreprendre autrement*, Avise, 2006, p. 8.
3. Innovation qui fut d'ailleurs mal comprise par le syndicat Sud, qui y a vu une forme de dérogation au Code du travail s'inscrivant dans le processus de flexibilisation du travail.

société de capitaux de type SARL ou SA non coopérative, mais ce n'est pas un hasard si cette innovation voit le jour dans un contexte coopératif. La coopérative d'activité trouve donc son ancrage naturel dans le cadre de la Scop, à condition, par ailleurs, de bien la définir comme une coopérative d'accompagnement de projets. Une définition qui mettrait en avant les activités des entrepreneurs-salariés risquerait de faire apparaître la coopérative comme une entreprise aidée dans ses activités d'accompagnement, ce qui ne pourrait se concevoir que dans le statut de Scic. La coopérative d'activités est en effet une entreprise qui réalise fondamentalement une mission d'intérêt général, celle d'accompagnement de créateurs d'entreprises, et le chiffre d'affaires dégagé par ceux-ci avant leur autonomisation doit être *a priori* considéré comme un surplus. Ceci est renforcé par le fait que les coopératives d'activité accueillent de nombreuses personnes sans emploi.

À côté des coopératives d'activités, il existe très tôt également des coopératives d'emploi à l'image d'Ametis en Savoie. Les coopératives d'emplois sont des Scop multifonctionnelles. Elles associent des entrepreneurs-salariés sans se fixer comme mission première d'associer de nouveaux membres. Il s'agit de Scop au sein desquelles les membres réalisent seuls ou en groupe des activités qui ne sont pas nécessairement organisées autour d'un corps de métiers. Cette spécificité les distingue des Scop classiques qui sont historiquement centrées sur un métier. Au-delà de cette différence, les coopératives d'emploi renvoient bien à l'organisation de la Scop. Elles se différencient des coopératives d'activités en ce qu'elles ne sont pas tournées prioritairement vers des tiers. Que se passe-t-il lorsque des entreprises décident d'être des coopératives d'activités et d'emploi ?

LA CAE EST-ELLE UNE NOUVELLE FORME DE COOPÉRATIVE ?

Il faut réexaminer la situation dès lors que des coopératives d'activités associent à leur mission celle d'employer les entrepreneurs-salariés. La difficulté est bien liée à l'association des deux missions. Lorsque la coopérative se fixe pour objectif de promouvoir la coopérative elle-même, elle ne fait qu'ajouter une étape supplémentaire au cursus des entrepreneurs-salariés. Mais cette étape a un impact direct sur la coopérative elle-même. En effet, on ne peut plus mesurer la réussite de la coopérative qu'en étudiant de façon diachronique son organisation. On mesure la réussite d'une coopérative d'activités à partir du nombre de personnes accueillies, du taux d'installation, ou d'autres indicateurs témoignant à la fois de la qualité et de la quantité des accompagnements, à l'instar des entreprises d'insertion ou des missions locales. Mais ce résultat n'a pas d'impact direct sur l'organisation, sinon en raison du volume de l'activité, comme dans toute entreprise. En associant dans son assemblée générale et son conseil d'administration les entrepreneurs salariés, les CAE se changent elles-mêmes en permanence et mettent en jeu leur propre projet d'entreprise. Elles deviennent « une entreprise partagée »[1]. L'intégration de membres disposant d'une autre culture et d'un autre statut que celui des sociétaires constitue sans doute l'une des grandes questions coopératives à laquelle nous avons à faire face. La seule expérience coopérative d'envergure qui l'ait traitée est celle du Familistère de Guise. Elle s'adressait, comme le font aujourd'hui les CAE, à des non-coopérateurs et se fixait comme but de faire accéder ces salariés au sociétariat. L'activité principale est donc irréductiblement celle de l'accompagnement d'un parcours de formation ou d'éducation coopérative.

Ces remarques induisent que la CAE n'est plus tout à fait une coopérative de production. Elle est une coopérative d'éducation coopérative. Les expériences anciennes de Rochdale et de Guise nous incitent à penser que si l'économie sociale entend répondre aux nouvelles attentes de la société, elle ne peut éviter de poursuivre des innovations institutionnelles.

1. Veyer S., San Giorgio J., « L'entrepreneuriat collectif comme produit et projet d'entreprises épistémiques. Le cas des Coopératives d'Activités et d'Emploi », *Revue de l'entrepreneuriat*, vol. 5, n° 2, 2006.

Chapitre 15

Coopératives, commerce équitable et développement

Une économie locale et mondiale

Seulement locale, l'économie sociale s'interdirait de répondre aux attentes les plus essentielles de la société, liées à un monde plus juste et à un cadre de vie préservé : elle occuperait des niches. Seulement mondiale, l'économie sociale perdrait le lien avec le développement qui lui donne sens, celui des personnes et de ses territoires. Or, l'économie sociale a encore peu exploré les voies qui allient localisation et mondialisation ; nous présentons ci-dessous quelques-unes d'entre elles, qui renforcent les deux pôles du champ d'action de l'économie sociale.

Coopération et développement local

L'économie sociale partage les mêmes valeurs de référence que le développement local et elle intervient selon des principes d'action proches de ceux du développement local. Ses entreprises constituent, pour ces deux raisons, un outil particulièrement utile du développement local. Les coopératives sont initiées par des acteurs locaux, elles dépendent de leur engagement volontaire et solidaire ; leur capital, indivisible et inaliénable n'est pas délocalisable ; leur taille, à la mesure de la force de leurs membres, est dans la majorité des cas, à l'échelle du territoire ; leur développement est entre les mains de leurs adhérents selon le principe démocratique « une personne, une voix » ; leur finalité est de répondre aux besoins des personnes.

Nous définissons ci-dessous le développement local, avant de présenter la coopérative, comme outil privilégié de ce développement. Trois dimensions clefs du développement local sont ensuite successivement abordées : la conception des produits, la transmission de l'entreprise et la création d'emploi.

Nous nous appuyons sur deux exemples très différents de développement local en France, dans lesquels les entreprises d'économie sociale jouent un rôle clef : la Champagne vitivinicole et une haute vallée alpine, le Queyras. La Champagne s'étend sur plusieurs départements du nord-est de la France, comprend 20 000 exploitations viticoles sur 30 000 hectares, compte 128 coopératives de pressurage – dont 30 de champagnisation – et 10 unions de coopératives ; le champagne est le premier produit agricole français à l'exportation. Le Queyras est une haute vallée alpine du département des Hautes-Alpes où vivent 2 400 habitants (densité de 4 hab/km2) dans huit communes regroupées dans une communauté de communes au sein d'un Parc naturel régional. Une dizaine d'artisans d'art travaillant le bois se sont réunis en association syndicale professionnelle, une vingtaine d'autres ont créé une coopérative artisanale ; le syndicat et la coopérative artisanale ont créé un Groupement d'intérêt économique gestionnaire d'un magasin commun. Une Scop intervient dans l'hébergement et l'organisation de loisirs sportifs et une autre produit des jouets en bois. Enfin, les éleveurs se sont réunis dans une Société d'intérêt collectif agricole (Sica). Par ailleurs, des associations très vivantes animent la vie sportive, sociale et culturelle de la vallée.

Le développement local entre sociétés traditionnelles et économie capitaliste

Le développement local se présente depuis une trentaine d'années en France comme une possibilité originale de développement, qui met en œuvre deux principes. D'une part, le développement local s'appuie préférentiellement sur les populations et sur les ressources locales ; d'autre part, il associe le développement économique au développement social et culturel. Le développement local est aujourd'hui reconnu comme une réelle chance de développement après avoir connu une phase d'émergence assez longue. Après l'ouverture de l'agriculture française à la mécanisation au cours des années cinquante, puis l'intégration dans les politiques structurelles française et européenne à partir de 1960, les années soixante-dix ont été marquées par les mouvements inverses mais convergents du retour au pays et de la régionalisation. Les années quatre-vingts ont consacré l'organisation des « mouvements des pays »[1], et les années quatre-vingt-dix celles de leur reconnaissance institutionnelle par l'État, puis par la Communauté européenne.

Le terme de pays est repris de l'école française de géographie au début du XXe siècle[2]. Les pays étaient traditionnellement structurés autour d'un paysage façonné par l'agriculture alors que le sens actuel se comprend à partir de la ville et du bassin d'emploi. Reste qu'il constitue une entité définie par un espace, celui qui réunit le lieu d'habitat et le lieu de travail, tissé par les « navettes », ces allers-retours réalisés dans la même journée par les habitants, qui rappellent l'origine étymologique du « pays ».

Le développement local français n'est pas sans rappeler les conceptions plus anciennes du développement autocentré, du développement endogène ou encore de l'éco-développement, qui ont marqué les travaux de la sociologie du développement et de l'Unesco pendant les années soixante. Une autre théorisation de ce type de développement a émergé plus récemment sous le terme de développement durable. L'idée centrale du terme développement durable réside dans une croissance qui permette de « répondre aux besoins du présent sans compromettre la capacité des générations futures de répondre aux leurs »[3].

Développement local, éco-développement, développement endogène, développement durable : ces différentes conceptions du développement partagent le trait commun de ne pas supposer la destruction des liens sociaux et de l'économie traditionnelle, à l'inverse de l'économie capitaliste. Dans *Les étapes de la croissance économique*, ouvrage fondateur de la conception « développementaliste » valorisant l'économie capitaliste, Rostow écrivait au lendemain de la Seconde Guerre, que la croissance nécessitait la destruction des solidarités traditionnelles. Depuis cette période, l'essor de l'économie-monde a certes détruit un grand nombre de sociétés traditionnelles, mais d'autres formes de développement sont apparues. La globalisation n'a pas signé la mort des territoires, mais au contraire a provoqué une nouvelle territorialisation, que les géographes

1. *Cf.* les travaux de G. Gontcharov et de P. Houée.
2. Vidal de la Blache P., *Tableau de la géographie de la France*, La table ronde, 1994.
3. Bruntland G. *Our Common Future : World Commission on Environment and Development*, Oxford University Press, 1987.

traduisent par le néologisme de « glocalisation ». En liant développement local et développement autocentré ou endogène, nous insistons sur le fait que le développement vise la satisfaction des besoins de la population en s'appuyant essentiellement sur les organisations détenues par cette population. Or, les sociologues ont montré depuis longtemps que le développement était souvent affaire d'experts. Plus précisément, il est généralement projeté, décidé et évalué par un couple d'acteurs puissants : élus locaux et salariés hautement qualifiés des administrations publiques travaillent ensemble sur la base d'une reconnaissance réciproque : les élus reconnaissent la compétence des techniciens, chargés de mission, ingénieurs et autres directeurs des administrations ; ces derniers sont respectueux de la légitimité démocratique des élus[1]. Quant aux entreprises qui réalisent les marchés, ou qui sont choisies en délégation de service public, ce sont les grandes entreprises dominant le marché. Souvent d'ailleurs, il n'y a guère le choix. Sur les appels d'offres relatifs à la gestion de l'énergie, l'eau, les transports, l'aménagement urbain, l'équipement en infrastructures lourdes, il n'existe pratiquement pas de véritables marchés concurrentiels. Généralement, deux à quatre opérateurs dominants se partagent les marchés et les territoires. Le développement local ne constituera une véritable alternative qu'à la condition de changer ces règles, c'est-à-dire en faisant en sorte de donner aux organisations locales détenues par des acteurs locaux la capacité, y compris par le biais du marché, de contrôler des secteurs clefs comme l'eau, l'énergie et l'occupation de l'espace. Nous en sommes loin : la population et ses organisations sont les grands exclus du jeu politico-économique.

L'enjeu majeur du développement local est donc de pouvoir s'appuyer, aussi bien pour sa conception que pour sa réalisation, sur la population, c'est-à-dire sur les traditions d'entraide locales, sur les petites entreprises agricoles, commerciales, hôtelières et artisanales, sur les associations sportives, sociales, culturelles et écologiques, sur les coopératives agricoles, artisanales et de production, sur les solidarités mutualistes locales, et sur des organisations mixtes économie sociale/économie publique. Il s'agit ainsi d'établir un jeu à trois et non à deux partenaires : acteurs locaux, élus locaux et territoriaux et administrations. La force d'innovation d'un développement local est fonction de la capacité des acteurs locaux à compter sur leurs propres forces. Dans le champ économique, les coopératives en sont le principal outil.

1. Dupuy et Thoenig, *Sociologie de l'administration française*, Colin, 1983.

Les coopératives, outil du développement local

Les sociétés coopératives ont pour objectif de faire bénéficier leurs membres des économies qu'elles peuvent réaliser et/ou d'une meilleure qualité de produit qu'elles peuvent obtenir. Plus généralement, elles contribuent à la satisfaction des besoins, à la promotion des activités économiques et sociales et à la formation de leurs membres. L'activité et les personnes visées détermineront la nature civile de l'activité et donc la possibilité d'être constituée sous forme de société civile ou la nécessité de passer sous une des formes de société commerciale.

Une coopérative est un groupement de personnes physiques ou d'entreprises permettant de développer leurs activités propres pré-existantes et/ou l'exercice d'une activité naissante en commun. Des agriculteurs, artisans, transporteurs, commerçants, consommateurs, pêcheurs, des salariés ou des professions libérales etc., peuvent créer des coopératives en relation avec leurs besoins.

Une société coopérative doit se conformer aux règles du Code civil et du Code de commerce quand les fondateurs ont adopté une des formes commerciales de société ou la forme civile[1]. Mais un vieux principe juridique confère aux règles particulières une supériorité sur ces textes généraux. Or, les coopératives disposent en France d'un cadre législatif de référence, la loi n° 47-1775 du 10 septembre 1947 portant statut de la coopération, qui en définit les règles générales de fonctionnement et d'administration. En outre, un ensemble de textes particuliers à chaque catégorie de coopérative vient compléter la loi générale de 1947 en y apportant aménagements, dérogations et suppléments. Aussi, les dispositions du Code civil et du Code de commerce s'appliquent si elles ne heurtent pas celles de la loi du 10 septembre 1947 portant statut de la coopération, et la loi de 1947 s'applique si elle n'est pas en contradiction avec les règles particulières applicables à chaque catégorie de coopératives.

Les sociétés coopératives se distinguent des autres types de société par l'application de quatre principes fondamentaux :

- Une adhésion libre et volontaire des personnes physiques ou morales qui ont une double qualité d'associés de la coopérative et de bénéficiaires de ses services puisqu'ils souscrivent un engagement d'activité

1. Exceptions pour la société coopérative agricole qui est une société *sui generis*, c'est-à-dire qu'elle forme une catégorie distincte de société avec des règles qui ont été fixées spécialement pour elles.

qui fait d'eux des fournisseurs, des clients ou encore des salariés de la coopérative ;

- De ce principe en découle un autre : une coopérative n'est admise à travailler avec des tiers non associés que dans la mesure où une disposition légale spéciale le prévoit et qu'elle inscrit cette possibilité dans ses statuts. D'ailleurs, si elle fait usage de cette faculté, elle est tenue de recevoir pour associés ceux qu'elle admet à bénéficier de ses activités ou dont elle utilise le travail et qui satisfont aux conditions exigées par les statuts pour être associé ;
- Une gestion démocratique par l'application de la règle à chaque homme correspond une voix et une seule aux assemblées générales quel que soit l'apport en capital, sauf quelques exceptions ;
- Par nature, la souscription du capital d'une coopérative est destinée à permettre l'accès aux services et n'a donc pas un caractère spéculatif. Dans cette optique, le taux d'intérêt servi aux parts est limité dans le cadre du taux au règlement des obligations des sociétés privées fixé par le ministre de l'Économie, des Finances et de l'Industrie tous les six mois, et la répartition des excédents de gestion provenant de l'activité de la coopérative avec ses membres est faite au prorata de l'activité des dits membres : c'est la ristourne.

La Scic est particulièrement adaptée à une finalité de développement local :

> « Les collectivités locales sont intéressées à la fois par les services rendus et par l'impossibilité de délocaliser la société. Résultat : un tiers des Scic compte des collectivités locales dans leur tour de table. Cas extrême : la Scic Géphyra, située à Lezay (Pays Mellois dans les Deux-Sèvres) et spécialisée dans la rénovation de petits patrimoines, compte pas moins de sept collectivités locales, avec deux communes, deux communautés de communes, le conseil général, le conseil régional et le parc naturel régional[1]. »

EXEMPLE

L'émergence d'une coopérative multifonctionnelle et d'intérêt général : la Scic de Chemillé

La Communauté de commune de la Région de Chemillé (CCRC, située au sud d'Angers) a procédé en 2004 à un investissement concernant 50 m2

☞

1. Larpin E., *Participer*, janvier-février 2006, CG Scop.

de panneaux solaires photovoltaïques. À l'initiative du centre social de Chemillé et suite à l'installation réalisée par la Communauté de Communes, l'idée a germé de développer la production d'énergie renouvelable par l'investissement collectif, de contribuer au développement de ces énergies et d'en faire leur promotion. L'installation de panneaux solaires photovoltaïques sur une toiture du bâtiment public du centre social est la première action choisie. Le groupe pilotant ce projet souhaite s'organiser en Société Coopérative d'Intérêt Collectif (Scic).

La Scic, s'appuyant sur le multisociétariat, peut inclure dans son assemblée générale et dans son conseil d'administration différents partenaires locaux du développement. Elle donne ainsi les moyens de dépasser les intérêts particuliers ou corporatistes qui sont susceptibles de menacer les coopératives classiques unisociétaires. En outre, la nomination « d'intérêt collectif » attribuée par le préfet reconnaît que la coopérative sert l'intérêt général de la population de l'espace sur lequel elle intervient et permet à cette coopérative de bénéficier de l'aide publique, tout en ayant un objet commercial. La diversité des champs d'activités des Scic créées aujourd'hui est remarquable : production cinématographique, restauration, coopératives d'activités et d'emploi, information, finance, santé, recherche technologique, logement, environnement[1], etc.

EXEMPLE D'UN NOUVEAU CHAMP D'ACTIVITÉS COOPÉRATIVES : ENERCOOP (PARIS)

Se fournir en électricité d'origine renouvelable

ENERCOOP est une structure coopérative de type Scic de fourniture d'électricité d'origine renouvelable qui achète directement le courant aux producteurs (exploitant des installations type petite centrale hydraulique, éolien, biomasse, biogaz et solaire photovoltaïque) pour le revendre aux consommateurs.

Ses objectifs sont d'inciter les consommateurs à être pleinement responsables de leurs choix énergétiques, d'offrir aux producteurs d'électricité d'origine renouvelable de nouveaux débouchés dans une optique de commerce équitable, de permettre aux collectivités locales qui le souhaitent d'atteindre l'exemplarité en matière énergétique, et d'agir pour l'action d'Enercoop se reproduise à une échelle plus vaste (régionale par exemple) en communiquant publiquement et régulièrement sur les objectifs et déroulement du projet.

1. Margado A., « La Scic, une coopérative encore en devenir », *Recma*, n° 295, 2005.

☞

L'offre de Enercoop est accessible à tous les professionnels et aux collectivités locales. Elle sera accessible aux particuliers à partir du 1er juillet 2007.

Enercoop est une Société coopérative d'intérêt collectif réunissant une grande diversité d'acteurs. Elle est structurée en six collèges : producteurs, consommateurs, salariés, porteurs de projet, partenaires et collectivités locales. Chaque collège est représenté au conseil d'administration par un administrateur. Dans chaque collège, les décisions sont prises sur le principe « une personne = une voix ».

Les statuts d'Enercoop imposent le réinvestissement des bénéfices dans de nouveaux moyens de production, dans des services d'utilisation rationnelle de l'énergie, dans le soutien des filières les moins développées (biogaz, photovoltaïque, petit éolien...)

Coopération et conception des produits locaux

Le développement local ne se conçoit jamais aussi bien que lorsqu'il s'appuie sur des spécificités locales, et tout particulièrement des produits spécifiques. D'où l'importance de l'établissement de règles permettant la reconnaissance et le maintien de ces spécificités. Si l'on prend le seul exemple français des Appellations d'origine contrôlée (AOC), sans parler des labels et autres mentions de spécificités, le nombre de produits en AOC en France, est passé en France de 100 à environ 500 au cours des 30 dernières années. Les réformes de la législation européenne ainsi que l'évolution des marchés montre que l'Europe et les Européens soutiennent ce type de produits. Les produits en AOC sont définis localement selon des normes issues des savoir-faire traditionnels en lien avec des singularités naturelles et culturelles. Ils sont donc indissolublement ancrés dans un territoire. Pour être viable sur le plan économique, il faut non seulement concevoir un produit, mais faire reconnaître ce produit. La réussite économique est conditionnée par une reconnaissance juridique de la spécificité de la production locale. Cette reconnaissance est donc un enjeu essentiel du processus de re-localisation, ainsi qu'en témoignent par exemple les luttes récentes initiées par la Confédération paysanne en France, autour du fromage de Roquefort ou d'autres productions en AOC. Sur cette question, il faut souligner l'importance des processus de production différents de la production industrielle en série car c'est largement à partir de la caractérisation de la qualité technique que se bâtit l'économie de ces produits.

Cette relocalisation ne concerne pas que les produits du type AOC ou de label. Les activités nécessitant de la haute technologie se concentrent aussi dans des bassins d'emploi très spécifiques, en raison d'une qualité de la main-d'œuvre et d'un environnement particuliers. Les normes qu'on a appelées patrimoniales sont plus largement des *normes de spécificités* qui jouent contre la normalisation au sein même du processus de globalisation de l'économie.

La coopération entre acteurs locaux du développement, qu'elle s'affirme sous la forme juridique de la coopérative ou sous celle de l'association, est le principal lieu de production de normes de spécificité. Pour être classé en AOC, un produit doit être spécifié par une association professionnelle (ou un syndicat), dont les membres s'engagent à respecter les règles. Ces processus sont longs et complexes et supposent une coopération étroite entre les producteurs concernés. Par exemple, la réglementation des conditions de production du vin de Champagne, qui constitue l'archétype mondial des Appellation d'Origine Contrôlée et des organisations interprofessionnelles –, résulte d'un siècle de crises successives, qui tantôt mettent aux prises viticulteurs et négociants, et tantôt producteurs champenois et autres producteurs de raisins ou de vin mousseux. Dès 1890, à l'initiative des négociants champenois, une première organisation de défense du vin portant le nom de Champagne voit le jour (accords de Madrid). Une aire d'appellation contrôlée définissant l'aire d'approvisionnement en raisin des négociants est définie en 1927. Cette date ponctue une longue période d'âpres luttes vigneronnes qui culminent en 1910-1911. Un produit, un espace, puis un lieu de régulation : la création du Comité Interprofessionnel des Vins de Champagne (CIVC, 1941) est l'aboutissement de longues négociations. Il est aussi le préalable à une croissance exceptionnelle, aussi bien en termes de surface cultivée, de bouteilles produites, de chiffre d'affaires, de marge bénéficiaire que de nombre d'emplois. Le CIVC rassemble autour d'une même table et par le biais des syndicats professionnels, les représentants du négoce et les représentants du vignoble. Ses domaines d'intervention sont très vastes ; ils consistent à « organiser, contrôler, orienter la production, la distribution, la transformation, et les échanges sur le marché national ou les marchés extérieurs des vins produits dans la Champagne dans le souci d'assurer le respect des usages loyaux et constants et le maintien de la qualité » (Article 8 de la loi du 12 avril 1941).

Mais les modes de définitions des produits et de leur reconnaissance sont multiples et peuvent, à la différence des AOC, ne pas avoir recours à la puissance publique. Ainsi, les artisans du meuble du Queyras, haute vallée alpine du département des Hautes-Alpes, n'ont pas mis dix ans, entre 1968 et 1977 pour faire reconnaître leur art : ils se sont réunis en un syndicat des artisans d'art et meubles sculptés du Queyras, et ont défini en référence aux spécificités des anciens meubles du Queyras, un ensemble de règles définissant « le meuble du Queyras » : bois massif de pays (mélèze ou pin cembro), fabrication artisanale dans le Queyras, définition des motifs sculptés, part des motifs sculptés dans l'ensemble de la façade du meuble, etc. Un brevet a été déposé à Institut national de la protection industrielle, qui protège les meubles et objets estampillés du Queyras par un tampon pyrogravé.

La coopérative, l'association ou le syndicat professionnel sont ainsi un outil privilégié des agriculteurs ou des artisans pour définir des normes de définition d'un produit, normes qui ne peuvent être reproduites ailleurs. Du point de vue du développement local, ce type d'action permet donc le maintien d'us et coutumes traditionnels. Le travail spécifique de l'action collective des associés est précisément l'actualisation dans des termes juridiques et économiques de ces savoir-faire traditionnels : l'établissement de normes dans le développement local consiste en une « explicitation » de pratiques traditionnelles qui respecte « les usages loyaux et constants et le maintien de la qualité[1] ». Ce type de développement ne consiste donc pas à maintenir la tradition telle qu'on l'idéalise souvent à partir d'une historiographie locale. Il s'agit de trouver dans les arts, les métiers, ou les techniques traditionnelles, les fondements d'une économie intégrée dans la société moderne. Le champagne n'est pas un produit traditionnel, mais les Champenois ont su trouver dans la viticulture traditionnelle de Champagne les cépages, les tailles, l'alliage des crus, le mode de vinification, etc., qui ont permis de définir un produit unique et internationalement reconnu. Comme on peut l'observer, le développement local s'appuie ici non seulement sur une activité économique locale, mais sur la définition locale des règles de la production : c'est en champagne et par des Champenois que sont décidées les normes du produit : le cépage, la taille de la vigne, la terre, les droits de plantation, l'élargissement éventuel de la zone en appellation, etc. Cette régulation locale s'appuie sur les spécificités locales, naturelles et tout autant culturelles pour sélectionner les critères fondamentaux de la qualité. La localisation est donc incontournable, et peut, dans certains cas, nommer le produit lui-même, définissant une identité entre produit et pays : « Il n'est champagne que de Champagne ».

On voit l'enjeu de l'essor de telles initiatives : c'est la possibilité pour des populations de générer des activités dans leur territoire, non pas à partir de l'installation d'une activité « quelconque » liée à la volonté d'un entrepreneur ou de la relocalisation d'une activité en provenance d'un

1. *Cf.* Nicolas F., Valceschini E. (dir.), *Agro-alimentaire : une économie de la qualité*, Economica, 1995.

autre pays, mais à partir d'une mise en valeur des ressources originales de ce territoire. Ainsi, complémentairement ou selon les cas, en opposition avec les normes de l'*International Standard Organization* (ISO) qui rendent techniquement possible les délocalisations des activités, la définition de nouveaux produits peut aussi se fonder sur leur singularité fondée sur la spécificité du territoire.

LA TRANSMISSION

La question de la transmission est centrale dans le développement local. Les personnes en sont au fondement : elles conçoivent, réalisent et... vieillissent, donc, transmettent. Nous abordons la transmission, toujours à partir d'exemples, selon deux angles : l'organisation coopérative puis l'interdépendance des dimensions sociales et économiques du développement.

La transmission par la coopérative

Les coopératives prolongent l'activité des petites entreprises agricoles ou artisanales. Soit elles constituent des unités de production comparable par leurs activités et par leur taille, comme la majorité des Scop, soit elles assurent pour elles des fonctions mutualiseés : achat de matériel, comme les Coopérative de matériel agricole (CUMA) pour les exploitants agricoles, ou distribution commune, pour des artisans, ou encore approvisionnement commun pour des commerçants.

Les petites entreprises agricoles, artisanales et commerçantes constituent le fondement même du développement local, mais elles sont généralement fragiles, que ce soit au démarrage, dans une phase de développement, ou au moment de la transmission de l'entreprise : non seulement il faut trouver l'enfant ou le voisin intéressé à reprendre, mais il faut encore que l'outil de production soit « reprenable ». Or, l'imbrication étroite entre l'activité privée et l'activité professionnelle fait que les bâtiments de l'entreprise sont souvent indistincts de l'habitat : comment revendre un atelier qui se trouve au rez-de-chaussée de la maison d'habitation, ou les bâtiments d'exploitation agricole accolés à la maison ? Souvent, seul le déménagement rend possible la transmission. Mais on n'est pas toujours prêt à se séparer de sa propre maison.

Autre problème, celui de la mise aux normes. Combien d'entreprises artisanales ou agricoles qui continuent de fonctionner, mais qui ne peuvent être transmises parce que l'acte de vente occasionnera une nécessaire, mais difficile ou impossible mise aux normes ? Telle écurie que les services vétérinaires interdiront parce qu'elle n'est pas assez éloignée des maisons d'habitation, tel atelier dont tout le bâti serait à revoir, telles machines qu'il faudra adapter ou renouveler, etc.

On observe que la transmission des coopératives ne soulève pas les mêmes difficultés : elles appartiennent à un collectif et sont donc distinctes des biens privés ; elles sont plus sévèrement contrôlées, dont plus respectueuses des normes. Aussi et surtout, elles ne nécessitent pas l'apport d'un investissement lourd au départ, puisque les réserves impartageables constituées par les générations précédentes sont « offertes » aux nouveaux membres. Dans la coopérative de production, le coopérateur qui part à la retraite reprend sa part de capital, peu valorisée, touche sa retraite comme tout salarié, mais ne bénéficie pas des immobilisations auxquelles son travail a contribué. Un jeune, qui entre dans la coopérative, n'a pas à racheter une part de l'actif de l'entreprise : il achète seulement sa part de coopérateur, qui lui sera rendue à sa sortie. Et il contribue comme son aîné à enrichir le bien commun en incorporant une part de son travail dans les réserves.

Les coopératives partagent ainsi avec la petite entreprise personnelle la finalité de servir les besoins économiques et sociaux, mais elle s'en distingue parce qu'elle sert l'intérêt collectif et non l'intérêt individuel ; la coopérative partage avec l'entreprise capitaliste une organisation distincte de l'économie familiale, qui facilite la transmission, mais elle se distingue de l'entreprise capitaliste en ce qu'elle transmet aux jeunes une part de la richesse créée et accumulée assurant ainsi une solidarité intergénérationnelle qu'on ne rencontre pas dans l'entreprise capitaliste, au sein de laquelle tout le bénéfice est privatisé entre les porteurs de part du capital.

Les dimensions sociales et culturelles de la transmission

Avant d'être une économie, un territoire est une entité culturelle : il n'y a pas de développement local sans sentiment d'identité partagée. Comment se construit et se transmet cette identité ? Autrefois, par des pratiques ancestrales et reproduites dans l'esprit de la tradition : la langue ou le patois, les veillées, les systèmes d'entraides et de mutualisation. Aujourd'hui, certaines de ces pratiques se sont maintenues, mais l'identité culturelle se construit également et surtout à partir de nouvelles actions collectives généralement pratiquées dans le cadre d'associations volontaires. Ainsi, l'Association culturelle, sociale et sportive du Queyras

(ACSSQ) inscrit son action dans ce cadre d'actualisation et de renforcement de l'identité culturelle. Elle poursuit trois objets : créer du lien social, fédérer les structures, préserver et développer une tradition culturelle. Elle est aujourd'hui reconnue pour son dynamisme et son professionnalisme, aussi bien par les acteurs politiques locaux qu'aux échelons départemental et régional. Elle réunit environ 420 membres (sur 2 500 habitants), un conseil d'administration d'une quinzaine de membres responsables de secteurs et une quinzaine de permanents à l'année, doublés de salariés saisonniers. L'association étend son activité dans les domaines les plus variés : production d'un magazine (le pitchoun), participation à un programme européen Interreg (avec l'Italie), point public Espace rural emploi formation (EREF), centre social rural, création et gestion d'une crèche halte garderie intercommunale, centre intercommunal d'action sociale, organisation de festivals en saison, rencontres littéraires et artistiques, ateliers d'écriture, centre d'information et de documentation jeunesse, université rurale, centre de loisirs, organisations de séjours pour les jeunes et les aînés, accès aux NTIC dont visio-conférences, formations musicales, artistiques, linguistiques, soutien à la création d'associations, centre ressources matériels, soins, services, voyages pour les aînés, etc., animations intergénérationnelles et, en projet, mise en place d'une maison des services publics.

Mais rien n'est jamais acquis. Le directeur de l'ACSSQ conclut son rapport d'activités en écrivant : « Nous constatons un certain découragement dans une implication massive de la population. Cet état de fait est pour l'instant compensé par un engagement de tous les instants de ceux qui s'investissent. Nous ne pouvons pas nous contenter de cette avant-garde conquérante qui prend de l'âge. Serons-nous capables de créer les conditions qui permettent à chacun de réaliser et surtout d'avoir le goût d'aller au bout de ses projets ? (...) De nouveaux modèles de services sont à innover afin de satisfaire de nombreux besoins. La collectivité à elle seule ne peut y pallier. C'est donc bien dans l'association de personnes, la synergie entre structures ayant des valeurs partagées et l'alchimie des expériences que nous serons à même d'apporter des solutions à la spécificité de nos territoires »[1].

Le bilan des activités de l'association, remarquable, ne permet pas de comprendre le risque de découragement. C'est sans doute la situation économique générale du Queyras qui le permet, situation sur laquelle l'association n'a que peu de prise. Ce constat de l'interdépendance entre la dimension économique et les dimensions sociales et culturelles

1. Hubert N., Directeur de l'ACSSQ, Rapport d'activités 2005.

du développement local confirme la nécessité d'une coordination de l'ensemble des initiatives – économiques, sociales, sportives, culturelles, environnementales – qui seule paraît susceptible d'inscrire dans la durée les actions initiées dans chaque secteur. Le sentiment identitaire qui se constitue au sein d'associations comme l'ACSSQ, mais également dans des associations sportives très importantes – en particulier le Ski Club Queyras ou le Rugby club Queyras pour les jeunes – est complémentaire et interdépendant des coopérations économiques. C'est l'ensemble de ces activités sociales, sportives, culturelles et économiques qui rend possible la conception d'une politique territoriale prenant en considération l'essentiel des besoins, des attentes et des compétences de la population.

COOPÉRATIVES ET CRÉATION D'EMPLOIS LOCAUX

Les coopératives sont également un vecteur original de création d'emploi permettant d'éviter l'exode rural dans des régions difficiles. Dans la vallée du Queyras, les hommes avaient l'habitude, avant l'avènement du tourisme, de quitter la vallée pendant l'hiver, long et rigoureux, et d'aller vendre leurs bras à Marseille. En 1920, un pasteur entreprit de leur donner les moyens de rester en montagne. Que faire l'hiver, sinon travailler le bois, comme chacun le faisait déjà peu ou prou pour fabriquer ses meubles ? Il crée une coopérative de fabrication de jouets en bois, pour l'essentiel de petits sujets alpins, découpés et peints. Ces activités, surtout la peinture, peuvent se réaliser à domicile et la production peut être faite au cours de l'hiver, entreposée et vendue à la belle saison. Plus tard les coopérateurs ont construit eux-mêmes un atelier commun et un magasin de vente, alors que des « peinteuses » continuent de travailler chez elles. La possibilité de stocker a toujours permis de travailler en respectant le rythme des travaux saisonniers, ce qui fait dire à l'administrateur-gérant actuel que la coopérative a de tout temps pratiqué l'annualisation du temps de travail mais sur d'autres bases, que ce soit pour un travail à temps plein que pour un travail à temps partiel : ainsi, un associé salarié à tiers-temps qui est au découpage du bois travaille deux mois à l'automne et deux mois au printemps et est libre pour les deux saisons touristiques d'été et d'hiver. Au quotidien, si le Code du travail est bien entendu la base du contrat et si l'organisation du travail doit comme ailleurs optimiser l'implication de chacun, il est certain que les relations entre le travail et le temps hors travail sont différentes de ce qu'elles sont dans l'entreprise classique. La production de jouets en bois est bien entendu soumise à un ensemble de contraintes relatives à la qualité de produits destinés aux enfants, dont celles relatives à la composition des peintures et des vernis. L'administrateur précise que les « peinteuses » n'ont jamais voulu utiliser de peintures et de vernis avec solvants dans la mesure où elles peignent chez elles, et pour certaines dans leur cuisine. L'activité inscrite dans la vie quotidienne réduit le risque d'usage de polluants supportables dans des activités industrielles. Bien entendu, ce principe n'est pas absolu ainsi qu'en témoigne l'agriculture intensive appliquée par des exploitations agricoles familiales : mais, au-delà de l'orientation actuelle vers une agriculture raisonnée et, de façon plus significative vers l'agriculture biologique, la majorité des agriculteurs sont sensibles aux risques liés à l'utilisation massive de fongicides et de pesticides : c'est l'intégration de l'agriculture dans un processus industriel qui la domine en amont comme en aval qui amène les agriculteurs à ces formes d'exploitation destructrices.

Cette coopérative de production, « L'Alpin chez lui », a aujourd'hui une douzaine d'associés-salariés et vend plus de 90 % de sa production sur place, contribuant ainsi à fortifier les rentrées économiques dans la vallée.

À travers cet exemple, on peut noter le lien qui existe simultanément entre la responsabilité qu'implique la double qualité coopérative « acteur/associé », la proximité (ou l'identité) lieu de travail/lieu de vie, la souplesse de l'organisation du temps, l'attention à une production non polluante et l'inscription de l'activité dans la durée.

Cette coopérative est également elle-même membre d'une coopérative d'artisans, où elle côtoie une vingtaine d'autres entreprises artisanales, non coopératives. La coopérative d'artisans commercialise les productions de ses membres dans « une maison de l'artisanat », qui est le plus important outil de promotion et de vente des produits des artisans de la vallée. Pour les plus petits d'entre eux, elle réalise 80 à 90 % des ventes réalisées. On estime que la moitié des artisans ne survivraient pas en l'absence de la coopérative.

Ces coopératives, soit sous la forme de coopératives de production, soit sous la forme de coopératives de commercialisation, permettent à des habitants de réaliser une activité qui sans elles, n'existerait pas et maintiennent une population dans un pays rural enclavé.

LES NOUVEAUX ROBINSON, PREMIÈRE COOPÉRATIVE DE CONSOMMATEURS DE PRODUITS BIO EN FRANCE

Naissance et développement du plus grand magasin de produits bio de France

1993, création à Montreuil (Seine-Saint-Denis)

La première collecte de fonds de 91 469 € auprès des 300 premiers sociétaires (consommateurs du marché Raspail de Paris, amis de tendance écologiste, adhérents des petites coopératives, clubs d'investissement cigales, Société de capital risque garrigue, Emmaüs Liberté et sympathisants divers) permet de financer les travaux d'installation d'un premier magasin à Montreuil (Seine Saint Denis).

1996, extensions à Neuilly et Boulogne (Hauts de Seine)

Devant le succès de cette première opération, deux nouveaux magasins ouvrent leurs portes au cours du deuxième semestre 1996 dans l'ouest parisien, à Neuilly et à Boulogne.

1999, 2001, 2003, 2004, extensions à Montreuil

Dans un esprit de diversification de l'activité un espace éco-produit est ouvert en 1999 à Montreuil. En 2001 c'est une boutique dédiée aux articles de literie qui ouvre ses portes, suivie en 2003 par une boutique santé-beauté et en 2004 une librairie. Plusieurs augmentations de capital auprès de consommateurs, sympathisants, salariés et fournisseurs ont permis d'acquérir une assise financière solide et d'autofinancer les nouveaux investissements.

Une autre relation entre producteurs et consommateurs

Les Nouveaux Robinson s'adressent à 500 fournisseurs dont 70 % sont des petits producteurs et des transformateurs. La coopérative a fait le choix dès sa fondation de respecter tous les intervenants de la filière, de l'agriculteur au consommateur. C'est pourquoi elle mène un travail permanent d'information de ses partenaires et particulièrement des consommateurs.

Date de création : juin 1993

Capital au 31 décembre 2006 : 2 118 704 €

Nombre de parts : 132 419, détenues par 669 sociétaires

Nombre de salariés : 140

Nombre de références : 7 000 produits distribués

Points de Vente : Montreuil (93), Neuilly (92) et Boulogne (92)

CA 2005 : 19 641 092 €

Fréquentation : 1 800 personnes par jour en moyenne

(D'après Les Nouveaux Robinson)

L'exemple d'Ardelaine, une coopérative de développement local[1]

Une coopérative française au moins prétend à la dénomination « coopérative de développement local ». Ardelaine est une coopérative de production d'une trentaine d'associés qui travaillent la laine dans le nord de l'Ardèche. Fondée au début des années soixante-dix, Ardelaine a reconstitué la filière de la laine sur le plateau ardéchois, filière totalement à l'abandon lorsqu'ils démarrèrent puisqu'ils durent acheter leurs premières laines à l'étranger. Ils s'approvisionnent aujourd'hui auprès de 150 éleveurs, payant la laine deux à trois fois le prix du marché, en l'échange d'une qualité. En 1986, ils créent, dans une zone d'habitat dense de Valence, un atelier afin d'aider à l'insertion des femmes originaires du Maghreb, quartier dans lequel ils militent sur différents fronts de l'insertion sociale et professionnelle. Dans le sud de l'Ardèche, ils ressuscitent un hameau à l'abandon inaccessible en voiture, y forment des jeunes, créent un gîte rural, une exploitation agricole, un conservatoire d'arbres fruitiers rares, etc. Simultanément, ils ouvrent près de la filature de laine dans le nord d'Ardèche un premier musée en 1989, un second en 2002, un restaurant, et en 2003 une maison d'édition. Entre-temps, ils ont fondé avec quelques autres coopératives s'inscrivant également dans une logique de développement local, un réseau d'entreprises, le Réseau d'échanges de pratiques alternatives et solidaires (REPAS) qui conçoit et met en œuvre une formation professionnelle originale.

Les ressorts coopératifs du développement local

Les leçons que l'on peut tirer de ces quelques expériences remarquables sont nombreuses. Concernant l'angle abordé dans ce chapitre, celui du développement local, j'en souligne quatre essentielles, qui me semblent contribuer à préciser la définition du développement local.

On évoque généralement le manque de capital lorsqu'on entreprend localement, en particulier dans des zones pauvres ou désertifiées. Ardelaine comme la Scop L'alpin chez lui démentent que le capital soit le principal obstacle à la création d'entreprises coopératives. Les fondateurs n'avaient aucune fortune, ni même aucune ressource à l'origine de leur projet. Sans ressources initiales, les associés ont commencé par épargner, donc par constituer une sorte de coopérative de consommation, un « co-usage », selon le terme de G. Barras, co-fondateur d'Ardelaine. Plutôt qu'un capital, l'essentiel résiderait dans la capacité à concevoir un projet, l'aptitude à apprendre et... du courage, beaucoup de courage, un

1. Barras B., *Moutons rebelles*, Éd. REPAS, 2002.

courage que les nombreuses difficultés – dont les difficultés financières –, n'ont pas réduit.

Le pays, défini comme l'espace où les gens habitent et travaillent, est une bonne échelle pour la conception et l'animation d'une coopérative de développement local. Traditionnellement, le pays est l'espace qu'on peut parcourir à pied en une journée, donc l'espace où l'on se connaît directement ; cette conception reste valide : l'entreprise de développement local s'appuie et valorise en même temps l'identité locale, en réunissant des personnes partageant un paysage et un espace commun et pouvant se reconnaître dans une production spécifique : la laine en Nord-Ardèche, le vin en Champagne ou le travail du bois en Queyras.

Comme l'éducation des personnes, la coopération et le développement local s'inscrivent dans la durée. Lorsqu'elle définit un produit à partir de normes de spécificité, ou lorsqu'elle met en œuvre la solidarité intergénérationnelle par le biais des réserves impartageables, la coopérative met en œuvre un processus long. On peut estimer qu'il ne faut pas moins de 10 ans, et plus souvent 20 ou 30, pour concevoir techniquement une production, la faire reconnaître juridiquement et assurer sa réussite économique.

La finalité de la coopérative de développement local n'est pas la croissance du chiffre d'affaires, ni même la création d'emploi en tant que telle, mais le service à la population. C'est la capacité des coopératives à répondre aux attentes de cette population qui explique leur dynamisme. À l'inverse c'est quand elles perdent de vue cette finalité que les coopératives se banalisent et/ou périclitent.

COOPÉRATION D'ÉPARGNE ET DE CRÉDIT ET DÉVELOPPEMENT : UN EXEMPLE AU MALI[1]

La Caisse coopérative de Kafo Jiginew est aujourd'hui un établissement malien d'épargne et de crédit. Mais l'initiative est venue d'un partenariat entre la Fondation crédit coopératif et un consortium d'organisations non gouvernementales européennes pour répondre aux besoins de paysans du Sud du Mali. Cette forme d'intercoopération est fréquente en particulier dans le secteur du micro-crédit. Cette expérience est particulièrement intéressante dans la mesure où elle associe épargne et crédit et où elle lie étroitement activité bancaire et développement.

1. D'après André Chomel, *Revue internationale de l'économie sociale* (*Recma*), n° 271, 1999.

Le projet Consortium ONG/Crédit Coopératif/Kafo Jiginew

Dans la majorité des pays en voie de développement, l'économie est divisée en deux secteurs l'un et l'autre inadaptés aux besoins sociaux de base :

- le secteur informel ou traditionnel : économie souterraine, troc, et concernant le crédit : banquiers ambulants, gardes-monnaie, usuriers ;
- le secteur moderne : les grandes entreprises de capitaux étrangers présentes pour profiter de la faible rémunération de la main-d'œuvre.

Ni l'un ni l'autre de ces secteurs n'ont les moyens ou la volonté de construire des dispositifs en mesure de répondre aux besoins de la population, et particulièrement de celle ayant déjà ou non une petite activité économique et susceptible de constituer une petite épargne nécessaire pour faire naître un processus de développement.

Tous les espoirs pour l'accès au crédit des populations pauvres se sont donc reportés à cet égard sur ces types d'organisations relativement nouvelles que sont les organismes de crédit solidaire, les caisses villageoises d'épargne et de crédit autogérées (CVECA), les Organisations non gouvernementales (ONG) spécialisées dans le crédit et les coopératives ou mutuelles d'épargne et de crédit. Ce secteur va effectivement faire preuve dans les années quatre-vingt-dix de la plus grande capacité de développement, mais il est confronté à une grande diversité de demandes.

C'est en effet tout un ensemble de questions fondamentales qui se posent d'emblée : démarrage par le crédit ou système d'épargne-crédit ? Quel système de garantie ? Comment constituer un capital ? Quelle participation des usagers ? Comment prévoir l'évolution vers l'autonomie avec ce que cela implique d'appropriation par les usagers et de conditions pour l'africanisation des échelons décisionnels ?

Il y a enfin un choix à opérer entre un objectif centré exclusivement sur les plus démunis ou un objectif visant à répondre également aux besoins des petits exploitants, agricoles ou autres. En fait, l'option de base se situe entre les modèles mutualistes (ou coopératifs) et les modèles non mutualistes. Les premiers impliquent en pratique le démarrage par l'épargne.

C'est dans ce sens que la Fondation Crédit Coopératif s'est engagée au Mali en 1984, en partenariat avec le Comité catholique contre la faim et pour le développement (CCFD) pour promouvoir, au bénéfice des paysans du Mali-sud, une vaste organisation d'épargne-crédit capable de s'autonomiser financièrement, et non un système de « crédit solidaire » toujours dépendant de la générosité ou du bon vouloir des pays riches.

La Fondation a donc proposé aux paysans produisant du coton de constituer des caisses villageoises d'épargne et de crédit. La réaction des paysans maliens a d'abord été réservée sans être négative. L'intérêt le plus évident de cette innovation leur paraît être la sécurisation des fonds qu'ils retirent en début d'année de la vente du coton et qui, en dépit des cachettes, sont exposés à toutes sortes de convoitises et de risques, dont le vol est le plus grand. En ce qui concerne les possibilités de crédit, l'intérêt que pourra procurer la caisse se manifestera, mais plus tardivement, et la diffusion de ce type de produit est subordonnée à la collecte d'une épargne dont l'existence est pour l'heure une interrogation.

En définitive, une série d'accords suffisamment positifs sont recueillis ici et là pour que cinq caisses soient ouvertes en 1987-1988. Les caisses sont réunies en groupement intervillageois (ou jigine), couvrant alors chacune six à huit villages. L'ensemble est organisé en réseau coordonné par une association jouant le rôle de caisse centrale et de fédération en charge des fonctions de promotion, de contrôle et de formation.

Chaque jigine est créé à la demande de la population des villages concernés, qui s'engagent à construire un local en dur, le « projet » (c'est-à-dire le partenaire français) fournissant un coffre-fort, le matériel et la formation de deux cogérants. Le jigine, bien qu'informel, fonctionne selon les principes coopératifs, avec un conseil d'administration de trois à douze membres et un conseil de surveillance élu par les sociétaires. C'est à une délégation de ce conseil qu'incombent les décisions de crédit dans le cadre des ratios, notamment de division de risques.

Crédit et éducation des femmes

L'année 1996 est enfin marquée par une innovation de grande portée économique et sociale : il s'agit de l'organisation d'une fonction de crédit spécialisée, adaptée aux problèmes spécifiques des femmes pauvres.

Un accord avec une Organisation non gouvernementale (ONG) a permis la mise en place en 1996 d'un produit intitulé « Crédit épargne avec éducation ». Il répond aux différents aspects – économiques, sanitaires et démographiques – des problèmes de la vie des femmes maliennes. Ce service multifonctionnel va de la diffusion des méthodes de contraception aux microcrédits pour des activités génératrices de revenus, en passant par une formation diététique et le traitement des diarrhées infantiles. Ce type de service est mis en œuvre avec les animatrices formées à cet effet et engagées par Kafo-Jiginew avec une aide financière de l'ONG, limitée à quatre ou cinq ans.

Impacts sur le développement

- L'amélioration de la situation de nombre de paysans qui en est résultée constitue un impact socio-économique indiscutable de la création de la banque commune. Les excellents taux de remboursement montrent que l'utilisation des crédits ne se traduit pas par une dépendance chronique sur le plan de l'endettement. Il y a donc un impact économique direct qui peut se mesurer sur le PIB.
- De l'avis même des intéressés, c'est en premier lieu le « rapport à l'argent » qui s'est transformé le plus profondément avec le développement des caisses mutuelles d'épargne et de crédit, la sécurisation des liquidités donnant le temps de la réflexion et de l'emploi. Sont apparues également, sur un mode plus ou moins explicite, les notions nouvelles de budget, de prévision et, plus généralement, l'intégration du facteur temps, avec leurs implications sur les possibilités d'épargner ou d'emprunter dans les villages africains. Cette évolution aura sans aucun doute un impact économique direct en termes de capacité d'investissement.
- L'organisation des microcrédits, jumelés à un apport éducatif au bénéfice des femmes pauvres, devrait être à terme un facteur d'évolution sociale d'importance, sur le plan démographique sans doute, avec l'information sur la contraception, mais également sur le plan des rapports hommes-femmes.
- Cette démarche coopérative et ce contexte social se traduisent par un degré élevé d'appropriation de l'organisation par ses sociétaires. Ce sentiment, qui s'exprime avec force dans les débats d'assemblées générales, se concrétise par un recours important au bénévolat de la part des centaines de membres des conseils des caisses locales en charge de la gestion de leurs caisses. Comme on sait, l'implication bénévole est créatrice de lien social, de nouvelles solidarités et de formation informelle. Le bénévolat dans les entreprises d'économie sociale a souvent été défini comme le lieu d'apprentissage de la démocratie économique.

Comme on le voit, à partir de la création d'une coopérative spécialisée, c'est l'ensemble du processus du développement qui est provoqué, aussi bien au niveau social et culturel qu'au niveau économique. La raison en est que Kafo-Jiginew est une mise en œuvre du fameux principe de double qualité : les usagers de la coopérative en sont les propriétaires et les gestionnaires et bénéficient de l'ensemble des services rendus par l'entreprise.

Kafo Jiginee est considéré comme un exemple national en matière de développement.

LA RECOMMANDATION 193 DE L'ORGANISATION INTERNATIONALE DU TRAVAIL (OIT)

Les coopératives sont considérées comme un outil privilégié du développement en particulier dans les pays pauvres. Ceci a été souligné par la recommandation 193 de l'Organisation Internationale du Travail en 2002.

L'OIT a été créée en 1919 en vue de promouvoir la justice sociale et les droits du travailleur. Les recommandations de l'OIT sont prises par les 438 états membres, à travers trois représentants : leurs gouvernements, leurs syndicats de salariés et leurs syndicats patronaux.

L'article 8.1 de la recommandation 193 de juin 2002 engage « les politiques nationales (...) à promouvoir l'enseignement des principes et pratiques coopératifs et la formation (...) à tous les niveaux appropriés de systèmes nationaux d'éducation et de formation et dans l'ensemble de la société ». Concernant la coopérative proprement dite, la recommandation reconnaît la spécificité de la forme coopérative, qui justifie ainsi la possibilité pour les coopératives d'obtenir un traitement différentié au regard de ces spécificités. Ce que refuse catégoriquement l'Organisation mondiale du commerce (OMC).

La recommandation 193 a été votée avec 436 pays favorables (2 pays ne se sont pas exprimés). Cette quasi-unanimité témoigne de façon exceptionnelle l'intérêt général des États et des partenaires sociaux pour la coopération.

DE LA COOPÉRATION AU COMMERCE ÉQUITABLE

L'origine coopérative de Max Havelaar

L'Union des communautés indigènes de la région de l'Isthme (UCIRI) est une coopérative créée en 1983 par 50 producteurs de café du sud du Mexique. En 1986, deux Hollandais l'ont visitée et se sont appuyés sur elle pour commercialiser leur production sous un nouveau label « Max Havelaar ». Aujourd'hui, URINI rassemble 2 700 paysans de 53 villages et livre 750 tonnes de café (2005) sous ce label. Sur le prix de vente, la coopérative prélève un pourcentage fixe investi dans des actions économiques, sociales et éducatives :

- une caisse d'épargne pour les petits producteurs ;
- l'achat d'autobus assurant le transport entre les villages et la coopérative ;
- une mutuelle de prévention organisant des formations (nutrition, sexualité...). Elle a formé une soixantaine de femmes « agents locaux de santé » ;
- une clinique qui dispense des soins gratuits à tous, membres et non-membres de la coopérative ;
- une ristourne pour les paysans coopérateurs travaillant en agriculture biologique.

C'est l'assemblée générale annuelle des coopérateurs qui décide de l'utilisation de la somme gardée en commun. Des actions d'écotourisme, d'élevage, etc., ont également été amorcées. Cette mobilisation en faveur du développement local est indispensable pour engager les jeunes à rester dans les villages. En effet, en dépit de cette organisation économique et sociale remarquable, les paysans restent pauvres et l'émigration vers les villes et les États-Unis se poursuit. Le travail dans le bâtiment en ville, même précaire et difficile, reste plus rémunérateur que le travail paysan.

Le défi du commerce équitable

Selon la Plate-forme du commerce équitable (PFCE), « l'objectif du commerce équitable est de permettre aux producteurs et aux consommateurs de vivre leur dignité et leur autonomie, en retrouvant la maîtrise et le sens de leurs actes » (Extrait de la Charte de la PFCE).

Depuis plus de quarante ans, la démarche du commerce équitable propose une alternative pour réduire les inégalités engendrées par le commerce conventionnel et redonner à l'homme sa place centrale dans les échanges. Les structures membres de la PFCE se reconnaissent autour des principes suivants :

- assurer une juste rémunération du travail des producteurs et artisans les plus défavorisés, leur permettant de satisfaire leurs besoins élémentaires ;
- garantir le respect des *droits fondamentaux* des personnes ;
- instaurer des *relations durables* entre partenaires économiques ;
- favoriser la préservation de l'*environnement* ;
- proposer aux consommateurs des *produits de qualité*.

L'ÉMERGENCE DU COMMERCE ÉQUITABLE EN FRANCE ET EN EUROPE

1968 : *Traid, no aid,* « le commerce, pas l'aide », revendiquent les petits producteurs de cafés alors que les cours mondiaux s'effondrent. Fort des leçons tirées des expériences de la décennie précédente, le constat est fait au cours de la 2e conférence des Nations unies sur le développement que l'aide solidaire ne peut suffire à promouvoir le développement. Il faut organiser les marchés de façon à permettre aux producteurs de vivre de leur travail.

1969 : L'association Oxfam ouvre ses premiers « Magasins du Monde » en Angleterre et aux Pays-Bas.

1979 : L'union des Comités de jumelages Coopération ouvre le premier magasin *Artisans du Monde* à Paris.

1988 : Création de Max Havelaar et du premier logo du commerce équitable (sur le café).

1990 : Création de l'European Fair Trade Association (Association européenne de commerce équitable), réseau des centrales d'achat à l'échelle européenne.

1997 : Création de la Plate-forme du commerce équitable en france et création de Fairtrade Labelling Organization (FLO), à Bonn (Allemagne).

2003 : Intégration du tourisme équitable dans la PFCE en France.

2004 : Création de FLO Standards, qui définit les conditions d'obtention de la certification de la FLO ; et création de FLO Cert, qui certifie les produits.

2005 : Vote d'une loi sur le commerce équitable en France (loi sur les PME du 2 août, article 60) et finalisation de l'accord Afnor.

Au cours des années quatre-vingts, des labels « commerce équitable » ont vu le jour dans plusieurs pays européens : Max Havelaar aux Pays-Bas, Fairtrade en Angleterre, Transfair en Allemagne, Commerce équitable en France (par la coopérative Andine). En 1997, ces principaux labels se sont coordonnés en créant Fairtrade Labelling Organization (FLO), basé à Bonn (Allemagne).

En 2004, FLO a distingué ses deux activités principales : d'une part, la définition du cahier des charges pour chaque produit, réalisée par FLO Standard ; d'autre part le contrôle et la délivrance aux coopératives agricoles de la certification FLO, réalisées par FLO Cert.

Le cahier de charges de FLO comprend plusieurs critères :

- la production doit être réalisée par des petits producteurs réunis en coopératives, au sein desquels ils doivent pouvoir exprimer leurs choix. FLO Standard définit la taille maximum pour chaque production à partir d'un volume limite destiné à l'exportation ;

- la gestion coopérative doit être transparente et contribuer au développement local ;
- les paysans doivent respecter l'environnement en limitant l'utilisation de pesticides et si possible en se tournant vers l'agriculture biologique.

FLO Cert a pour mission de délivrer les certificats aux coopératives, qui leur permettent d'entrer dans le circuit du commerce équitable. En avril 2006, 548 coopératives de 50 pays d'Afrique, Asie et Amérique Latine, représentant 900 000 paysans, sont certifiées. La certification est annuelle et payante, au prorata du volume exporté et représente une moyenne de 2000 € par an. FLO a créé un fonds de soutien pour les très petites coopératives qui ne peuvent pas payer la certification. Chaque coopérative est inspectée annuellement par une soixantaine d'inspecteurs, essentiellement travailleurs indépendants. Par ailleurs, les 667 exportateurs, importateurs et usines de transformation doivent remettre un rapport trimestriel à FLO Cert, qui délivre également les autorisations de distribution. Le prix des produits est fixé par FLO sur la base d'une étude des coûts de production et du niveau de vie dans chaque pays. Cette étude fixe une fourchette pour chaque produit selon son origine. Le prix définitif est fixé dans le cadre d'une négociation entre producteurs et consommateurs représentés au sein de FLO Standard. Il existe ainsi 500 prix pour une quinzaine de filières labellisées.

Se pose enfin la question de la certification de... FLO elle-même. L'organisation a fait une demande à l'International Standard Organization (ISO) à Genève pour être garantie auprès des États et des autres acteurs économiques privés.

Tableau 15.1. Évolution de la valeur à la consommation des produits labellisés par FLO

2001	2002	2003	2004	2005
238	376	552	880	1200

Source : d'après FLO.

L'essor du commerce équitable constitue sans doute l'essor le plus significatif de l'intercoopération à l'échelon international. Si les réseaux s'appuient essentiellement sur la forme associative, il est possible parce qu'il existe préalablement des coopératives de production, en particulier dans l'agriculture. Le commerce équitable renforce ensuite à son tour les coopératives qui le fournissent en élevant le niveau d'exigence de leur fonctionnement. Ce fait est, en lui-même, tout à fait éclairant : c'est le contrôle externe de réseaux de distributeurs ou de consommateurs associés qui contribue à fortifier les fonctionnements coopératifs, et en derniers ressorts, à s'assurer que les bénéfices du commerce équitable serviront bien les sociétaires coopératifs et leurs ayants droit. Cette innovation témoigne de ce que peut entraîner une forme alternative de mondialisation, qui au lieu de faire circuler les capitaux fait circuler les valeurs. Cette capacité d'entente entre des populations qui ne se connaissent pas et qui proviennent de cultures tout à fait distinctes renvoie également à l'idée de l'universalité des valeurs de volontariat, d'égalité, de solidarité et d'indépendance.

L'EXEMPLE D'ÉTHIQUABLE :
SCOP ÉTHIQUABLE (SAINT-LAURENT, GERS)

Créée en 2003, Éthiquable s'est fixé une double mission : permettre aux producteurs du Sud d'accéder aux marchés du Nord dans de meilleures conditions et satisfaire la demande des consommateurs du Nord de connaître réellement l'origine des produits et leurs conditions de production, au regard du respect de l'environnement et des droits économiques et sociaux des producteurs.

Éthiquable compte aujourd'hui plus de 70 produits alimentaires labellisés Max Havelaar, référencés dans près de 3 000 points de vente. Elle compte 58 salariés travaillant dans 6 équipes : communication, logistique et conditionnement, commerce, développement et filières, gestion administrative et financière, qualité.

Commerce équitable Nord-Nord : les Associations pour le maintien d'une agriculture paysanne (AMAP)

Inspirées de coopératives de consommation japonaises créées par des femmes en vue de garantir l'alimentation des enfants, les AMAP se multiplient aujourd'hui en France de façon très rapide. Le principe est simple : un groupe de consommateurs s'engage à acheter une quantité donnée de produit à un maraîcher – fréquemment « un panier » par semaine – pour une somme donnée (par exemple 15 euros). En échange, le producteur garantit une quantité et une qualité de produits déterminées (par exemple produits de l'agriculture biologique).

Ces associations permettent à la fois d'assurer la vente à un producteur et la qualité à des consommateurs. Les pratiques de mises en œuvre de ce principe sont diverses. Les paniers peuvent ou non être livrés ; des journées de découvertes sont fréquemment organisées ; certaines AMAP offrent des paniers de produits contre des journées de travail.

Que ce soit par la contractualisation qu'elles provoquent ou par la production respectueuse de l'environnement qu'elles proposent, les

AMAP constituent une forme d'alternative à l'agriculture intensive et spécialisée et sont un moyen simple de contribuer au développement durable.

On compte dans la seule région Provence-Alpes-Côte-d'Azur – leur région d'origine en France – une centaine d'associations pour le maintien d'une agriculture paysanne en 2006, réunissant autour de 16 000 consommateurs. Le conseil régional les soutient à travers une fédération régionale « Alliance Provence ».

Même si elles prennent généralement la forme juridique de l'association, les AMAP sont typiquement des coopératives de consommateurs. Leur développement n'est pas sans rappeler la naissance des coopératives de consommateurs à la fin du XIXe siècle, même si les motivations sont différentes. Il s'agissait alors de payer moins cher les produits de bases de l'alimentation et, dans certains cas, de sortir de l'endettement que provoquait le crédit à la consommation octroyé par des enseignes liées à l'employeur, crédit attachant durablement les salariés à l'entreprise. Aujourd'hui, ce sont la qualité des produits et le soutien à une agriculture respectueuse de l'environnement qui sont les moteurs du développement. Autre différence avec leurs ancêtres : les coopératives de consommation de la fin du XIXe siècle ne réunissaient que des consommateurs, alors que les AMAP associent consommateurs et producteur(s).

Chapitre 16

L'intercoopération

Une voie privilégiée d'accès au développement des personnes et des territoires

L'INTERCOOPÉRATION constitue sans doute l'une des voies les plus prometteuses pour permettre à l'économie sociale de poursuivre son projet d'émancipation de la personne humaine. Elle relie les différentes dimensions de la personne et permet de réaliser les différentes activités qui, ensemble, définissent un processus de développement. Oubliée pendant près d'un demi-siècle, la perspective de l'intercoopération est à nouveau explorée[1].

Aux XIXe et XXe siècles, les coopératives de production et les coopératives de consommation s'étaient développées sans parvenir à se coordonner, chaque mouvement poursuivant sa propre utopie : les coopératives de production cherchant à changer les rapports de production, les coopératives de consommation cherchant à établir la république des consommateurs. Chaque type de coopératives étant persuadé de la supériorité de son propre modèle, les deux ensembles ont vécu en concurrence et non en complémentarité. Pourtant des voix se sont élevées dès le début du XXe siècle invitant à dépasser cette concurrence des modèles. Chercheur, militant ami de Jean Jaurès et homme et homme politique – il fut notamment ministre de l'Armement pendant la Première

1. *Cf.* par exemple les travaux de Rafael Chaves en Espagne.

Guerre mondiale –, haut fonctionnaire – il fut le premier directeur du Bureau international du travail, Albert Thomas (1878-1932) tient une place importante dans le mouvement coopératif. Dans un rapport à l'Alliance coopérative internationale, présenté à Gand en 1924, il précise sa conception générale de la coopération et l'importance des relations entre les différentes coopératives. A. Thomas insiste sur deux formes d'intercoopération qui « hâteraient (...) l'établissement de la Société de coopération et de solidarité humaine que nous voulons »[1] (p. 9). Il s'agit d'une part des relations entre coopératives de consommation et coopératives agricoles, relations sur lesquelles nous disposons effectivement d'une littérature très importante, et d'autre part de l'intégration coopérative des « groupements ouvriers autonomes », qui soulève la question du salariat et de l'organisation industrielle.

Un accord exemplaire signé en 1920 avait marqué les esprits : la Co-operative Wholesale Society et la Fédération coopérative de vente des fermiers de Nouvelle-Zélande avaient créé une société mixte qui écoulait en Europe, et particulièrement à travers les coopératives de consommation anglaises, les produits laitiers néo-zélandais. Par cet accord, l'intercoopération couronnait le pouvoir dominant des magasins de gros anglais, et A. Thomas préconisait la création de sociétés coopératives d'import-export, en particulier parce que l'évolution récente des économies agricoles, y compris dans les pays socialistes, indiquait le maintien de la production parcellaire, et l'essor de la coopération agricole entre petites exploitations.

La proposition de Thomas est restée lettre morte. Un demi-siècle après H. Desroche a réactualisé de façon brillante mais dans des travaux largement ignorés le principe de l'intercoopération. Le point de départ d'H. Desroche est la distinction au sein des coopératives modernes entre le type uni-fonctionnel ou spécialisé et le type multi-fonctionnel ou intégral, distinction qu'il reprend à H. Infield[2]. Desroche fait l'hypothèse que « le type spécialisé (*segmental*) a sa genèse plus ou moins immédiate, dans le type intégral (*comprehensive*) et c'est pourquoi la genèse du processus coopératif moderne du fait même qu'il est un mode d'association volontaire (...) ne peut mettre entre parenthèses les formes de communauté multi-fonctionnelle qui, d'une part la précèdent, d'autre part (...)

1. Thomas A., *Les relations entre les différentes formes de la coopération*, Rapport présenté au Xe congrès coopératif international, PUF, 1925, p. 9.

2. Infield H., *Cooperative Communities at Work*, New York, Dryden Press, 1945, cité par Desroche H., « Sociogenèse du processus coopératif », in *Communautés et vie coopérative*, 1954, p. 3.

ne cesse de l'accompagner »[1]. Les coopératives modernes spécialisées succèdent aux coopératives intégrales, non seulement historiquement mais également dans leur processus de constitution.

La particularité de la coopérative moderne est toutefois d'ajouter la participation individuelle à la responsabilité collective.

Non seulement l'intercoopération s'inscrit dans les communautés tradtionnelles, mais elle représente également, selon Desroche, l'avenir de l'économie sociale : l'extension du mouvement coopératif décrit par Fauquet change la nature de la coopération. L'extension coopérative a pour horizon le développement intercoopératif : « Tout développement coopératif en appelle à l'ensemble des autres développements pour former avec eux la seule plate-forme qui puisse (...) activer et nourrir la participation sollicitée de tous sociétariats »[2].

La voie de l'intercoopération montre que les entreprises coopératives sectorisées sont complémentaires les unes des autres. Ensemble elles rappellent l'utopie initiale de la coopération multifonctionnelle et fondent un processus de développement. L'idée qu'il puisse exister une alternative à partir de l'économie sociale est ainsi intimement liée à l'intercoopération : il n'y a pas d'alternative possible sans intercoopération.

Nous proposons d'entendre par intercoopération toutes activités menées conjointement par plusieurs entreprises d'économie sociale, qu'elles soient coopératives, mutualistes, associatives ou provenant de fondations de l'économie sociale. L'intercoopération intègre la relation avec l'économie privée des petites et moyennes entreprises (petits commerces, artisanat, exploitations agricoles...) à travers l'organisation de coopératives de distribution ou d'approvisionnement ou la mutualisation de matériel ou de locaux. Elle intègre la relation avec les collectivités locales, territoriales, nationales et internationales à travers la création de mutuelles, d'associations, de fondations d'économie sociale œuvrant dans les domaines de la santé, l'éducation, l'art et la culture et l'environnement.

La finalité de l'intercoopération est le développement défini à un double niveau, personnel et territorial. Ainsi, l'association de trois réseaux nationaux complémentaires réunissant les coopératives d'utilisation de matériel agricole (CUMA), les Sociétés coopératives de production (Scop) et les Parcs naturels régionaux (PNR), dans le cadre d'un projet européen EQUAL vise ce double développement. Les CUMA

1. Desroche H., *Sociogenèse du processus coopératif*, *op. cit.*, p. 4.

2. DesrocheH., *Le développement intercoopératif ses modèles et ses combinaisons*, Publication de l'Université de Sherbrooke, Québec, 1969.

répondent aux enjeux économiques, sociaux et environnementaux des exploitations agricoles, les Scop aux enjeux personnels liés au travail et à l'emploi, les Parcs aux enjeux de développement global des territoires. L'action entreprise est d'envergure : on compte 13 100 CUMA en France réunissant 233 000 adhérents, 1 710 Scop offrant 36 000 emplois, et 44 PNR dans lesquels vivent 3 millions de Français.

Le commerce équitable est une forme privilégiée de l'intercoopération que ce soit à l'échelle territoriale ou inter-territoriale. Ce développement passe également par « l'intercoopération interne » que constitue le développement des coopératives multisociétaires comme les Sociétés coopératives d'intérêt collectif (Scic) ou même celui des coopératives d'activités et d'emploi (CAE), qui viennent s'ajouter aux plus anciennes Sociétés d'intérêt collectif agricole (Sica).

Les associations retrouvent aujourd'hui l'importance de la participation, non seulement comme moyen d'une meilleure organisation, mais comme finalité de leurs activités : la participation, comme la double qualité coopérative ou mutualiste représente une forme d'éducation à la citoyenneté, composante essentielle de l'émancipation.

Les mutuelles, en plein processus de concentration, trouvent leur sens dans un rapprochement de leurs sociétaires. Ce rapprochement passe par différents canaux ; l'ancrage local, similaire à celui que constituait hier encore le maillage des milliers de petites mutuelles, est l'un des plus efficace. Il provoque à la fois un renforcement de la gouvernance d'économie sociale et une sensibilisation des mutualistes à l'économie sociale et à ses valeurs.

Les actions conjuguées d'associations fortes de leurs associés, de coopératives fortes de leurs savoir-faire et de fondations fortes de leur crédit peuvent réaliser des innovations d'économie sociales inédites, comme la caisse d'épargne et de crédit de Kafo-Jiginew. Des coopératives de production agricoles ou artisanales de l'hémisphère sud suscitent l'attention des consommateurs de l'hémisphère nord, qui, associés et organisés, confortent à leur tour ces coopératives latino-américaines, africaines ou indiennes.

Conclusion

Penser l'économie sociale

L'ÉCONOMIE SOCIALE établit une relation singulière entre le penser et l'agir, relation qui produit une double rétroaction sur l'action et sur la pensée. Saisie comme moyen de recherche de sens, la pensée associe réflexion et prospection, s'expérimente et transforme l'action en pratique sociale. Cette articulation originale produit un parcours d'éducation pour les personnes, source d'émancipation. L'économie sociale ne constitue ainsi pas sa propre finalité : produite par des femmes, des hommes, des enfants, elle est un instrument de leur liberté. Elle en est sans doute l'instrument privilégié parce qu'elle seule parvient à relier le mode d'action politique fondé sur les valeurs de la République – liberté, égalité, fraternité – et le mode d'action économique.

Notre société du XXIe siècle est marquée par un hiatus considérable entre la vie sociale et familiale d'une part et la vie économique d'autre part. La première est marquée par un attachement aux valeurs démocratiques, égalitaires, de respect d'autrui, voire d'amitié, alors que la seconde est dominée par les rapports de pouvoirs et d'exploitation qui provoquent inégalités et exclusions massives. L'économie capitaliste nous incite à croire que la rente issue de la rémunération maximale du capital placé est la clef d'accession au bonheur. L'économie sociale propose à l'inverse de considérer que l'activité réalisée en coopération et visant à servir des besoins collectifs de la société est plus épanouissante.

Nous avons pu vérifier dans ce travail que la proposition de l'économie sociale est également plus cohérente que celle de l'économie capitaliste lorsqu'on considère l'ensemble des effets induits : en lui-même, le placement des capitaux ne produit pas de richesses et ne peut donc être généralisé à l'ensemble de la population. L'activité associée, coopérative, mutualiste possède cet avantage d'être à la fois bénéfique pour l'ensemble de la société et pour chacun de ses membres. À ce titre elle est simultanément un mouvement économique qui s'appuie sur l'éducation et un mouvement éducatif qui s'appuie sur l'économie.

Bibliographie

ALTERNATIVES ÉCONOMIQUES, *L'économie sociale de A à Z*, Guides pratiques, 2006.

ALTERNATIVES ÉCONOMIQUES, *Entreprendre autrement*, Guides pratiques, 2004.

ARCHAMBAULT E., *Le secteur sans but lucratif*, Economica, 1996.

ASSOCIATION D'ÉCONOMIE FINANCIÈRE, *Rapport moral sur l'argent dans le monde, Les entreprises d'économie sociale en question*, AEF, 2007.

BAIROCH P., *Mythes et paradoxes de l'histoire économique,* La Découverte, 1999.

BARRAS B., *Moutons rebelles*, Éd. REPAS, 2003.

BEITONE A., Gilles P., Parodi M., *Histoire des faits économiques et sociaux de 1945 à nos jours*, Dalloz, 2006.

BOUQUET B., *Éthique et travail social*, Dunod, 2004.

BRAUDEL F., *Civilisation matérielle, Économie et capitalisme*, Armand Colin, 1979.

CHAUVIÈRE M., *Le travail social dans l'action publique*, Dunod, 2004.

CHOUINARD O., LÉVESQUE B., JOYAL A., *L'autre économie*, Presses de l'Université du Québec, 1989.

CLERC D., *Les désordres financiers,* Syros, 1998.

COMEAU Y., FAVREAU L., LÉVESQUE B., MENDELL M., Emploi, économie sociale, développement local, Presses de l'université du Québec, 2001.

CÔTÉ D. (coord.), *Les holdings coopératifs, évolution ou transformation définitive ?* Ciriec-De Boeck, 2001.

DEFOURNY J., DEVELTERE P., FONTENEAU B. (Eds), *L'économie sociale au Nord et au Sud*, De Boeck, 1999.

DEMOUSTIER D., *L'économie sociale et solidaire*, Syros, 2001.

DESROCHE H., *Sociologie de l'espérance*, Calmann-Lévy, 1973.

DESROCHE H, *Le projet coopératif*, Éd. ouvrières, 1976.

DESROCHE H., *Entreprendre d'apprendre*, Éd ouvrières, 1990.

DOUARD O., *Dire son métier : les écrits des animateurs*, L'Harmattan, 2006.

DRAPERI J.-F., *Les vingt formes juridiques de l'entreprise*, Éd. du Puits Fleuri, 2002.

DRAPERI J.-F., *Rendre possible un autre monde*, Presses de l'économie sociale, 2005.

DREYFUS M., *Liberté, égalité, mutualité. Mutualisme et syndicalisme*, Éd. de l'Atelier, 2001.

DUMONT L., *Homo Aequalis, Genèse et épanouissement de l'idéologie économique*, Gallimard, 1977.

DURAND G., *La structure anthropologique de l'imaginaire*, Dunod, 1984.

DUVEAU G., *Sociologie de l'utopie et autres essais*, PUF, 1961.

FAUQUET G., *Le secteur coopératif*, 1935, Éd. AISC, 1965.

GAUMONT J., *L'histoire de la coopération française*, Paris, FNCC, 1924, 2 vol.

GIBAUD B, *Mutualité, assurances (1850-1914), les enjeux*, Economica, 1998.

GOUIL H., *Entreprendre en économie sociale*, Liaisons, 1999.

HERVIEU B., LÉGER D., *Le retour à la nature*, Le Seuil, 1979.

JAEGER M., *Guide du secteur social et médico-social*, Dunod, 2004.

JEANTET T., *Économie sociale : entre efficacité et solidarité*, La documentation française, 2006.

JEANTET T., POULNOT J.-P., *L'économie sociale, une alternative planétaire*, Éd. Charles Léopold Meyer, 2007.

JETTÉ C., LEVESQUE B., MAGER L., VAILLANCOURT Y., *Économie sociale et transformation de l'État providence dans le domaine de la santé et du bien-être*, PUQ, 2000.

KARAFOLAS S., SPEAR R., STRYJAN Y., *Local Society and Global Economy*, Athènes, Hellin, 2004.

LECOMTE T., *Le commerce équitable*, Eyrolles, 2004.

LEVESQUE B., *Desjardins : une entreprise et un mouvement*, PUQ, 2005.

LULECK M., *Scions... travaillait autrement ?* REPAS, 2004.

MARX K., *Le capital, Livre premier*, PUF, La Pléiade (première éd. 1867).

MAUSS M., *Écrits politiques*, textes réunis et présentés par Marcel Fournier, Fayard, 1997.

MOREAU J., *L'économie sociale face à l'ultra-libéralisme*, CIEM, 1994.

MOREAU J., *Les socialistes français et le mythe révolutionnaire*, Le seuil, 1998.

MRJC, *Accueillir les jeunes en milieu rural,* INJEP, 2007.

MÜNKNER H.H., *Idées, pratiques et principes coopératifs*, Conférence « Tradition et nouvelles orientations dans le développement et le renouveau coopératif », Stockholm, 1988.

NICOLAS F., VALCESCHINI E. (dir.), *Agro-alimentaire : une économie de la qualité*, INRA Economica, 1995.

PÉNIN M., *Charles Gide 1847-1932, L'esprit critique*, L'Harmattan, 1998.

PILLET A., *Le marketing social, alternatif et solidaire*, AMI, 2006.

PRADES J., *Compter sur ses propres forces*, Éd. Aube, 2006.

REYNAUD J.-D., *Les règles du jeu. L'action collective et la régulation sociale*, A. Colin, 1989.

RICHEZ-BATTESTI N., GIANFALDONI P., *Les banques coopératives en France : le défi de la performance et de la solidarité*, L'Harmattan, 2006.

SEN A., *Éthique et économie*, PUF, 1993, éd. originale, Blackwell Publishers, Oxford, 1991.

SPEAR R. (coord.), *Co-operative Innovation and Change, R.E.C., A.C.I.*, rapport de Tartu (Estonie), 1996.

THOMAS A., *Les relations entre les différentes formes de la coopération*, PUF, 1925.

TOUCAS P., DREYFUS M., *Les coopérateurs*, Éd. de l'Atelier, 2005.

TOUZARD J.-M., DRAPERI J.-F., *Les coopératives entre territoires et mondialisation*, L'Harmattan/Institut de l'économie sociale, 2004.

VIENNEY C., *Socio-économie des organisations coopératives*, CIEM, 1982, 2 tomes.

VIENNEY C., *L'économie sociale*, La Découverte, 1994.

WATKINS W.P, *L'Alliance coopérative internationale 1895-1970*, ACI, Londres, 1970.

ZÉVI A., MONZON CAMPOS J.-L., *Coopératives, marchés, principes coopératifs*, DeBoeck/CIRIEC, 1995.

Les cahiers du GRMF, « La solidarité en actes. Services collectifs et expression des usagers dans le mouvement populaire des familles 1940-1955 », n° 11, 2002.

Revue internationale de l'économie sociale (*Recma*).

Index des auteurs

Index des matières

51485 - (I) - (1,5) - OSB 100° - CPW - API
Dépôt légal octobre 2007
Imprimerie CHIRAT - 42540 Saint-Just-la-Pendue
N° 6630

Imprimé en France